HISTÓRIA e CULTURA

Africana e Afro-brasileira

JEFFERSON OLLIVATO DA SILVA

Jefferson Ollivato da Silva

HISTÓRIA E CULTURA AFRICANA E AFRO-BRASILEIRA

Copyright © 2024 Jefferson Olivatto da Silva

Editores: José Roberto Marinho e Victor Pereira Marinho
Projeto gráfico e Diagramação: Horizon Soluções Editoriais
Capa: Horizon Soluções Editoriais
Imagem da capa: Adobe Stock Photo

Texto em conformidade com as novas regras ortográficas do Acordo da Língua Portuguesa.

Dados Internacionais de Catalogação na Publicação (CIP)
(Câmara Brasileira do Livro, SP, Brasil)

Silva, Jefferson Olivatto da

   História e cultura africana e afro-brasileira / Jefferson Olivatto da Silva. - São Paulo: LF Editorial, 2024.

   Bibliografia.
   ISBN: 978-65-5563-435-8

   1. África - História 2. Cultura afro-brasileira 3. Quilombos - História I. Título.

24-197486   CDD: 960

Índices para catálogo sistemático:

1. África: Civilização: História 960

Aline Graziele Benitez - Bibliotecária - CRB-1/3129

ISBN: 978-65-5563-435-8

Todos os direitos reservados. Nenhuma parte desta obra poderá ser reproduzida sejam quais forem os meios empregados sem a permissão do autor. Aos infratores aplicam-se as sanções previstas nos artigos 102, 104, 106 e 107 da Lei n. 9.610, de 19 de fevereiro de 1998.

Impresso no Brasil | *Printed in Brazil*

LF Editorial
Fone: (11) 2648-6666 / Loja (IFUSP)
Fone: (11) 3936-3413 / Editora
www.livrariadafisica.com.br | www.lfeditorial.com.br

Conselho Editorial

Amílcar Pinto Martins
Universidade Aberta de Portugal

Arthur Belford Powell
Rutgers University, Newark, USA

Carlos Aldemir Farias da Silva
Universidade Federal do Pará

Emmánuel Lizcano Fernandes
UNED, Madri

Iran Abreu Mendes
Universidade Federal do Pará

José D'Assunção Barros
Universidade Federal Rural do Rio de Janeiro

Luis Radford
Universidade Laurentienne, Canadá

Manoel de Campos Almeida
Pontifícia Universidade Católica do Paraná

Maria Aparecida Viggiani Bicudo
Universidade Estadual Paulista - UNESP/Rio Claro

Maria da Conceição Xavier de Almeida
Universidade Federal do Rio Grande do Norte

Maria do Socorro de Sousa
Universidade Federal do Ceará

Maria Luisa Oliveras
Universidade de Granada, Espanha

Maria Marly de Oliveira
Universidade Federal Rural de Pernambuco

Raquel Gonçalves-Maia
Universidade de Lisboa

Teresa Vergani
Universidade Aberta de Portugal

SUMÁRIO

Capítulo 1
Educação para as relações étnico-raciais　　　　*17*

Capítulo 2
Estudos Africanos: Problemáticas e Resoluções　　　*43*

Capítulo 3
Reinos Africanos　　　　*63*

Capítulo 4
África e o Islã Medieval　　　　*107*

Capítulo 5
A Escravidão Negra　　　　*131*

Capítulo 6
A África explorada e construída pela Europa:
séculos XV à XVIII　　　　*171*

Capítulo 7
Movimentos de resistência africana e afro-brasileira　　*203*

Agradecimentos

Gostaríamos de agradecer a colegas e companheiros que se dedicam a à temática, partilhando sua experiência e produção, angústia por fontes e alegrias de descobertas. Nomeadamente a minha família, Adelina, Andie Lucas e Victor, pela paciência e empenho em acompanhar no trajeto dessa tessitura. Aos Missionários da África (White Fathers/Pères Blans) com quem pude aprender o respeito aos (às) africanos(as) e sua cultura. Aos colegas de trabalho da Universidade Estadual do Centro-Oeste (UNICENTRO) e da Universidade Estadual de Londrina (UEL); das partilhas realizadas com os(às) companheiros(as) do Núcleo de Estudos Ameríndios e Africanos (NEAA-UNICENTRO), companheiros(as) do Núcleo de Estudo Afro-Brasileiro (NEAB-UEL) e companheiros(as) Comitê de Combate ao Racismo da UEL; aos(às) professores(as) e estudantes da rede municipal e estadual com quem estabelecemos contato durante as formações pelo NEAA e NEAB; aos(às)colegas da UFPR (NEAB e Pós-Graduação em História e Educação); aos(às) acadêmicos(as) do Mestrado e Doutorado em Educação da UNICENTRO e do Mestrado em Psicologia da UEL; aos(às) companheiros(as) da Comissão Étnico-Racial do CRPPR e Articulação Nacional de Pesquisadoras(es) Negras(os) e Pesquisadoras(es) (ANPSINEP). Fazemos justa menção à colaboração de reflexões que partilhamos em encontros, simpósios e congressos com amigos(as) da Associação Brasileira de Pesquisadores/as Negros/as (ABPN), Congresso de Pesquisadores/as Negros/as (COPENE), Associação Brasileira de Estudos Africanos (ABE-África), Associação Brasileira de Antropologia, Associação Brasileira de História (GT-África), União Latino-Americana de Entidades em Psicologia (ULAPSI) – GT- Psicologia e Povos originários e da Associação Nacional de Pesquisa e Pós-Graduação em Psicologia GT-AION e GT-Pesquisas Urbanas.

Primeiras Palavras

Esta obra foi desenvolvida para introduzir o estudante brasileiro aos estudos africanos e afro-brasileiros, conforme está determinado na Lei nº 10.639/2003 sobre a obrigatoriedade do ensino da História e Cultura Afro-Brasileira e Africana. Doravante, o Parecer nº 003, do Conselho Nacional de Educação, em 10 de março de 2004, teve como relatora a Profa. Dra. Petronilha Gonçalves e Silva, e, enquanto análise técnica, culminou na Resolução nº 01, de 17 de junho de 2004, que instituiu as Diretrizes Curriculares Nacionais para a Educação das Relações Étnico-Raciais (DCNERER), normatizando a importância da temática na educação brasileira. Embora a referida lei tenha sido alterada pela Lei nº 11.645/2008, que inclui junto à Afro-brasileira a Indígena, não há disparidade com o que as DCNERER apontavam no art. 2º, parágrafo 2º e art. 3º, parágrafo 4º, já que apresentam a necessidade sobre a formação escolar a respeito da História e Cultura Indígena, tendo como foco no *caput:* "busca[r] relações étnico-sociais positivas, rumo à construção de nação democrática."

No entanto, para que haja uma compreensão sobre a História e Cultura Afro-Brasileira, é imprescindível que nos debrucemos sobre a Africana. Muitos processos culturais, políticos e religiosos que identificamos como Afro-Brasileiros estão vinculados ao continente africano. Além do mais, a resistência nas práticas educativas para o cumprimento apropriado, isto é, didático-pedagógico, conforme analisado pelo Parecer nº 003/2004 e normatizado pelas DCNERER, urge pela mudança de atitude escolar. Para que o Brasil possa ser democrático, é preciso combater o racismo. Lembramos que no referido Parecer houve discussão, em todas as suas 21 páginas, sobre o racismo, além de asseverar que essas novas práticas pedagógicas sejam direcionadas para o combate ao racismo. Portanto, podemos parafrasear Paulo Freire em *Pedagogia da esperança*, 1997: a educação brasileira poderá se regularizar pela implementação das DCNERER à medida que destituir uma linguagem democrática e uma prática social colonial.

Sabemos que a aprendizagem desses novos saberes é condição necessária para o reconhecimento e a legitimidade da História e Cultura das populações Africanas e Afro-brasileiras para a História Universal.

Dessa forma, temos como metas possibilitar reflexões relativas a:

1. Reconhecimento do protagonismo africano e afro-brasileiro no fazer histórico;

2. Conhecimentos e práticas sociais desenvolvidas pelas comunidades africanas, principalmente, subsaarianas;

3. Relações políticas, comerciais e religiosas entre África, Europa e Oriente Médio anteriores à colonização europeia;

4. Debates sobre as descobertas arqueológicas, linguísticas e antropológicas relativos aos estudos africanos e afro-brasileiros;

5. Desvelamento da crueldade e horror que a escravidão significou para os africanos e para os negros da diáspora.

Alguns pontos se traduzem em desafios em uma obra que tem como principal objetivo ser didática. Primeiro, os temas são tomados a partir de um caráter amplo, a razão por que trataremos de um continente com histórias, línguas e mobilidades humanas, que remontam aproximadamente ao sétimo milênio durante a desertificação do Saara. Assim, é inviável por seu propósito corresponder à totalidade de vastas diferenças de produção de conhecimentos e visões de mundo. Segundo, há uma necessidade de promover fóruns mais amplos e internacionais para haver o diálogo em África e Brasil sobre as descobertas de diferentes áreas do conhecimento. Além dos espaços de debates, precisamos de maior fomento para realizar as pesquisas de campo (fontes primárias e pesquisas linguísticas, arqueológicas, etnográficas entre outras). Terceiro, escolhemos reinos, eventos históricos e personalidades, que nos auxiliam a dar um sentido dinâmico sobre a relação entre história africana e partilhas culturais, ocorridas desde a expansão que teria impulsionado as populações pré-proto-bantas a difundirem a produção de cerâmicas, iniciadas no Chifre da África. Essa mobilidade humana teria se iniciado pela desertificação do Saara, entre 7000 e 6000 a.C. Quarto, enfatizamos uma perspectiva histórica próxima ao que os historiadores africanos e africanistas (Joseph Ki-Zerbo, Elikia M'Bokolo e Molefi Keti Asante) denominam de afrocêntrica e pós-colonial, por meio de estudos de historiadores negros africanos e da diáspora que expliquem a complexidade dessas relações sociais, como está explicado no capítulo 2. Nesses termos, afirmamos ser uma discussão política, já que todo o desvelamento dos processos de colonização e escravidão dos povos africanos nos remete para essa imposição de poder exploratório e lutas de resistência. Por fim, escolhemos uma narrativa que seja dialógica como estratégia didática de aproximação ao tema à realidade escolar brasileira. Estamos cientes de que a geografia africana é pouco utilizada, ou pelo menos pouco enfatizada. Assim, disponibilizamos mapas, fotos e imagens para aproximar os(as) leitores(as) da temática, sendo um fator para interpretar a mobilidade humana no continente e seus reinos.

A obra foi dividida em sete capítulos. Nessa estrutura poderá ser direcionado, como sugestão, da seguinte maneira: os dois primeiros capítulos podem ser estudados em duas aulas (ou um encontro), cada um. Os outros cinco capítulos poderão ser estudados em sua totalidade em duas aulas, cada um. Pretendemos, como interesse didático-pedagógico, que cada capítulo contextualize a história e a cultura dos povos africanos e afro-brasileiros. Apresentamos o capítulo com introdução sobre as temáticas estudadas e questões para acompanhar nossa linha de pensamento. Com efeito, à medida que você estudar os capítulos direcionados pelas perguntas iniciais, poderá desenvolver uma compreensão adequada para que, ao chegar ao final do capítulo, consiga refletir e responder às Atividades de Autoavaliação, bem como desenvolver as Atividades de

Aplicação como sugestões práticas. Para auxiliar na fixação do conteúdo, todos os capítulos constam de uma introdução e uma síntese. Incluímos sugestões culturais a respeito de literaturas, *sites, blogs* e filmes que possam aprofundar os temas estudados.

No final da obra, trazemos as referências utilizadas, que, sem esgotar a temática, podem auxiliar em novos interesses e pesquisas. Incluímos algumas indicações virtuais para que o(a) estudante e o(a) docente possam pesquisar conforme seu interesse. Em seguida, apresentamos um Vocabulário para os termos relacionados à temática tratados ao longo da obra.

Boa leitura!

Prefácio

Entre a África e o Brasil: percursos singulares

Este lindo livro nasce rico e cheio de tantas histórias que se entrelaçam e que nos mostram, no seu enredo belo e sofisticado, a importância dos Estudos Africanos para a formação docente e para se pensar novos caminhos na educação brasileira.

O autor dessa obra, o Professor Jefferson Olivatto da Silva tem uma longa experiência no ensino e pesquisa em História da África e Afro-Brasileira, com dedicada atenção para o estudo das relações étnico raciais. A trajetória do professor se estabeleceu ao longo dos vintes anos que se sucederam a criação da lei 10639// de 2003 que tornou obrigatório o ensino de História da África e das Culturas Afro- Brasileiras e Diaspóricas em todos os níveis de ensino.

A partir da lei, junto com as lutas do movimento negro e das entidades antirracistas, das religiões de matrizes africanas e de diversos grupos e entidades religiosas que tem a forte presença da atuação comunitária das associações negras, seguiu-se um período extremamente importante de criação das disciplinas e das áreas acadêmicas dos estudos africanos, de História da África e das Relações Étnico Raciais.

Nesse percurso, a atuação do professor Olivatto da Silva tem sido marcante desde a sua singular pesquisa doutoral sobre a atuação missionária na África no contexto colonial, a partir do estudo das ações na Bembalândia e as implicações disso nas transformações das relações sociais e religiosas, enfatizando o protagonismo das sociedades africanas.[1] Paralelamente a isso, o docente fundou um importante laboratório de pesquisa e tem realizado importantes orientações em torno dos estudos africanos e afro-brasileiros.

---

1 SILVA, Jefferson Olivatto da. *O expansionismo católico na Bembalândia*. Curitiba: Prisma, 2015.

Sendo da geração dos "pioneiros" a criar essa importantíssima área disciplinar e de formação de professores e pesquisadores, esta obra retrata seu itinerário de reflexões, abordagens que são compartilhados para todos nós em torno de sete capítulos, que vão desde a pesquisa em ensino em torno das relações étnicas e raciais, até aspectos fundamentais da história social africana e afro-brasileira, nos trazendo um belíssimo capítulo de um tema ainda muito pouco desenvolvido na historiografia dos estudos africanos no Brasil, que é a da história da África durante o período conhecido como Medievo e abordando, nos outros que se seguem, temas importantes em torno da escravidão no mundo atlântico, os processos coloniais na África no século XIX, com ênfase nas resistências africanas, questionadoras das forma subalternas de inserção no mundo contemporâneo, com suas terras expropriadas e com as suas populações submetidas ao trabalho forçado.

Tais fatos citados abrem, por sua vez, a discussão sobre os regimes de tutela do trabalho na África e sobre o mesmo ocorrer   em condições análogas à escravidão.[2]

Dou destaque aqui ao cuidado do autor em mostrar as diferentes formações sociais africanas ao longo dos séculos, enfatizando os espaços e cronologias, mostrando com isso, a riqueza das dinâmicas culturais, religiosas, políticas e sociais africanas, indo muito além da ideia de que esse rico continente só teve a sua história começada com o tráfico atlântico ou com a entrada colonial europeia no continente, a partir de 1880.

A África tem histórias e muitas. É um continente riquíssimo com muitas inserções, trânsitos sociais e conexões que vão muito além do que conhecemos, mas que mostram como este continente e suas diferentes sociedades foram cruciais para a construção e dinamismo dos mundos ocidental e oriental que marcam a nossa história global.

---

2 COOPER, Frederick. Condições análogas à escravidão: Imperialismo e Ideologia da Mão de Obra livre na África, in: COOPER, Frederick, HOLT, Thomas C, SCOTT, Rebecca (org). *Além da Escravidão: Investigação sobre raça, trabalho e cidadania em sociedades pós emancipação*. Rio de Janeiro: Civilização Brasileira, 2005.p. 203-270..

Pelos capítulos dessa obra tão importante vemos o cuidado, em cada um, com as indicações didáticas, roteiros de leitura, usos de fontes audiovisuais e as referências das obras utilizadas para a pesquisa e escrita das unidades temáticas. Essa preocupação em tornar acessível e ao mesmo tempo um motivador da aprendizagem, faz dessa obra algo muito especial que pode e deve ser utilizada tanto por professores de longa carreira, do ensino fundamental e médio, além de ser uma referência obrigatórias para as licenciaturas em História e áreas afins.

Em tempos de transformações no ensino médio, de implementação da BNCC e da reflexão sobre as licenciaturas nas áreas de Educação e Ciências Humanas, a presente obra possibilita um diálogo em que conteúdos caros do ensino de História da África e das Culturas Afro-Brasileiras e Atlânticas, possam estar presentes nas diferentes orientações para a construção do currículo, possibilitando realizar os anseios da lei 10639 de 2003 com as mudanças que ocorreram no Ensino Médio. A abordagem aqui apresentada é transversal e nos traz a dimensão de que a experiência dos africanos e seus descendentes precisa ser trabalhada numa perspectiva pluridisciplinar.

Um assunto bastante complexo de ser trabalhado nos estudos africanos é das religiões e religiosidades nos processos coloniais. Aqui percebemos a grande contribuição do autor que tem uma longa e qualificada reflexão de pesquisa e intelectual sobre a temática, que nos permite refletir sobre o papel das mesmas também no fim dos processos coloniais no continente africano. Abordar os temas relacionados as experiências religiosas é poder também identificar as diversas linguagens dos atos de resistências anticoloniais e de busca de alternativas sociais e espirituais face o fenômeno colonial. Tema este que necessita tanto aqui quanto internacionalmente ser mais pesquisado e aprofundado nas suas diferentes especificidades.[3]

---

3 Sobre os estudos da temática das religiões e resistências anti coloniais, cito SANTOS, Patricia Teixeira. *Fé, Guerra e Escravidão: uma história da conquista colonial do Sudão* (1881-1898). São Paulo, Editora UNIFESP, 2013.

Por fim enfatizo que esse belo livro dialoga com a forma como os estudos africanos e afro-brasileiros acontecem na realidade de ensino e pesquisa do nosso país, trazendo um olhar construído do campo da nossa historiografia que se propõe dialogar com o vasto campo internacional dessa temática, trazendo percepções locais em diálogos com contextos mais amplos, que permitem uma compreensão mais vasta dos processos históricos, ressaltando a importância dos valores civilizatórios afro-brasileiros e os protagonismos das diferentes sociedades africanas e as daqui, para o aprofundamento das diversas temporalidades e ações históricas vivenciadas nos espaços africanos, do Brasil e da diáspora nas Américas.

Desejo a quem ler essa obra, uma bela aventura de descoberta, transformação e aprendizado nos riquíssimos caminhos do estudo da África, da diáspora e dos seus riquíssimos valores civilizatórios.

Patricia Teixeira Santos

Professora do Departamento de História da UNIFESP e docentes dos Programas de Pós-Graduação em História da UNIFESP e da UFAM. Pesquisadora colaboradora do CITCEM UP (Portugal), do Laboratório as Áfricas no Mundo da Universidade de Bordeaux (França), Do Departamento de Estudos Africanos da Universidade de Dehli (Índia). Membro da coordenação do grupo internacional de Pesquisa Missões e Religiões na África.

Capítulo 1
Educação para as relações étnico-raciais

Introdução

Pretendemos no primeiro capítulo demonstrar a dimensão da Educação para as relações étnico-raciais, tendo como referência a importância da resistência da população negra na História do Brasil. À medida que você entender que o quilombismo traduz as diferentes formas de atuação política, cultural e religiosa do Movimento Negro, poderá acompanhar a história dessas ações, que fizeram com que o Estado brasileiro adotasse medidas de reparação histórica a partir da Constituição de 1988, uma vez que desde o Projeto UNESCO o Brasil pretendeu manter o mito da democracia racial. Entre os efeitos dessa reparação estão as Ações Afirmativas voltadas à educação. Assim, você precisa se atentar para o fato de os africanos e afro-brasileiros terem sido escravizados e, mesmo nessas condições, atuarem no cenário nacional criativa e politicamente.

Como os negros foram e são retratados nos livros didáticos?

Você pode entender sobre a importância da reparação histórica diante da sociedade brasileira observando os livros didáticos. As imagens e cenas em que o negro é retratado envolvem contextos hierárquicos por meio de categorias como superiores e inferiores, senhores e escravos, heróis e vítimas, cristãos e pagãos. Para além das pirâmides do Egito, os livros didáticos omitem as conquistas, tecnologias, ciências ou escritas de outras populações africanas. Essa falta de importância é propositiva, de modo que os interesses sobre a exploração do trabalho escravo e os reproduzidos em nossa república asseguravam uma ideologia de exploração por meio dessa assimetria. Há muitos exemplos de incidentes de constrangimentos contra estudantes negros que os ensinaram a se silenciar como aluno e a se calar como cidadão (CAVALLEIRO, 2000), pois eles aprenderam que é papel dos brancos: personalidades religiosas como Jesus e Maria, a despeito de eles não terem sido brancos; heróis nacionais; orador da turma; princesa da primavera ou pares para quadrilha ou trabalhos escolares. Contrárias são as representações de empregos subalternos como espaço cativo desde a escola, nos enredos da história brasileira das novelas e na vida.

Por isso vale questionar: você já ouviu falar sobre o mito da democracia racial brasileira? O que e qual a relevância de ensinar a resistência afro-brasileira ou quilombismo? Será que o Movimento Negro no Brasil é homogêneo em suas reivindicações? O que são Ações Afirmativas? Quais leis educacionais foram alteradas e criadas pela pressão do Movimento Negro Brasileiro e da III Declaração de Durban, na África do Sul em 2001? Seria esse o caminho para modelar um Estado democrático?

Foi esse mito difundido – apoiado na tese de Gilberto Freire em *Casa-Grande & Senzala* sobre o convívio das três raças (branco, negro e indígena) no exterior, aliado a uma agenda antirracista contra o Holocausto – que mobilizou uma pesquisa sobre o Brasil entre 1950 e 1953, chamado Projeto UNESCO (Organização das Nações Unidas para a Educação, a Ciência e a Cultura). A *Revista Anhembi* (São Paulo) e o Programa de Pesquisas Sociais Estado da Bahia-Columbia University fizeram parte do financiamento desse projeto, e já haviam sido iniciadas algumas pesquisas com o mesmo intuito (GUIMARÃES, 2007).[4]

---

4 Faziam parte desse projeto sociólogos e intelectuais brasileiros como Arthur Ramos, Costa Pinto, Oracy Nogueira, Thales de Azevedo, Florestan Fernandes, Gilberto Freyre, Abdias do Nascimento, Guerreiros Ramos, Edison Carneiro, entre outros; entre os estrangeiros: Donald Pierson, Marvin Harris, Bem Zimmermann, Charles Wagley e Roger Bastide. Para discussões e debates, vale a pena você ler Projeto UNESCO no Brasil, textos críticos, organizado por Pereira e Sansone (2007).

Muito embora os resultados apresentassem diferentes interpretações sobre a questão racial, o racismo demonstrou estar presente e ser estrutural na sociedade brasileira. Mas, como Jessé Souza (2000) apontou, o mito tem a função de lhe conferir um sentido que produz a solidariedade social e viabilizar projetos coletivos, uma vez que nossa autoestima estaria vinculada à miscigenação racial. Não obstante, os dados sobre a discriminação racial no Brasil desaprovam a validade desse argumento.[5]

A História da África e afro-brasileira nos demonstram várias reações à exploração e aniquilamento do negro, pressupondo seu protagonismo mediante o uso de saberes em grupos, associações e movimentos auto-organizativos. Dessa forma, os estudos africanos e afro-brasileiros têm a função no currículo escolar de envolver novas práticas pedagógicas que enriqueçam a experiência dos estudantes, por meio da valorização de saberes tradicionais perpetuadas por comunidades negras, musicalidades, valores sociais e estratégias auto-organizativas e as tecnologias africanas em diferentes períodos, regiões e povos.

Quilombismo

No intuito de educar para as relações étnico-raciais, os educadores precisam entender as diferentes manifestações da experiência afro-brasileira que traduzem a herança de aspectos de tais africanidades. A partir da história dos afro-brasileiros, podemos reconhecer várias atitudes de resistência à exploração, sendo os quilombos uma estrutura social de autogestão, coletividade e solidariedade. Para você ter uma dimensão da presença quilombola existente no território nacional, até 2017 a Fundação Cultural Palmares, um órgão vinculado

---

5 Em relação aos dados, você pode conferir no trabalho de Paixão (2014), *A lenda da modernidade encantada: por uma crítica ao pensamento social brasileiro sobre relações raciais e projeto de Estado-Nação*. Segundo o Índice de Pobreza Humana (IPH), Paixão constata que em 2000 os brancos equiparavam-se ao *ranking* do Programa das Nações Unidas para o Desenvolvimento Humano no Brasil (PNUD) da Venezuela (11º) e os negros (pretos e pardos) da Tunísia (39º).

ao Ministério da Cultura e responsável por emitir a certidão de Comunidade Remanescente Quilombola (CRQ), criada em 1988, contabilizou 2.958 CRQs, das quais 2.494 já possuem a certidão. Salvo o Estado do Acre e Roraima, todos os outros estados brasileiros contam com CRQs.[6]

Para recordarmos o contexto mais conhecido dos quilombos brasileiros, o Quilombo dos Palmares teve como líderes Ganga Zumba, Zumbi e sua esposa Dandara. Palmares teria resistido a vários ataques desde 1612 e teve seu auge na década de 1640-70, comercializando com a costa pernambucana até 1687. A partir de 1670, os ataques dos portugueses foram mais sistemáticos, até que, pela força dos bandeirantes, Zumbi é assassinado em 1695.

Quando mencionamos que a reciprocidade coletiva era um componente da estrutura dos quilombos, desejamos significar práticas sociais necessárias à sua autogestão, mas sem que esses territórios sejam tornados idílicos. No entanto, o quilombismo se tornou um dos pilares dessa experiência de luta e resistência afro-brasileira, sistematizado pelo escrito de Abdias do Nascimento (1914-2011), senador brasileiro pan-africanista. Como ele postulou,

> O quilombismo se estruturava em formas associativas que tanto podiam estar localizadas no seio de florestas de difícil acesso que facilitava sua defesa e sua organização econômico-social própria, como também assumiram modelos de organizações permitidas ou toleradas, frequentemente com ostensivas finalidades religiosas (católicas), recreativas, beneficentes, esportivas, culturais ou de auxílio mútuo. Não importam as aparências e os objetivos declarados: fundamentalmente todas elas preencheram uma importante função social para a comunidade negra, desempenhando um papel relevante na sustentação da continuidade africana. Genuínos focos de resistência física e cultural. Objetivamente, essa rede de associações, ir-

---

6 Você pode observar os estados e as CRQs certificadas e que estão em processo de certificação no *site* da Fundação Cultural Palmares: https://bit.ly/3IxZI4K. Acesso em: 21 jun. 2017.

> mandades, confrarias, clubes, grêmios, terreiros, centros, tendas, afochés, escolas de samba, gafieiras foram e são os quilombos legalizados pela sociedade dominante; do outro lado da lei se erguem os quilombos revelados que conhecemos. Porém tanto os permitidos quanto os 'ilegais' foram uma unidade, uma única afirmação humana, étnica e cultural, a um tempo integrando uma prática de libertação e assumindo o comando da própria história. A este complexo de significações, a esta práxis afro-brasileira, eu denomino de quilombismo (NASCIMENTO, 1980, p. 263).

É necessário compreender que a resistência afro-brasileira se manifestou por diferentes meios espalhados no cotidiano – clubes, grêmios, associações, entre outros. O protagonismo da população negra reflete essas ações como resistência sem a necessidade de reduzir essa luta ao Quilombo de Palmares. Os ensinamentos de resistência desdobraram-se na música, literatura, política, ritmos, esportes e religião. Esses agrupamentos ou coletividades de matriz africana desdobraram suas práticas de libertação criativamente. Outrossim, nas palavras de Abdias do Nascimento, forjando a sustentação da continuidade africana no Brasil.

> Um método de análise, compreensão e definição de uma experiência concreta, o quilombismo expressa a ciência do sangue escravo, do suor que este derramou enquanto pés e mãos edificadores da economia deste país. Um futuro de melhor qualidade para as massas afro-brasileiras só poderá ocorrer pelo esforço enérgico de organização e mobilização coletiva, tanto das massas negras como das inteligências e capacidades escolarizadas da raça para a enorme batalha no fronte da criação teórico-científica. Uma teoria científica inextricavelmente fundida a nossa pratica histórica que efetivamente contribua à salvação do povo negro, o qual vem sendo inexoravelmente exterminado (NASCIMENTO, 1980, p. 217).

Nesses termos, o quilombismo pressupõe diferentes práticas sociais desenhadas pelos afro-brasileiros, denominadas de legal e ilegal, resistindo ao Brasil escravocrata até a década de 1980, quando Abdias do

Nascimento escreve o texto, inclusive, como os dados continuam a demonstrar[7] (compare com as demandas dos Congressos Pan-Africanistas no Capítulo 7 - Movimentos de Resistência Africana e Afro-Brasileira). Conforme ele afirmava, era preciso instrumentalizar a massa afro-brasileira na criação teórico-científica, sem esquecer que essa era uma das vias de conhecimento. Ora, as práticas cotidianas em suas comunidades representam a experiência concreta, cujo ensejo era a manutenção de sua existência na diversidade afro-brasileira. Por isso, o reconhecimento pleno das conquistas se daria por meio da experiência concreta que o povo afro-brasileiro precisaria desenvolver a partir de uma práxis libertadora e criativa.

Embora essa adaptação tenha servido para fins de manutenção do império, segundo José Murilo de Carvalho (1987), o uso dos capoeiras, a Guarda negra, desde a Guerra do Paraguai (1864-1870), reforçou o apreço da corte para reprimi-los contra as manifestações republicanas. Como resposta política contra o Império, a República puniu os capoeiras por meio do Código Penal de 1890, art. 402, Decreto n° 847, de 11 de outubro de 1890.

> Capítulo XIII - Dos vadios e capoeiras
>
> Art. 402. Fazer nas ruas e praças públicas exercício de agilidade e destreza corporal conhecida pela denominação Capoeiragem: andar em carreiras, com armas ou instrumentos capazes de produzir lesão corporal, provocando tumulto ou desordens, ameaçando pessoa certa ou incerta, ou incutindo temor de algum mal.

---

7 Os relatórios da FLACSO sobre Violência no Brasil demonstram, no período de 2003 a 2014, o percentual de Homicídio por Arma de Fogo (HAF). Para a população branca, houve uma queda de 26,1% (2003: 13.224; 2014: 9.766), enquanto para a população negra (pretos e pardos) houve um aumento de 46,9% (2003: 20.291; 2004: 29.813). WAISELFISZ, Julio Jacobo. Mapa da violência 2016: homicídios por armas de fogo no Brasil. Rio de Janeiro: FLACSO, 2016. Disponível em: http://www.mapadaviolencia.org.br/pdf2016/ Mapa2016_armas_web.pdf. Acesso em: 10 mar. 2023.

HISTÓRIA E CULTURA AFRICANA E AFRO-BRASILEIRA

Por meio do anseio nacionalista, pelo Decreto-Lei nº 3.199 de 14 de abril de 1941, o Estado Nacional no Governo Vargas tornou a capoeira reconhecida como prática desportiva de luta inserida na Confederação Brasileira de Pugilismo. Da mesma forma, outras práticas negras deixaram de ser criminalizadas, como a Umbanda e o Candomblé. A Umbanda congregou na década de 1920 e 1930 pessoas da classe média e se instituiu como religião brasileira para reforçar a nacionalidade nascente. Esse novo movimento urbano teve muita adesão em São Paulo e Rio Grande do Sul, como afirmou Reginaldo Prandi (1990). Com a senhora Eugenia Anna Santos (1869-1938), Mãe Aninha, como menciona Vivaldo da Costa Lima (2004), o Candomblé parece ter tido respeitabilidade pelos políticos da República, inclusive Getúlio Vargas. E, por esses termos, é provável que tenha influenciado na tessitura do Decreto-Lei nº 1.202, de 8 de abril de 1939, art. 33, que vedou ao Estado e aos Municípios: "-Estabelecer, subvencionar ou embargar o exercício de cultos religiosos".[8]

Podemos, assim, perceber que as ações de resistências adaptaram-se, atraindo a atenção e o anseio da população brasileira; isto é, em alguns momentos, práticas religiosas de matriz africana eram perseguidas pelas autoridades policiais e políticas e, em outros, procurados por enfermos de diferentes classes sociais e políticos (BASTIDE, 1978). Você pode observar que parece haver um pêndulo entre apreço-encantamento e desprezo-perseguição em relação ao negro e suas práticas, conforme as circunstâncias e os atores envolvidos. Ademais, essa ambiguidade para com o negro potencializou interações diferenciadas, por características regionais demonstradas já nas pesquisas do Projeto UNESCO e na tensão em face de interesses coletivos de afirmação de suas práticas culturais e políticas.

Para ilustramos essas diferentes dimensões que foram tensionadas na sociedade brasileira e que desenharam a amplitude de outros

---

8 Disponível em: http://www2.camara.leg.br/legin/fed/declei/1930-1939/decreto-lei-1202-8-abril-1939-349366-publicacaooriginal-1-pe.html. Acesso em: 17 jun. 2017.

significados do quilombismo, para Abdias do Nascimento, podemos mencionar algumas atitudes de resistência e organização da população negra em dois grupos: a) Conjuração Baiana (1798), Revolta dos Malês (1835), Revolta da Chibata (1910); b) Imprensa Negra em várias capitais, Frente Negra Brasileira (1935), União dos Homens de Cor (1943), Teatro Experimental Negro de Abdias do Nascimento (1944) e Movimento Negro Unificado (1978).

Reparação histórica e Ações Afirmativas

Aliadas a essa luta tivemos organizações católicas como a Pastoral do Negro, que fortalecia as reinvindicações da população negra, como o combate ao racismo e a questão das terras quilombolas aceitos na Constituição de 1988 no art. 5°, inc. XLIII e art. 68. Em 1995, aconteceu a Marcha Zumbi +10, que reivindicava políticas públicas para o acolhimento de demandas contra a continuidade da exclusão da população negra no Governo de Fernando Henrique Cardoso; em 1996, foram incluídas algumas demandas, como educação, no Programa Nacional de Direitos Humanos.

Agregando a pressão internacional e do Movimento Negro, o Brasil foi signatário da III Conferência Mundial contra o Racismo em Durban, África do Sul, 2001, com a maior delegação internacional e se comprometeu a implementar medidas contra a discriminação racial, racismo e xenofobia. Nessa declaração há referência à causa econômica instituída pelo processo civilizatório discriminador.

> 14. Reconhecemos que o colonialismo levou ao racismo, discriminação racial, xenofobia e intolerância correlata, e que os africanos e afrodescendentes, os povos de origem asiática e os povos indígenas foram vítimas do colonialismo e continuam a ser vítimas de suas consequências. Reconhecemos o sofrimento causado pelo colonialismo e afirmamos que, onde e quando quer que tenham ocorrido, devem ser condenados e sua recorrência prevenida. Ainda lamentamos que os efeitos e a persistência dessas

estruturas e práticas estejam entre os fatores que contribuem para a continuidade das desigualdades sociais e econômicas em muitas partes do mundo ainda hoje (DECLARAÇÃO... 2001).

A pressão política do Movimento Negro, intelectuais, políticos e artistas, aliada à imagem democrática que o Brasil queria apresentar no exterior, impulsionou a criação da Secretaria Especial de Políticas de Promoção da Igualdade Racial (SEPPIR), em 2003, tendo a sua frente Matilde Ribeiro, que promoveu ações conjuntas com outros ministérios para fomentar a ampliação do combate ao racismo e a equidade social. As tensões sociais, ainda, fomentaram a continuidade do combate ao racismo e, nesses termos, foi homologado o Estatuto da Igualdade Racial – Lei nº 12.288/2010.[9]

Segundo a SEPPIR, as Ações Afirmativas ocorrem a partir do diagnóstico das desigualdades de oportunidades e condições de acesso aos direitos sociais devido à discriminação étnica e racial. Assim, as Ações Afirmativas precisam ser executadas pelo poder público, iniciativa privada e organizações civis, modelando-se para: reverter a imagem negativa do negro na sociedade; promover igualdade de oportunidades e combater o preconceito e o racismo. Por isso, há uma relação de causalidade entre reparação histórica e Ações Afirmativas e o Estado brasileiro – a considerar os ganhos nacionais com o trabalho escravo e os danos a essas populações e seus descendentes –, sujeito principal para guiar e fomentar debates e ações para a transformação da imagem do negro, ao mesmo tempo que legitima o combate ao racismo.

De acordo com o Parecer nº 003/2004, as políticas de reparação histórica são de responsabilidade do Estado e da sociedade civil para indenizar o povo afro-brasileiro por toda sorte de danos materiais, psicológicos, físicos, políticos e educacionais ante o regime es-

---

9 Você pode acessar na íntegra o Estatuto da Igualdade Racial em: http://www.planalto.gov.br/ccivil_03/_ato2007-2010/2010/lei/l12288.htm. Acesso em: 12 jun. 2017.

cravista e da manutenção de políticas de branqueamento[10] e de privilégios no pós-abolição, especificamente para brancos. Veja esses dois aspectos sociais: salário e segurança. No primeiro, as famílias que se autodeclaram brancas recebiam em média R$ 3.465, 30, e as negras R$ 1.978, 30, ou seja, as famílias brancas recebiam 75% a mais. Com efeito, isso também interfere na segurança, pois as famílias e pessoas brancas têm duplo acesso à segurança pública e privada; enquanto as famílias e pessoas negras ficam restritas à segurança pública, segundo o IBGE (WAISELFISZ, 2016 *apud* IBGE, 2010). Desdobra-se dessa falta de segurança outro relatório, Homicídios por Arma de Fogo (HAFs). Entre 2003 e 2014, os HAFs demonstram o que se denomina de etnocídios – extermínio da população de uma etnia ou raça. Como a ênfase é a especificidade da relação entre população branca e negra, observem os seguintes dados no referido período: as taxas de HAF de pessoas brancas decaem de 14,5% em 2003 para 10,6% em 2014 (redução de 27%), já as taxas de HAF de pessoas negras apresentam um aumento vertiginoso de 87%, pois de 71,7% em 2003 passou para 158,7% em 2014. Mesmo em 2003, a taxa de HAF tinha uma diferença de sete vezes entre brancos e negros, e em 2014 correspondeu ao fato de termos 2,6 mais homicídios de negros do que de brancos no Brasil (WAISELFISZ, 2016).

No que se refere às políticas de reparação voltadas à educação, é dever do estado garantir o ingresso, a permanência e o sucesso dos estudantes negros, criando cotas nas universidades e repasse de verba para permanência aos que aderirem ao Sistema de Seleção Unificada (SISU).[11]

---

10 O branqueamento se constitui como um mecanismo de ascensão social em decorrência do racismo, que mesmo depois da abolição, ainda tende a desumanizar negros (BENTO, 2002). Acresce que a tese de Marcus Eugênio Lima e Jorge Vala (2004) demonstra como os negros em ascensão social são percebidos por brancos entrevistados como mais brancos e, por isso, com características mais humanas.

11 As instituições públicas do ensino superior que oferecem vagas para candidatos que realizarem o Enem. A proporção de cotas para pretos, pardos, indígenas e pessoas com deficiência dependem do percentual da população da unidade da federação onde a instituição se situa. Disponível em: https://bit.ly/4a6PnCZ. Acesso em: 10 mar. 2023.

O Movimento Negro conseguiu que o Estado brasileiro reconhecesse uma parcela da responsabilidade na infame escravidão quando mencionamos sobre cotas raciais no Brasil. Pelo menos um passo para a longa trajetória necessária ao reconhecimento de que o desenvolvimento econômico brasileiro dependeu da mão de obra escrava até 1860, porquanto até o presente o Estado brasileiro recusa-se a admitir ter sido o maior pivô político e econômico pelos efeitos desse comércio sobre a vida de indígenas, negros e seus descendentes.

Temos exemplos históricos de Estados que reconheceram os malefícios causados a determinadas populações: Alemanha admitiu sua culpa moral revertendo-a em pagamento indenizatório aos judeus dirigidos a Israel por causa do Holocausto; Grã-Bretanha pediu desculpas aos Maoris na Nova Zelândia e pagou indenizações; Canadá se desculpou pelas ações perversas causadas à população indígena, razão pela qual desenvolveu Ações Afirmativas com emprego e escola em algumas províncias e um fundo compensatório de US$ 245 milhões para as 1,3 milhão de crianças forçadas a atender internatos durante 150 anos.

Houve situações significativas em relação aos processos compensatórios à população negra em África e da diáspora. Em 1994, Bill Clinton, em nome do governo dos EUA, admitiu culpa à comunidade negra de Tukesguee, referente aos testes de sífilis empreendidos sem o consentimento ou entendimento deles. Alguns dos Grandes Pássaros expatriados do Grande Zimbábue (Capítulo 3 – Reinos Africanos) foram devolvidos para o Zimbábue, pela Alemanha e África do Sul em 2000, enquanto outros Grandes Pássaros e artefatos do reino continuam na África do Sul na antiga casa de Cecil Rhodes. Na África do Sul, houve o retorno dos restos mortais de Saartjes Baartman, que pôde ser enterrada com os devidos ritos funerais em sua terra natal em 2011, depois de insistentes pedidos do ex-presidente Mandela. A jovem sul-africana da etnia Khoi, denominada de Vênus Negra, aos 20 anos foi levada para Europa em 1810 como objeto pitoresco devido ao tamanho de seus seios e nádegas, e faleceu aos 26 anos. Para aproveitar a continuidade do lucro pela exposição de seu corpo, foi dissecada e partes de seu corpo foram expostas no *Musée de l'Homme* até 1974, em Paris, ao lado de seu esqueleto. Outro reconhecimento importante foi, em 2011, o retorno de 20 crânios de Herero e Nama, assassinatos cometidos pelos alemães na Namíbia durante o genocídio de 1904 – centenas de esqueletos foram levados para estudo e exposição na Alemanha (Capítulo 7 - Movimentos de Resistência Africana e Afro-Brasileira). A importância dessas ações é um passo em direção à legitimidade necessária ao reconhecimento social dos efeitos de longa duração causados pelo colonialismo europeu contra as populações negras – muito embora a plena admissão de responsabilidade tenha sido evitada por governos e ex-impérios como estratégia de evitar compensações amplas proporcionais às riquezas exploradas e ao custo humano.

Como parte desse processo histórico de reparação à escravidão de negros brasileiros, veremos a seguir a homologação de leis com ênfase na Educação brasileira.

Lei nº 10.639/2003 e seus desdobramentos

Graças à força e resistência do Movimento Negro Brasileiro, como vimos, as Leis e Diretrizes e Bases da Educação (Lei nº 9.394/1996),[12] no art. 26, preconizada que, no currículo escolar: "§ 4º O ensino da História do Brasil levará em conta as contribuições das diferentes culturas e etnias para a formação do povo brasileiro, especialmente das matrizes indígena, africana e europeia".

Porém, foi a alteração dos art. 26-A e 79-A, em 2003, com a Lei nº 10.639, que normatizou a obrigatoriedade do ensino da História e Cultura Afro-Brasileira pela ênfase na estreita relação histórica e cultural entre África e Brasil. A lei precisou deixar de ser mera menção de matrizes africanas para alguns estudiosos para amplificar o foco temático da resistência e importância da população negra por seu sentido político.

---

12 Consulte a Lei nº 9.394/1988 (LDB) sem as alterações em: https://bit.ly/3Ta1O-am. Acesso em: 10 mar. 2023.

Art. 26-A. Nos estabelecimentos de ensino fundamental e médio, oficiais e particulares, torna-se obrigatório o ensino sobre História e Cultura Afro-Brasileira.

§ 1º O conteúdo programático a que se refere o caput deste artigo incluirá o estudo da História da África e dos Africanos, a luta dos negros no Brasil, a cultura negra brasileira e o negro na formação da sociedade nacional, resgatando a contribuição do povo negro nas áreas social, econômica e política pertinentes à História do Brasil.

§ 2º Os conteúdos referentes à História e Cultura Afro-Brasileira serão ministrados no âmbito de todo o currículo escolar, em especial nas áreas de Educação Artística e de Literatura e História Brasileiras.

[...]

Art. 79-B. O calendário escolar incluirá o dia 20 de novembro como "Dia Nacional da Consciência Negra".

Com a Lei nº 10.639/2003, aconteceu uma ampliação da temática por várias áreas do conhecimento e do convívio social. Aliados a interesses políticos do Movimento Negro e de fomentos à pesquisa específicos sobre a temática étnico-racial, intelectuais negros e brancos passaram a ter mais espaços institucionais para se debruçar sobre Educação, saúde, cultura e lazer relacionados à população negra – isto é, pela primeira vez na história brasileira o Estado criou políticas públicas direcionadas ao maior grupo da população. Pelo último censo tivemos a seguinte configuração: 20,6 milhões de pessoas pretas (10,2%) somados às pardas 92,1 milhões (45,2 %) – (correspondem à 55,8%) da população brasileira, 88,2 milhões de brancas (43,5 %), 850,1 mil de amarelas (0,4%) e 1,7 milhões de indígenas (0,8%) e sem declaração 11.119 (0,005%) segundo o último censo do IBGE em 2022, IBGE, 2023). Com efeito, as duas últimas décadas floresceram novas associações, centros de pesquisa e grupos de trabalho sobre a África e questões afro-brasileiras:

- ABPN – Associação Brasileira de Pesquisadores/as Negros/as;

- ABE-África – Associação Brasileira de Estudos Africanos;

- ANPSINEP – Associação Nacional de Psicólogas(os) Negras(os) e Pesquisadoras(es) e Grupos de Trabalho ou que incluíram a temática;

- ABA – Associação Brasileira de Antropologia;

- CFP – Conselho Federal de Psicologia;

- ANPED – Associação Nacional em Educação;

- ANPUH – Associação Nacional de Professores Universitários em História;

- ANPOCS – Associação Nacional de Pós-Graduação e Pesquisa em Ciências Sociais, em 2017.

- ABRASCO – Associação Brasileira de Saúde Coletiva

Nesse sentido, é preciso ainda mais adesões políticas, jurídicas, educacionais e sociais para que haja o rompimento do racismo na estrutura social brasileira, conforme repetidas vezes lemos no Parecer nº 003/2004:[13]

Trata, ele, de política curricular, fundada em dimensões históricas, sociais, antropológicas oriundas da realidade brasileira, e busca combater o racismo e as discriminações que atingem particularmente os negros. Nesta perspectiva, propõe à divulgação e produção de conhecimentos, a formação de atitudes, posturas e valores que eduquem cidadãos orgulhosos de seu pertencimento étnico-racial – descendentes de africanos, povos indígenas, descendentes de europeus, de asiáticos – para interagirem na construção de uma nação

---

13 Com a sanção da Lei nº 10.639/2003, foi apresentado ao Conselho Nacional de Educação (CNE) o Parecer nº 003/2004, uma Análise Técnica sobre a referida lei. Com isso, o CNE emitiu a Resolução nº 01/2004, que, aprovando o Parecer, instituiu as Diretrizes Curriculares Nacionais para a Educação das Relações Étnico-Raciais (ERER) e para o Ensino de História e Cultura Afro-Brasileira e Africana.

democrática, em que todos, igualmente, tenham seus direitos garantidos e sua identidade valorizada.

A seu turno, a diferença aponta a necessidade de avançar no debate e no fortalecimento de uma formação escolar comprometida com sua história e sua transformação para as bases de uma nação democrática. O racismo precisa ser entendido em termos estruturais para que haja modificações positivas na representação midiática e escolar da história do negro.

Outro acontecimento importante nas escolas e universidades foi o surgimento de coletivos de estudantes negros e os Núcleos de Estudos Afro-Brasileiros (NEABs). Esses núcleos integram o Consórcio Nacional de NEABS (CONNEABs), que tem à frente a Associação Brasileira de Pesquisadores/as Negros/as (ABPN), em universidades, centros universitários, faculdades, institutos federais e escolas federais em todas as regiões do Brasil. Ademais, esses locais se tornaram referência de apoio aos estudantes, professores, funcionários, estagiários e comunidade externa negra para orientar, auxiliar, realizar palestras nas instituições escolares, desenvolver capacitação de professores sobre a temática em diferentes áreas do conhecimento e combater o racismo. Por isso os NEABs podem desempenhar papel crucial na formação, na pesquisa e na extensão universitária brasileira sobre o tema.[14]

Podemos, assim, atestar que os NEABs são cruciais para a efetivação e legitimidade das Diretrizes Curriculares Nacionais para a Educação das Relações Étnico-Raciais, por propor ações dialógicas entre comunidade e instituição escolar, afirmando positivamente a figura do negro na História Brasileira e desenvolvendo estratégias contra o racismo. Além disso, os NEABs atendem, orientam, auxiliam com materiais e experiências pedagógicas estudantes, professores e a

---

14 Para você ter maior dimensão sobre a abrangência da atuação dos NEABs, no que tange à implementação da lei na Educação brasileira, veja a coletânea organizada por Marques e Silva (2016), *Educação, relações* étnico-raciais *e resistência: as experiências dos núcleos de estudos afro-brasileiros e indígenas no Brasil*.

administração das Instituições de Ensino Superior (IES) e fundamental e médio, conforme previsto nas Diretrizes Curriculares Nacionais para a Educação das Relações Étnico-Raciais, art. 4º.

Nesses termos, podemos entender o quanto o exemplo de atuação de pesquisadoras como a relatora do Parecer nº 003/2004, Silva (2011), entre outras figuras, trazem ao cenário brasileiro a atitude teórico-metodologia interdisciplinar para a efetivação do ensino, pesquisa e militância. Em sua trajetória, descrita e interpretada em *Entre o Brasil e a África: construindo conhecimentos e militância*, Silva (2011) interpreta a Educação para as relações étnico-raciais como ação propositiva e criadora diante da condição socioeducacional, uma vez que os estudantes negros ainda são alvo de racismo, também, nas escolas. Descobrir a África pelas DCNERER compreende uma atitude investigativa e humana aprendendo pela e com a experiência concreta dos povos negros em África e na diáspora, legitimando o ensino democrático e antirracista, conforme apresentamos no quilombismo. Vale lembrar que a reparação histórica constituiu em seu processo estatal e governamental reconhecer, além dos danos causados, o heroísmo das personalidades que lutaram por condições de igualdade racial. O que começou a acontecer com personalidades negras, pois no dia 25 de julho se comemora o dia Nacional de Tereza de Benguela e dia da Mulher Negra, Lei nº 12.987 de 2 de junho de 2014.

Nesses termos, como já se faz em outros países traumatizados por guerras e genocídios, os monumentos, museus e memoriais disponibilizam um espaço institucional de reconhecimento de sofrimentos inomináveis para a história pessoal da população afro-brasileira, como poderia ser a instalação do Museu da Escravidão no Brasil. Outras ações precisam ser intensificadas pelo governo brasileiro em todos estados da Federação perante a Comissão da Verdade da Escravidão Negra, iniciada em fevereiro de 2015. Resgatar o passado em registros de paróquias, igrejas, policiais e judiciais, cartórios, jornais e pesquisas por memória coletiva, história pessoal e arqueológica demanda fomento do governo para evitarmos repetir as mesmas falácias sociais racistas no trabalho, na escola, em estabelecimentos comerciais públicos e privados e nos espaços públicos.

Já no início do terceiro governo Lula foi promulgado a Lei 14.519 no dia 21 de março o Dia Nacional das Tradições das Raízes de Matrizes Africanas e Nações do Candomblé, afirmando socialmente a importância de práticas religiosas de matrizes africanas como religião.

Por fim, o reconhecimento internacional da importância do negro outorgado pela ONU, que instituiu em 1º de janeiro de 2015 a 31 de dezembro de 2024 a Década Internacional de Afrodescendentes. Portanto, o combate ao racismo precisa de investimentos públicos e privados para que haja o rompimento de discursos políticos, religiosos ou educacionais, que asseveram a discriminação como um fator legítimo da sociedade brasileira.

Síntese

Neste capítulo você pôde refletir sobre a Educação para as Relações Étnico-Raciais que assevera a importância de romper com o mito da democracia racial. Tivemos como objetivo demonstrar a dimensão da resistência afro-brasileira por meio da discussão do quilombismo. Nesse sentido, a reparação histórica teve como um de seus reflexos as Ações Afirmativas alterando as Leis e Diretrizes e Bases da Educação (Lei nº 9.394/1996) por meio da Lei nº 10.639/2003 no ensino brasileiro, com o intuito de afirmar positivamente a relevância da História e Cultura dos povos negros em nossa sociedade.

Sugestões culturais

Filmes

BESOURO. Direção: João Daniel Tikhomiroff. Gênero ação. Brasil. Co-produção: Globo Filmes, Mixer, Miravista, Teleimage, 2009. 95min.

O filme procura recriar o mundo imagético em que viveu o renomado capoeirista Besouro, no Recôncavo Baiano, década de 1920, que foi escolhido para ser um herói, aprendendo a lutar com os orixás e as forças da natureza. Você pode acompanhar um pouco a história de perseguição da capoeira e das estratégias de resistência do povo negro.

VÉNUS Noire. Direção Abdellatif Kechiche. Gênero drama. França/Bélgica. Coprodução: MK2 Productions, France 2 Cinema e CinéCinéma. 2010. 2h 42min.

Drama histórico que retrata a ida da jovem Khoi Saartje Baartman, levada para a Europa acreditando que faria fama e fortuna por seu senhor Hendrick Caeser, que a torna um *freak show*. Eles deixam Londres e vão a Paris, novamente, para fazer sucesso. Ela passa a ser exposta em carnavais, shows para a corte, entre libertinos, até ser vendida a um prostíbulo. Por fim, anatomistas franceses se interessam por seu corpo como forma de explicar a passagem evolucionista do macaco para o homem. Khoi Saartje Baartman morreu em 1815 vítima de pneumonia e doenças venéreas.

Documentário

DURBAN. Cultne Cinema. Conferência Internacional de Durban, 2001. 21min 16s

O documentário entrevista diferentes personalidades brasileiras e internacionais sobre a temática da discriminação racial, segregação racial, racismo, xenofobia e intolerância correlata. Você pode acessar a Cultne (acervo digital de cultura negra) e assistir a vários outros filmes, documentários, debates, reflexões e tributos. Disponível em: http://www.cultne.com.br/cultne-cinema/. Acesso em: 13 jul. 2017.

Link

ONU – 2015-2024: Década Internacional do Afrodescendente. Além de planos de ação e mídias, você poderá aproveitar para conhecer a rota de escravos do Transatlântico (no Capítulo 5, A Escravidão Negra, aprofundaremos a temática). Disponível em: http://decada-afro-onu.org/. Acesso em: 23 jun. 2017.

Sugestões literárias

FERNANDES, Florestan. *O negro no mundo dos brancos*. 2. ed. São Paulo: Global, 2007.

Obra publicada em 1972 reunindo ensaios da década de 1940 a 1950 no período da pesquisa da UNESCO e redigidos na década de 1960, para debater o mito da democracia racial brasileira. Diferente de Freyre em *Casa Grande & Senzala*, que acreditava no processo do embranquecimento da população brasileira para uma convivência pacífica, Florestan se debruça sobre outra problemática sociológica que demonstra pelos dados estatísticos paulistas a discriminação racial. Processo social que precisam ser desveladas os condicionantes das convicções etnocêntricas de que estamos ausentes de conflitos e que todos têm acesso ao poder e à justiça.

PAIXÃO, Marcelo. *A lenda da modernidade encantada*: por uma crítica ao pensamento social brasileiro sobre relações raciais e projeto de Estado-Nação. Curitiba: CRV, 2014.

O autor procura, por meio da socioeconomia, unindo a tradição metodológica da Sociologia e da Economia Política, reinterpretar os estudos raciais e culturais brasileiros. Com vigor crítico, aponta que a Abolição, duas repúblicas e duas ditaduras foram incapazes de romper com o encantamento de nossas relações raciais, que se reproduzem no sistema de produção e de classes sociais brasileiras quando se tem como foco a questão étnica.

Atividades de autoavalição

1. Assinale as duas alternativas **corretas**:

a. Os quilombos brasileiros foram importantes centros de concentração de negros fugitivos para a formação de comunidades estratégicas contra o Império Português, pois organizam saques no Rio de Janeiro.

b. A Fundação Palmares é um órgão partidário que tem atuado em defesa de pessoas negras expulsas de suas terras. A certificação fornecida por ela tem a função de contestar a posse da terra pelo usucapião.

c. O quilombismo é uma proposta de resistência e luta escrita por um senador brasileiro. Nesse escrito estão contidos aspectos cotidianos e podemos encontrar diferentes expressões negras que, integradas à sociedade nacional, dão a impressão de faltar historicidades de lutas.

d. A capoeira esteve a serviço do Império, foi valorizado por Getúlio Vargas e empregada em outros contextos para reprimir. Por esses motivos podemos considerar a capoeira brasileira uma arma nacional, pois a luta distancia-se da resistência afro-brasileira.

e. As religiões de matriz africana, Candomblé e Umbanda, também fazem parte de contextos históricos de resistência. Embora tenham sido aceitas por governos, como o de Getúlio Vargas, a repressão a sua prática esteve presente durante todo o século XX.

HISTÓRIA E CULTURA AFRICANA E AFRO-BRASILEIRA

2. A respeito do Movimento Negro Brasileiro, suas conquistas e reinvindicações, podemos afirmar:

a. O Movimento Negro Brasileiro tem atuado em diferentes áreas sociais, como Educação, cultura e política com objetivos vinculados ao reconhecimento pleno de sua humanidade na sociedade.

b. As leis étnico-raciais, presentes na Constituição Federal de 1988, na alteração da LDB nº 9.394/1996, compreendendo a Lei nº 10.639/2003, e alterada pela Lei nº 11.645/2008, além do Parecer técnico nº 003/2004 e das Diretrizes Curriculares Nacionais para a Educação das Relações Étnico-Raciais de 2004, foram conseguidas pela insistência do Movimento Negro em políticas de reparação histórica.

c. O Estatuto da Igualdade Racial é um instrumento jurídico que demonstra a importância de um estado democrático que procura assegurar o combate à discriminação e exclusão racial ou a prática explícita do racismo em todas as dimensões sociais.

d. O reconhecimento da escravidão como um tipo específico de Holocausto, isto é, de muito maior amplitude geográfica e temporal, demonstra que a reparação histórica em relação aos negros significa a afirmação de sua plenitude, inclusive de que o racismo provoca sofrimentos e é traumático.

3. Assinale a questão **incorreta**:

a. A reparação histórica é uma estratégia de ressarcimento a determinados grupos compensarem danos materiais, psicológicos, educacionais em face de ações de intervenção, como guerras e escravidão, sobre sua vida.

b. O mito da democracia racial foi difundido no Brasil e no exterior tendo como aporte teórico a obra de Gilberto Freire em *Casa-Grande & Senzala*, na qual retrata o convívio entre brancos, negros e indígenas com poucas situações de conflito.

c. O Projeto UNESCO foi uma agenda antirracista contra o Holocausto, mobilizando nações para entenderem as relações inter-raciais no Brasil.

d. Outras nações como Alemanha e Canadá têm evitado ações de reconhecimento das atrocidades que cometeram na Namíbia com Herero e Nama e os indígenas da América do Norte, respectivamente.

Atividade prática

1. Peça aos estudantes em sala para formarem grupos e formularem três questões abertas sobre reparação histórica no Brasil e de mais um país. Peça que respondam e corrija-as em sala com eles. Em seguida, peça que indaguem mais dois professores cada grupo utilizando suas próprias questões e anotem as respostas. Em sala, peça para cada grupo expor as respostas que obtiveram dos outros professores e debatam conforme os argumentos que o texto apresentou.

2. Peça aos estudantes para selecionarem imagens de negros em livros didáticos de diferentes disciplinas. Depois solicite que reproduzam as imagens e escrevam quais características históricas encontraram sobre negros e negras: reinos africanos específicos, sobre a escravidão e onde, imagens pitorescas de propagandas,

movimentos de resistência, personalidades etc.). Em sala, peça que os grupos apresentem seu trabalho e estimule-os a discutir as imagens a partir do proposto pela Lei n° 10.639/2003 e Parecer n° 003/2004.

Respostas

1. c; e

2. a, b, c, d – Todas

3. b

Referências

BASTIDE, Roger. *The African Religions of Brazil*: Toward a Sociology of the Interpenetration of Civilizations. Baltimore/London: The Johns Hopkins University Press, 1978.

BENTO, Maria Aparecida. *Projeto narcísico no racismo: branquitude e poder nas organizações e no poder público*. 169p. Tese (Doutorado) - USP, São Paulo, 2002. Disponível em: https://www.teses.usp.br/teses/disponiveis/47/47131/tde-18062019-181514/pt-br.php. Acesso em: 10 mar. 2023.

BRASIL. *Código Penal de 1890*, art. 402, Decreto n° n° 847 847, de 11 de outubro de 1890. Disponível em: https://www2.camara.leg.br/legin/fed/decret/1824-1899/decreto-847-11-outubro-1890-503086-publicacaooriginal--1-pe.html. Acesso em: 10 mar. 2023.

BRASIL. *Decreto-Lei n° 1.202 de 8 de abril de 1939*. Disponível em: http://www2.camara.leg.br/legin/fed/declei/1930-1939/decreto-lei-1202-8-abril--1939-349366-publicacaooriginal-1-pe.html. Acesso em: 10 mar. 2023.

BRASIL. *Lei n° 9.394 de 20 de dezembro de 1996*. Estabelece as diretrizes e bases da educação nacional. Diário Oficial da União, Brasília, 23 dez. 1996. Disponível em: https://www.planalto.gov.br/ccivil_03/Leis/L9394.htm. Acesso em: 10 mar. 2023.

BRASIL. *Lei n° 10.639 de 10 de janeiro de 2003*. Altera a Lei n° 9.394, de 20 de dezembro de 1996, que estabelece as diretrizes e bases da educação nacional, para incluir no currículo oficial da Rede de Ensino a obrigatoriedade da temática "História e Cultura Afro-Brasileira", e dá outras providências.

Diário Oficial da União, Brasília, 10 jan. 2003. Disponível em: https://www.planalto.gov.br/ccivil_03/Leis/2003/L10.639.htm. Acesso em: 10 mar. 2023.

BRASIL. *Parecer CNE/CP 003/2004*. Diretrizes Curriculares Nacionais para a Educação das Relações Étnico-Raciais e para o Ensino de História e Cultura Afro-Brasileira e Africana Aprovado em 10/3/2004. Diário Oficial da União, Brasília, 19 maio 2004. Disponível em: http://portal.mec.gov.br/dmdocuments/cnecp_003.pdf. Acesso em: 10 mar. 2023.

BRASI. *Estatuto da Igualdade Racial – Lei n° 12.288/2010*. Disponível: http://www.planalto.gov.br/ccivil_03/_ato2007-2010/2010/lei/l12288.htm. Acesso em: 10 mar. 2023.

BRASIL. *Lei n° 12.987 de 2 de junho de 2014*. Dia Nacional de Tereza de Benguela e dia da Mulher Negra. Diário Oficial da União, Brasília, 2 jun. 2014. Disponível em: http://www.planalto.gov.br/ccivil_03/_ato2011-2014/2014/lei/l12987.htm. Acesso em: 10 mar. 2023.

BRASIL *Lei 14.519 de 21 de março de 2023*. Dia Nacional das Tradições das Raízes de Matrizes Africanas e Nações do Candomblé. Diário Oficial da União, Brasília, 21 de mar. 2023. Disponível em: http://www.planalto.gov.br/ccivil_03/_ato2023-2026/2023/lei/L14519.htm. Acesso em: 23 mar. 2023.

CAVALLEIRO, Eliane. *Do silêncio do lar ao silenciamento escolar*. 6ª. ed. São Paulo: Contexto, 2000.

DECLARAÇÃO de Durban. *Relatório da III Conferência Mundial contra o Racismo, Discriminação Racial, Xenofobia e Intolerância Correlata*. África do Sul: Durban, 31 ago. - 8 set. 2001. Disponível em: https://brasil.un.org/pt-br/150033-declaracao-e-plano-de-acao-de-durban-2001. Acesso em: 10 mar. 2023.

FUNDAÇÃO CULTURAL PALMARES. Disponível em: http://www.palmares.gov.br/. Acesso em: 10 mar. 2023.

GUIMARÃES, Antonio Sergio Alfredo. O projeto UNESCO na Bahia. In: PEREIRA, Claudio Luiz; SANSONE, Livio (org.). *Projeto UNESCO no Brasil: textos críticos*. Salvador: EDUFBA, 2007. p. 25-37.

LIMA, Marcus Eugenio O.; VALA, Jorge. As novas formas de expressão do preconceito e do racismo. *Estudos de Psicologia* (Natal), v. 9, n. Estud. psicol. (Natal), v. 9, n. 3, p. 401–411, set. 2004.

LIMA, Vivaldo da Costa. O candomblé da Bahia na década de 1930. *Estudos Avançados*, v. 18, n. 52, p. 201-221, 2004. Disponível em: https://www.revistas.usp.br/eav/article/view/10032. Acesso em: 10 mar. 2023.

PEREIRA, Claudio; SANSONE, Livio (org.). *Projeto UNESCO no Brasil*: textos críticos. Salvador: EDUFBA, 2007.

MARQUES, Eugenia Portela S.; SILVA, Wilker Solidade da. *Educação, relações étnico-raciais e resistência: as experiências dos núcleos de estudos afro-brasileiros e indígenas no Brasil.* Assis: Triunfal Gráfica e Editora, 2016.

NASCIMENTO, Abdias. *O quilombismo: documentos de uma militância pan-africanista.* Petrópolis: Vozes, 1980.

SILVA, Petronilha Beatriz Gonçalves e. *Entre o Brasil e a África: construindo conhecimento e militância.* Belo Horizonte: Mazza, 2011.

SISU – Sistema de Seleção Unificada. *Sistema de cotas.* Disponível em: https://sisu.mec.gov.br/#/. Acesso em: 10 mar. 2023.

WAISELFISZ, Julio Jacobo. *Mapa da violência 2016: homicídios por armas de fogo no Brasil.* Rio de Janeiro: FLACSO, 2016. Disponível em: https://flacso.org.br/files/2016/08/Mapa2016_armas_web-1.pdf. Acesso em: 10 mar. 2023.

Capítulo 2
Estudos Africanos:
Problemáticas e Resoluções

Introdução

Os Estudos Africanos no século XX estiveram, em grande medida, liderados por perspectivas etnocêntricas, que ratificaram a relação império-superior e colônia-inferior em seus focos de interesse. A diferença significativa teve espaço com as independências africanas, quando os africanos conseguiram internacionalmente recuperar a posição de protagonistas de sua própria história e cultura, ocultada pela colonização europeia. Com efeito, surgiram problemáticas teórico--metodológicas relativas aos Estudos Africanos, como: transliteração de nomes e conceitos, natureza e foco de pesquisa e representações depreciativas sobre a África e os africanos. Com efeito, intelectuais e políticos constituíram uma historiografia a partir dos próprios povos africanos e de suas dinâmicas locais e instituíram análises e interpretações por meio de: interdisciplinaridade, história oral, memória coletiva, contextos sociais em relação aos geradores ecológicos e processos históricos de longa duração.

As problemáticas dos Estudos Africanos

Ao estudarmos o continente africano, nos deparamos com questões amplas e diversas, ainda mais quando relembramos o aparecimento dos hominídeos mais antigos encontrados na Etiópia – o achado mais conhecido foi o *Australopithecus Afarensis* (Lucy), datada aproximadamente entre 3.2 milhões de anos em 1974, segundo o

Instituto de Estudos Avançados da USP. No entanto, outros achados foram descobertos posteriormente, como ocorreu em 1997 durante a pesquisa do paleoantropologista, Yohannes Haile-Selaissie, da Universidade da Califórnia, Berkeley. Nesta pesquisa foram encontradas partes da mandíbula e dentes que datam entre 5.2 e 5.8 milhões de anos na região do Médio Awash, Etiópia. Dependendo do recorte histórico que nos propomos, outras tantas questões se tornarão evidentes. Vamos lembrar que a História do Egito sobre o Império Kemet, conforme os registros em marfim, datam de 3300 a 3200 a.C. (ASANTE, 2015.), porém a escravidão, no que diz respeito à formação da História Brasileira, refere-se ao início do século XVI.

Por meio desse raciocínio, você pode indagar: A História chamada universal, quando resumida à História da Europa, consegue explicar toda a complexidade social, histórica e cultural da África e do Brasil? O que seria necessário desenvolver na História para romper com o etnocentrismo sobre a África? Quais problemáticas encontramos ao nos debruçarmos sobre os Estudos Africanos? Quais perspectivas fazem parte dos Estudos Africanos e de que maneira eles geram resoluções às referidas problemáticas? Como a mídia e discursos a respeito dos reinos egípcios usaram do etnocentrismo para que os faraós fossem representados por personagens brancos?

Tendo como premissa essas questões, podemos iniciar com as problemáticas que permeiam a historiografia africana: a) as narrativas sobre a África utilizaram-se da latinização das línguas locais; b) as fontes e os enfoques de pesquisa dependeram dos interesses coloniais para gerar descrições e interpretações etnocêntricas; e c) as consequentes representações históricas e culturas africanas.

Vamos iniciar pela questão do recurso linguístico. O problema da transliteração de línguas africanas, árabes ou orais para as línguas ocidentais dependeu de descrições e narrativas conforme o Império (Português, Inglês, Francês, Alemão etc.). Ilustrativamente, você encontrará grafias diferentes sobre o nome de uma mesma população (por exemplo: Swahili ou suaíli) entre os diferentes volumes da *História Geral da* África traduzida para o português em 2010 – disponível no *site* do Ministério da Educação e Cultura (MEC). Em nosso caso, manteremos uma padronização, independente da fonte original, por tomarmos a importância do entendimento inicial dos estudantes aos Estudos Africanos.

As pesquisas sobre a História da África demonstram que precisamos dialogar com diferentes fontes e áreas do conhecimento: Paleontologia, Arqueologia, Antropologia, Biologia, Linguística, Genética, Saúde e Artes. Essa atitude aberta e dialógica proporciona o rompimento de mitos e lendas a respeito de uma única e exótica África.

Com efeito, você terá melhor entendimento sobre a amplitude dessa diversidade à medida que dados de diferentes áreas que ratificam argumentos historiográficos forem apresentados. Nosso intuito é demonstrar a historiografia com a perspectiva afrocêntrica ou pós-colonial, o que difere do uníssono pensamento eurocêntrico sobre a África, ou como apontou o filósofo e poeta congolês Valentin-Yves Mudimbe, inventou visões sobre África e ocultou as gnosiologias africanas. Logo, essas visões etnocêntricas puderam nos distanciar da compreensão da humanidade africana.

Outra realidade com a qual você se depara ao estudar sobre culturas africanas é certa dificuldade de encontrar materiais bibliográficos das diferentes nações, etnias e regiões africanas em português, por ser determinado conciliar seu interesse pelo dos poderes coloniais que determinaram no passado o foco das pesquisas, além da transliteração das línguas locais para o da língua estrangeira imposta à população colonizada. Conquanto seu interesse esteja sobre temas já bem estudados, como Egiptologia, e que foram palco de interesse colonial exploratório, como a República Democrática do Congo para as autoridades e intelectuais belgas, ou as regiões portuguesas dos Países Africanos de Língua Oficial Portuguesa (PALOPs), você terá boas chances de encontrar materiais, mesmo que seja necessário aprender a língua oficial do

Império sobre uma determinada colônia. As narrativas coloniais e as literaturas científicas estavam aliadas aos mesmos focos das políticas exploratórias do continente.

Quanto às representações da História e Cultura Africana, que alimentaram o imaginário ocidental, elas tiveram no início dois intuitos: retratar as regiões com suas riquezas para conseguir o investimento estrangeiro sobre a exploração local e representar uma imagem pitoresca ou exótica em busca da venda de livros ou de financiamento para mais explorações e missões cristãs, como Joseph Ki-Zerbo apontou sobre os três Ms a serviço dos interesses coloniais – mercadores, militares e missionários (faltou acrescentar um quarto grupo, médicos). Embora sem uma estratégia única ou uníssona, esses partícipes representam grupos em disputa no Ocidente. Entre os exploradores e autoridades europeias que adentraram as regiões continentais da África Equatorial e Austral, podemos mencionar: Portugal – Francisco José de Lacerda e Almeida (1797-98 – paulista de origem a serviço da corte portuguesa, morre antes de fazer a travessia leste-oeste pela África Meridional), José Correia Monteiro e Androso Pedroso Gamito (1831-32); Reino Unido – John Hanning Speke, James Augustus e Richard Burton (1855-1860, lideraram expedições juntos até o lago Tanganica), David Livingstone (1852-1873, em três expedições) e John Rowlands ou Henry Morton Stanley (1871-1889); França – Verney Lovett Cameron (1873-1875 – atravessou da costa leste a oeste), Pierre Savorgnan de Brazza (1875-1885, três expedições); Bélgica: – Alexandre Delcommune (1887-1889 – afluentes do rio Congo); Polônia – Emil Holub (1885-6).[15]

Vejamos um desses relatos de viagem de Emil Holub para entender de que maneira a concepção de ajuda humanitária em África cunhou a manutenção da superioridade branca ante as atitudes inóspitas e desprestigiadas dos povos locais.

---

15 Para mais informações, você pode acessar o *site* em francês sobre exploradores de todas as regiões do planeta no *site* da enciclopédi Larousse. Disponível em: http: /bit.ly/3wQi8FO. Acesso em: 10 mar. 2023.

Em um momento de minha jornada um garoto foi me dado como presente. Eu o libertei imediatamente. Jonas, como esse promissor jovem era chamado, tão logo pôde tirou vantagem de minha generosidade e desapareceu para sempre. Antes de me ser dado ele passou de mão em mão doze vezes entre vendas e revendas. Em todo lugar em que foi utilizado, por assim dizer, era um burro de carga. O tipo de tratamento que lhe ofereci ele nunca regozijou antes em sua vida. Ele comia a mesma comida que nós europeus e no trajeto apenas carregava seu colchão e um dos meus rifles. Eu até o deixei usar o rifle para caçar quando quisesse durante nossa viagem. Meus carregadores o chamavam de "mestre" e meus servos o chamavam de "a criança do homem branco". E mesmo assim ele não pôde suportar nossa companhia e preferiu a liberdade, mas com um futuro incerto. Esta é a característica da natureza do negro inferior (HOLUB, 1975, p. 3).

Por essa lógica, as missões cristãs desempenharam o papel de retratar uma África que precisava de auxílio e urgia pelo cristianismo para combater o fetichismo e o islamismo. No entanto, os conflitos das igrejas cristãs reproduziram-se pela disputa do campo simbólico entre católicos e protestantes e entre as próprias denominações. No primeiro grupo de conflitos, as regiões praticavam determinados privilégios de seus respectivos impérios, quais sejam, se a colônia ou protetorado fosse declarado católico, então suas colônias preservariam essa ênfase; da mesma forma, se o Império fosse protestante, suas colônias defenderiam os mesmos privilégios dos missionários protestantes. Mas dependeria do período e da região de interesse das missões, como veremos no Capítulo 6, "África explorada e construída pela Europa: séculos XV a XVIII".

Ademais, o conflito religioso cristão representou a disputa por territórios entre os grupos da mesma denominação. Nesse sentido, para você entender melhor, vamos explicar o caso católico. As colônias africanas que eram do Império Português estavam subsumidas ao processo de manutenção, difusão e expansão do catolicismo, conforme os acordos políticos pré-estabelecidos entre a coroa e o poder papal ou

Cúria Romana. Quando o domínio era de poder protestante, a região de interesse passava a ter uma governança eclesiástica por um órgão específico chamado de Congregação para a Propagação da Fé (ou em latim *Propaganda Fide*). Além disso, as missões implicaram-se na concepção de populações subsaarianas fragilizadas em busca de lideranças cristãs e civilizadas. Nas regiões do interior africano, desde a África do Norte e África Austral, dois missionários católicos carregaram o intuito da expansão católica para a África Austral a partir da década de 1870: Daniel Comboni (1831-1888) italiano que funda duas congregações missionárias, masculina e feminina; Charles-Martial Lavigerie (1825-1892) francês, chegou a ser erigido Cardeal, fundou três congregações, conhecidas como Padres Brancos, Irmãos e Irmãs Brancas, devido ao hábito de linho branco, e se notabilizou por ações na Argélia e regiões desde a Uganda até o Malauí, seguindo o Vale do Rift.

Por isso, dependia da autorização da *Propaganda Fide* definir qual território seria domínio eclesiástico de qual grupo missionário, o que tinha como pano de fundo a força política desse grupo e dos interesses católicos pela expansão no continente africano.

Esse expansionismo correspondia aos interesses da governança papal contra o avanço do domínio protestante na África Austral a partir da Conferência de Berlim, 1884-85 e a Associação Internacional Africana (AIA) para condenar o liberalismo político e religioso, que questionava o poderio papal no senado francês.

Com efeito, graças ao financiamento empresarial, das coroas, das organizações religiosas e de jornais europeus e estadunidenses, os registros dessas expedições delinearam o interesse estrangeiro de acordo com as riquezas descritas em seus relatos e diários.

Ávidos por histórias de aventura e conquistas, os europeus e estadunidenses receberam de braços abertos as histórias de aventura de Edgar Rice Burroughs (1875-1950) como o heroísmo dominante ocidental retratado em *Tarzan dos Macacos* (1912) e do horror da selvageria no filme escrito por Edgar Wallace (1875-1932), *King Kong*, estrelado em 1933, produzido e realizado por Meriam Cooper, Ernest Shoedsack e David Selznick (RKO Productions).[16] Se nos indagarmos qual a contribuição dessas obras para as populações ocidentais com vistas nas literaturas posteriores, a resposta seria intensificar o anseio por aventura e heroísmo em uma região inóspita, em que se bestializou ao lado dos grandes animais as populações que precisavam ser civilizadas.

Em torno dessas representações, devemos lembrar a complexidade de interesses que envolveram a ajuda humanitária. Os atores que estavam em solo africano, muito provavelmente, sacrificavam suas vidas por um ideário humanitário e cristão. Isso, porém, nos apontou que o envio desses futuros mártires foi de fato exploratório e comercial. Assim aconteceu com missões protestantes ao chegarem ao interior do Congo, no início fim do século XIX. Os missionários se depararam com cenas horrendas de crueldade e barbárie, como anteriormente denunciadas por Richard Burton contra Henry Morton Stanley.

Tal tônica de denúncia internacional teve maior impacto com os registros fotográficos da missionária britânica Alice Seeley Harris (1870-1970) e esposo, John Harris. Sua ação se tornou as lanternas mágicas que revelaram as atrocidades cometidas por Leopoldo II – segundo rei da Bélgica de 1865-1909 – na República Democrática do Congo (RDC). Eles conseguiram traduzir em seus enquadramentos o impacto emocional para retratar ao Ocidente o que estava acontecendo por volta de 1900-1915. Seus enquadramentos conseguiram criar uma audiência que se sensibilizava e se simpatizava com a situação registrada. Vejamos duas fotos a seguir.

Alice Seely Harris capturou em fotos, por exemplo, o senhor Nsala sentado em pórtico olhado para os pés e mãos de sua filha, Boali. No entanto, a ausência da filha que descreveria o efeito devastador

---

16 O filme salvou a RKO Productions da falência e deu sequência a *The son of King Kong* (1933), de Ernest Shoedsack, depois ocorreram outras versões: 1976 por John Guillermin, 2005 por Peter Jackson e 2017 por Jordan Vogt-Roberts. O sucesso midiático do filme *Kong* demonstra o quanto o pitoresco e exótico africano corresponde às categorias racistas perpetuadas ainda hoje.

de uma presença não existente deixou de ser Boali para revelar a terrível tristeza ao público, por meio da crueldade contra a menina como prática comum da milícia de Leopoldo II.

Em outras capturas, Alice Seely Harris demonstrou a continuidade da violência dos soldados a serviço de Leopoldo II como expressão da superioridade ocidental. As fotos de mutilações de braços, mãos e pés foram efetivas para provocarem o Movimento de Reforma do Congo (1890-1913), quando pressionaram o governo britânico a se contrapor às práticas coloniais de Leopoldo II. Depois dessas denúncias e de seu próprio enriquecimento, o rei vende em 1908 o Congo para o Império Belga.

Encontramos no livro de Hochschild (1999), *King Leopold's Ghost* (O fantasma do Rei Leopoldo II), a dimensão exploratória e política dos interesses do rei Leopoldo II da Bélgica sobre a RDC descrita como holocausto africano. Cortar as mãos e pés era uma estratégia utilizada pela milícia da *Belgian India Rubber Company* (Companhia de Borracha da Índia Belga) para forçar os homens a extraírem o látex. Se houvesse uma recusa, o castigo seria replicado.

As imagens e os nomes de congoleses que levaram tiros ou foram mutilados pela milícia de Leopoldo II por esse arquivo denota a relação entre a produção de conhecimento europeu no período colonial e seu custo social. Em resumo, a produção de conhecimento estrangeiro no período colonial esteve relacionada à manutenção de um estado de terror para as populações locais, como observamos com a RDC. Observem que de um lado a continuidade de dependência externa produzida pelo comércio de escravizados até a metade do século XIX foi intensificada pela efetiva presença externa; de outro os interesses pelo domínio e exploração local imbricavam-se na luta antiescravagista e humanitária por meio de seu financiamento. Assim foi que Leopoldo II esteve envolvido com as ações da AIA representando o grande benfeitor cristão, porém como o protagonista das políticas exploratórias denunciado por Alice Seeley Harris.

Portanto, apresentamos a você os três problemas que envolvem os Estudos Africanos. Diante disso, os intelectuais, ativistas e políticos africanos e africanistas (negros da diáspora) engendraram perspectivas historiográficas para evitar o etnocentrismo – europeu-superior e africano-inferior – localizado no cerne das problemáticas: transliteração, natureza e foco das fontes e representações sobre a África.

Resoluções para uma historiografia africana

O caminho que tentaremos percorrer é a passagem do pensamento hegemônico eurocêntrico para pensamentos pós-coloniais e afrocêntricos. Em vez de um abandono da produção intelectual do Ocidente, isso significa apresentar novas matrizes de pensamentos a partir da experiência concreta africana. Com isso você poderá vislumbrar novas realidades africanas e afro-brasileiras criticamente, o que está acostumado a ouvir, assistir em filmes e novelas ou relatos de representantes do pensamento ocidental: autoridades governamentais, missionários, exploradores e repórteres.

Esse processo de aprendizagem pressupõe uma abertura a concepções epistemológicas sobre a produção e manutenção do conhecimento africano. Por isso, é um caminho em direção a princípios e experiências africanas desenvolvidas por intelectuais, a partir da experiência africana e dos descendentes na diáspora. Nessa linha, apresentaremos os encaminhamentos historiográficos propostos por Joseph--Ki-Zerbo, Elikia M'Bokolo e Molefi Keti Asante.

A partir desses escritos, somos convidados a nos debruçar sobre a complexidade de sua amplitude. Com efeito, a historiografia praticada por negros africanos e negros da diáspora pedem algumas mudanças teórico-metodológicas. Na confecção da *História Geral da África*, organizada pela UNESCO, 8 volumes, realizada e coordenada por africanos (2/3) e não africanos (1/3) entre os anos de 1969-79, Joseph Ki-Zerbo apresentou no volume I, Sobre Metodologia e Pré--História da África, os quatro princípios para a historiografia africana.

a. interdisciplinaridade: pluralidade de abordagens historiográficas e fontes;

b. a História a partir do polo africano: a volta repatriadora pela visão interior de identidade, autenticidade e conscientização;

c. a História da totalidade dos povos africanos, inclusive arquipélagos e ilhas, como Madagascar: processos migratórios que objetivaram contato com populações locais e relações ambientais para criar novas resoluções;

d. interesse sobre as civilizações, instituições e estruturas sociais: evitar a preocupação excessiva com fatores e influências externas, como tem sido o tráfico de escravizados.

Elikia M'Bokolo (2009), historiador congolês, escreveu *África Negra: história e civilizações*, tomo I (até o século XVIII) e tomo II (XIX até nossos dias). A primeira edição foi publicada em 1995 e a segunda em 2011. Em seus dois volumes, M'Bokolo afirma que a complexidade da África Negra tem sido fragmentada em grandes períodos e no interior deles aglomerados geográficos. Contra esse equívoco, que pode levar a particularidades ou particularismos, é preciso emergir uma historiografia, como:

a. Una e múltipla, conforme a historicidade da dimensão e da substância da africanidade.

b. História-narrativa e história-problema para não se esquivar como comum aos especialistas quanto aos dados que surgem, principalmente, da memória coletiva dos africanos acerca de seu passado.

c. Processos históricos de longa duração para interpretar fenômenos que perduraram por muitas gerações, aliados a vestígios arqueológicos e linguísticos, substanciando a africanidade una e múltipla.

Como vocês irão observar ao longo dos sete capítulos, a divisão temporal entre os períodos pré-colonial, colonial e pós-colonial cede lugar a explanações conforme os problemas levantados. Por isso, tornam-se estratégicas sobreposições, antecipações e regressões para que um determinado contexto possa ser entendido.

Os estudos do historiador estadunidense Molefi Keti Asante (2015), apresentados em *The History of Africa: the quest for eternal harmony*, nos possibilitou compreender a historiografia africana a partir do que o historiador senegalês Cheik Anta Diop se debruçou sobre o nascimento da civilização humana no continente africano, outrossim, resgatar a civilização egípcia como nuclear da História da África. Desse modo, Molefi Keti Asante teceu sua pesquisa em torno de dois princípios:

a. Distinção epistemológica de uma historiografia a partir de africanos e de seus anseios, resoluções e memórias coletivas. Esse tipo de atitude adotada a partir da história feita, recontada e reinterpretada por africanos para utilizar perspectivas da memória coletiva e história oral denominada de afrocêntrica.

b. Quatro geradores ecológicos e um humano determinantes para o desenvolvimento social, político e filosófico dos povos: o deserto do Saara, a Floresta Equatorial, o Vale do Rift, bacias hidrográficas e o domínio da produção de ferro. Assim, esses quatros fatores teriam iniciado e guiado as culturas africanas (vide ilustrações no Capítulo 3 – Reinos Africanos)[17].

Para acompanharmos como as problemáticas impulsionaram esses historiadores, podemos recordar que, se houvesse a mesma intensidade e incentivo nos centros de pesquisas nacionais e internacionais sobre as fontes egípcias como fizemos com a grega, já teríamos revela-

---

17 Nessa coleção enfatizaremos os quatro geradores ecológicos de Molefi Keti Asante (2015).

do e traduzido seu desenvolvimento tecnológico, científico, filosófico e teológico; e, muito provavelmente, convencionado o tipo de tradução e escrita ou transliteração mais adequada para nomes e conceitos produzidos pelos povos africanos.

Para demonstrar um pouco desse aspecto, podemos mencionar por meio de Asante (2015) a tradição filosófica, política e científica de sacerdotes, filósofos e escribas que foram determinantes para a civilização egípcia. Entre suas personalidades e trabalhos, vamos citar alguns: Imhotep, que viveu em 2700 a.C., escreveu sobre conceitos físicos de volume e tempo, a origem da doença física e mental e sobre a imortalidade; Ptahhotep escreveu por volta de 2414 a.C. um livro sobre como envelhecer; em 1991 a.C., Sehotipibre se debruçou sobre a importância de o cidadão ser leal a seu rei; e, Amenhotep, filho de Hapu, arquiteto, escriba, sacerdote e administrador, por volta de 1400 a.C., foi o segundo homem a ser deificado por sua comunidade, devido sua surpreendente sabedoria e conhecimentos de seu tempo.

É correto afirmar que o problema da natureza da fonte e seu foco estão interligados pelo interesse colonial, mas que à medida que novas pesquisas forem concretizadas e convencionadas pelos Estudos Africanos, a partir da experiência concreta africana e da diáspora, nos sentiremos mais seguros com a diversidade interpretativa da área.

Já a problemática das representações depreciativas pode ser descontinuada a partir da competência teórico-metodológica interdisciplinar, como os autores propõem. Isso significa fazer usos de diferentes áreas do conhecimento: história oral, memória coletiva e relacioná-las a contextos de longa duração. Como apontou Mudimbe (1988),[18]

---

18 Valentin-Yves Mudimbe nasceu em Jadotville na República Democrática do Congo em 1941. Quando jovem viveu em um monastério, deixando-o em 1962 para estudar sobre as matrizes do pensamento ocidental que modelaram a História da África. Em 1964, obteve o diploma superior na Universidade de Lovanium, Kinshasa, e na mesma instituição o bacharelado em 1966. Depois, estudou em Paris em 1968. Obteve seu doutorado em Filosofia e Artes em 1970, em Leuven, Bélgica. Ao retornar para o RDC precisa fugir para os EUA devido a questões políticas internas em 1979. Lecionou na Universidade de Haverford e Stanford. Atualmente é professor Emérito

em *The Invention of Africa* (A invenção da África), as contribuições ocidentais e árabes instituíram um olhar negativo sobre os contextos sociais africanos. Portanto, as categorias europeias deixam de ocupar a posição de única ou ulterior para dar espaço às reflexões a partir da África com sua própria produção intelectual.

A contribuição de Mudimbe se tornou ímpar para traçar novos caminhos de entendimento epistemológico sobre a produção humana e intelectual. Você precisa estar atento ao que os termos ou atributos sobre determinadas populações intentam criar em termos de posições hierárquicas. Assim foi que a noção de primitivos e selvagens inferiorizaram populações em detrimento dos escritos ocidentais. Desde o início da colonização, as populações das regiões desejadas para a exploração – africanos, ameríndios, indígenas ou aborígenes – foram capturadas em um invólucro de nativos, pertencentes àquela natureza. Com efeito, para dominá-los, era fundamental conseguir quem financiasse o projeto com uma visão ocidental de heroísmo que justificasse o sacrifício de vidas nessa empreitada. A repercussão seria positiva se esse heroísmo estivesse cercado de atributos de generosidade e bondade e salvasse as almas dos africanos. Assim é que colonos situados em África e colonialistas (exploraram a África por meio de domínio dos líderes locais) tiveram (e têm) como propósito organizar e transformar as regiões não europeias em construtos europeus.

Vamos dar um exemplo para você entender a dimensão dessa ruptura. A representação do faraó Aquenáton demonstra a importância de divulgação constante de personalidades africanas, por escritos e esculturas. Nesse caso, o faraó Aquenáton, 18ª dinastia, aprox. 1340 a.C., é retratado com traços que demonstram ser negro, conforme nos atentamos aos contornos dos lábios, nariz e olhos. Além disso, reformulou a religião egípcia para o monoteísmo de Aton e se identificou a

---

de Literatura da Universidade de Duke (EUA). Devido a seu livro de 1988, *The Invention of Africa*, ganhou notoriedade internacional, sendo seu trabalho inspirador de muitos jovens pesquisadores dos estudos pós-coloniais pelo globo sobre os parâmetros ocidentais a respeito das populações e suas produções.

ele, inclusive, mudou seu nome de Amenófis IV para Aquenáton pelo uso de estratégias políticas e militares iniciadas por seu pai Amenófis III. Construiu templos e organizou rituais em torno desse culto, que associava o conceito de disco solar (Aton) como símbolo vinculado ao poder universal do faraó, o que orquestrou o imperialismo egípcio. Entre os efeitos desse monoteísmo, podemos lembrar que outros grupos aderiram a essa proposta, como o dos hebreus, que se desdobraria no cristianismo e islamismo.[19]

Quanto mais imagens e trabalhos das personalidades egípcias retratarem sua origem africana e negra, mais distantes poderemos estar de textos, filmes e novelas que distorcem os contextos históricos. Seria uma atitude pedagógica no caminho contra perspectivas etnocêntricas e racistas, ou, nas palavras de M'Bokolo (2011, p. 4): "O conhecimento de uma tal história ajudará, com toda certeza, em África, nas 'diásporas' africanas, como alhures no mundo, a evitar e a combater as mitologias destrutoras inventadas pelos narcisismos nacionalistas e racistas".

Assim, a História da África retratada a partir de novas descobertas e pela leitura e interpretação das dinâmicas sociais, com o respaldo dos pressupostos de africanistas de África e da Diáspora, nos guiam para as experiências concretas africanas com menos vieses etnocêntricas. É um caminho pelo qual vale a pena enveredarmos.

Síntese

Você pôde observar que a História e Cultura Africana, ainda, mantêm determinadas problemáticas sobre a visão da África: transliteração de nomes e conceitos, interesses sobre determinadas fontes e seus focos de pesquisa, além das representações que inferiorizavam os africanos. Todavia, graças ao esforço e protagonismo de intelectuais e

---

19 De acordo com Okon (2012), da Universidade de Calabar, Nigéria, Aquenáton teria influenciado Moisés e os hebreus a ponto de podermos afirmar que a origem do monoteísmo hebreu ocorreu por essa tradição religiosa egípcia. Esse teria sido o argumento de Sigmund Freud em *Moisés e o monoteísmo*.

políticos africanos e da diáspora, novas perspectivas historiográficas opuseram-se aos equívocos históricos da África, por meio da interdisciplinaridade, o uso da história oral e memória coletiva, o fazer humano diante dos geradores ecológicos e a interpretação de processos históricos de longa duração.

Sugestões culturais

Palestra

ADICHIE, Chimamanda Ngozi. O perigo de uma história única. Disponível em: https://www.youtube.com/watch?v=EC-bh1YARsc. Acesso em: 14 abr. 2020.

Palestra da escritora nigeriana no TEDGlobal 2009, Oxford, England, 18 min 49 segundos, a respeito de como uma única temática sobre um determinado local, por exemplo, Nigéria, pode levar a uma concepção incompleta sobre o conjunto de experiências que sustentam a dignidade humana.

Filme

UM GRITO de liberdade. Direção e produção: Richard Attenborough. Reino Unido, Zimbábue: Universal Pictures, 1987. 2h 37min.

Filme baseado no livro de Donald Woods sobre o encontro e conversa que teve com Steve Biko a respeito da turbulência política da África do Sul, durante o Apartheid. O filme procura retratar o enredo político de encontro à segregação racial imposta aos negros pela minoria branca armada. Para que conseguisse publicar o livro, Donald Woods retira-se da África do Sul e vai para o Reino Unido. Lembramos que esse momento antecede a morte do militante Steve Biko na prisão e Mandela estava encarcerado.

Sites

https://seshat.museunacional.ufrj.br/ | SESHAT – Laboratório de Egiptologia do Museu Nacional/UFRJ

Grupo de pesquisa da UFRJ que se dedica à arqueologia do Egito Antigo e tem o maior conjunto museológico do Egito da América Latina. A origem dessa coleção iniciou com D. Pedro I e D. Pedro II, sendo que este visitou o Egito no ano de 1871 e 1876. Atualmente o SESHAT promove encontros científicos, SEMNA – Estudos de Egiptologia e publica os artigos desse encontro em um e-book anual que podem ser baixado pelo *site*.

www.codesria.org | Conselho para o Desenvolvimento de Pesquisa em Ciências Sociais em África – CODESRIA (inglês e francês).

O *site* tem repositório sobre trabalhos acadêmicos, conferências, jornais e boletins acerca de informações dos países africanos. Situado em Dakar, Senegal, desde 1973, como uma instituição pan-africanista independente.

http://repositorio.ucm.ac.mz/community-list | Repositório da Universidade Católica de Moçambique

Contém trabalhos acadêmicos (jornais, coleções, artigos, monografias, dissertações e teses) de diferentes áreas do conhecimento produzidos a partir dessa Universidade.

Sugestões literárias

HEYWOOD, Linda. *Diáspora negra no Brasil*. São Paulo: Contexto, 2013.

Escrito por autores especialistas na África Central, a obra trata de diferentes temas sobre o legado cultural que desde a África se expandiria com a chegada dos escravizados no Brasil, mas, de fato, pelo continente americano. Entre as teses que o livro apresenta, está a de que grande parcela dos centro-africanos que partiram dos portos entre Loando e Angola partilhava de línguas próximas ao banto ocidental.

HISTÓRIA E CULTURA AFRICANA E AFRO-BRASILEIRA

Além disso, outros processos de assimilação europeia do século XVII, como o catolicismo, também contribuiria para que muitas práticas culturais trazidas pelos escravizados ao Brasil fossem incorporadas com maior facilidade às práticas originárias da África Ocidental.

SCOTT, Rebecca J. *Emancipação escrava em Cuba*: transição para o trabalho livre – 1860-1899. Rio de Janeiro: Paz e Terra/Editora Unicamp, 1991.

A condição histórica de Cuba e Brasil torna a obra um objeto interessante para perscrutar similaridades. Ambos compuseram os dois últimos países americanos a abolir a escravidão e, também, o trabalho escravizado era a força motor da produção de cana-de-açúcar. Em uma perspectiva gradual de transformação social: 1870, crianças e velhos foram libertados e o chicote abolido; 1880, os ex-escravizados passam a receber salários irrisórios; 1883, a tortura por tronco e ferro foi abolida. Sem muito alarde a abolição chegou, ainda que a maioria dos escravizados já estivesse liberta e as propriedades rurais contavam com a força de trabalho negra. Esse contexto anticolonial conduziu à emancipação de Cuba como colônia espanhola.

Atividades de autoavaliação

1. Assinale a questão correta:

   a. Os estudos africanos, desde o início, invocavam uma visão positiva sobre o continente africano e seus povos, causando ainda a ajuda humanitária na África para conseguir mais voluntários e auxílio financeiro;

   b. À medida que utilizamos mais imagens de esculturas egípcias e nos debruçamos sobre sua ciência, tecnologia e religião, romperemos com o narcisismo nacionalista e racista impregnado na ideia construída sobre a África;

c. A transliteração é o uso do latim como principal instrumento para traduzir nomes e conceitos das línguas africanas. Esse efeito é positivo, pois é desnecessário aprender dialetos ou contextos históricos locais para compreender a temática africana;

d. O monoteísmo de Aton foi a estratégia do faraó Aquenáton para absolver o monoteísmo hebreu para desenvolver o imperialismo egípcio.

2. Assinale a questão incorreta:

a. Os filmes, histórias de ficção e novelas proporcionaram ao Ocidente uma aproximação com o cotidiano africano deturpado, fazendo uso de personagens estrangeiros africanos como cruéis, ignorantes e bestiais e enaltecendo a posição do europeu de origem ou ascendência como herói, explorador e conquistador;

b. Os interesses de Leopoldo II na República Democrática do Congo retratam a brutalidade com a qual as populações eram tratadas por sua milícia;

c. Mesmo Leopoldo II sendo denunciado pelo Movimento de Reforma do Congo, a atitude do Império Belga foi de comprar do rei esse território;

d. A intervenção externa, quer por interesses comerciais ou de pesquisas, durante o colonialismo na África continuou o enaltecimento o heroísmo europeu mesmo após as independências africanas;

Atividade para aplicação

a. Auxilie os estudantes a procurarem em jornais, revistas e livros impressos ou digitais informações sobre o protagonismo africano. Peça que organizem esses materiais e escrevam uma lauda sobre a importância de valorizar as ações das personalidades negras. Em sala organizem esses materiais e com a autorização da direção da escola promova uma exposição.

b. Segundo o que estudamos nesse capítulo com Elikia M'Bokolo, Joseph Ki-Zerbo e Molefi Keti Asante, peça aos estudantes para encontrarem reportagens, fotos, propagandas, discursos políticos ou livros didáticos que se equivocam quanto à historiografia africana e apresentem a visão de lugares selvagens a ser civilizados ou cristianizados. Depois em grupos, em sala, com seu auxílio, solicite que escrevam um texto explicativo desses equívocos sobre os respectivos achados. Como na atividade anterior, essa também poderá compor a exposição pelo mesmo objetivo de ruptura do racismo.

Respostas:

1. b

2. c

Referências

ASANTE, Molefi Keti. *The history of Africa: the quest for eternal harmony.* 2. ed. New York/London: Routledge, 2015.

KI-ZERBO, Joseph. Introdução geral. In: KI-ZERBO, Joseph (ed.). *História geral da África: Metodologia e pré-história da África.* Vol. I. 2.ed. rev. Brasília: UNESCO, 2010. p. XXXI-LVII. Disponível em: https://unesdoc.unesco.org/ark:/48223/pf0000190249. Acesso em: 10 mar. 2023.

HOCHSCHILD, Adam. *King Leopold's Ghost: A Story of Greed, Terror and Heroism in Colonial Africa. New* York: Houghton Mifflin Company, 1999.

HOLUB, Emil. *Emil Holub´s travels North of Zambezi, 1885-6.* Manchester: Manchester University Press, 1975.

M'BOKOLO, Elikia. *África negra: história e civilizações.* Salvador: EDUFBA; São Paulo: Casa das Áfricas, 2009. t. I (até o século XVIII).

M'BOKOLO, Elikia. *África negra: história e civilizações do século XIX aos nossos dias.* 2. ed. Lisboa: Edições Colibri, 2011. t. II.

MUDIMBE, Valetin-Yves. *The invention of Africa: gnosis, philosophy and the order of knowledge.* London: James Currey, 1988.

Capítulo 3
Reinos Africanos

Introdução

As relações entre os geradores de Molefi Keti Asante (2015) e a interdisciplinaridade evidenciam a complexidade das dinâmicas históricas e culturais da África Austral. Enfatizaremos os processos migratórios protobantos que partiram de Camarões por volta de 4.000 a.C. em direção às regiões centrais e austrais. Essa mobilidade foi denominada de expansão banta e apresentada por meio de pesquisas arqueológicas, linguísticas e antropológicas. Como resultado tardio dessa expansão, que ilustra a mobilidade interna das populações africanas, poderemos compreender que os processos culturais de longa duração podem ser rastreados pela história oral e memória coletiva, como faremos ao explicar mitos originários. Com foco na África subsaariana, nos atentaremos para as dinâmicas sociais dos reinos Luba, Lunda, Congo, Grande Zimbábue e Monomotapa, já que suas dinâmicas tiveram como pano de fundo a relação estreita com a costa atlântica e índica o Vale do Rift e as bacias do rio Congo, Zambeze e Limpopo.

Geradores ecológicos

Pela importância do ambiente na História Africana, podemos entender a relevância que Asante (2015) atribui aos geradores ecológicos. Veremos neste capítulo a expansão banta e de que maneira o Saara e a Floresta Equatorial nos fornecem dados sobre os caminhos e encontros com populações não bantas. A fertilidade do Vale do Rift e das bacias hidrográficas proporcionou às comunidades africanas se instalarem e disputarem as riquezas dessas regiões, inclusive para a extração de minérios como ferro, cobre e ouro e comercializarem até com populações asiáticas. Embora Asante (2015) não enfatize as correntes marítimas e as monções de inverno e verão do Oceano Índico, esses outros geradores impulsionaram o comércio de longa distância entre árabes, indonésios e africanos da costa e do interior, como logo leremos neste capítulo e no Capítulo 4 - África e o Islã Medieval. Da mesma forma, esses geradores possibilitaram aos europeus chegarem à África e à Ásia e expandirem a escravidão no Atlântico (Capítulo 5 - A Escravidão Negra) e o domínio colonial (Capítulo 6 - A África Explorada e Construída pela Europa: Séculos XV a XVIII).

Para que você tenha uma visão mais adequada sobre os reinos africanos, partiremos da exposição sobre a divisão geográfica do continente a partir do deserto do Saara. Conforme sua relação com a história dos seres humanos, o deserto se tornou o marco para a divisão entre a África do Norte e a Subsaariana. Parsons e Abrahams (2009) using the same logic, principles and dating techniques (Huckleberry 2000 definem a geomorfologia do deserto como consequência geomorfológica às mudanças climáticas e de vegetação, o que inclui regiões quentes, mornas, temperaturas áridas e semiáridas do planeta. Para nosso propósito, eles se referem às regiões setentrionais, incluindo o Magrebe, de Oeste até o Leste, onde se encontra o deserto da Líbia e da Núbia no extremo Leste.[20] Quanto à aridez, a *United Nations Environment Programme* (UNEP, 1997) classificou a maior parte do deserto do Saara como hiperárido, mas contendo faixas ao sul (Sahel) e ao norte (Magrebe) com variação de regiões áridas, semiáridas e secas ou subúmidas.

---

20 Há outros desertos em África: Namíbio (Namíbia) e Kalahari (ao sudoeste: Namíbia, Botsuana e África do Sul; e ao norte, Angola, Zimbábue, Zâmbia e Congo).

Mapa 1 – Unidades Naturais de Paisagem

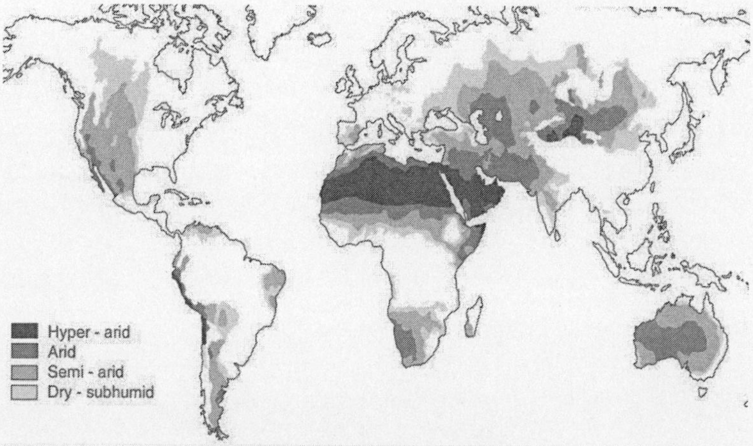

Fonte: NEPEGEO, 2022.

O Saara é habitado por cerca de 2,5 milhões de pessoas distribuídas pelas regiões da Mauritânia, Marrocos, Líbia, Egito, Mali, Níger, Argélia, Tunísia, Sudão e Chade. Na região setentrional, temos o Magrebe, ou em árabe Al-Maghrib, ocidente ou poente, que corresponde na literatura clássica à África Menor, então no extremo norte do Saara. Essa região opõe-se a Marraquexe, nascente, relativa ao oriente árabe, que se estende do Egito até a Península Arábica.

Essas informações da geomorfologia do Saara auxiliarão você, a partir de agora, a visualizar o que explicaremos sobre a expansão banta a seguir, que remodelou as relações sociais da África Subsaariana. Como já discutimos com Asante (2015), o deserto do Saara é um dos três geradores ecológicos da história e cultura africana, complementado pela Floresta Equatorial e o Vale do Rift. Ademais, o próprio Asante (2015) atestou a importância de bacias hidrográficas: a) rios: Congo, Niger, Nilo, Orange e Zambeze, b) lagos no Vale do Rift: Turkana, Victoria, Tanganica, e Malauí (Niassa) – vide Mapa 2 – África: Hidrográfico; e dos oceanos, Atlântico e Índico. Por isso, explicaremos no Capítulo 3 alguns reinos orientados pela proposta de

Asante (2015) a partir dos geradores, o deserto do Saara e Vale do Rift, e bacias hidrográficas, Congo e Zambeze (vide Mapa 1 – África: Unidades Naturais de Paisagem - e Mapa 2 - África: Hidrográfico). Sustentaremos assim o foco nas dinâmicas da região Austral,[21] Congo, Lunda e Luba, Grande Zimbábue e Mwene Mutapa (vide Mapa 4 – Reinos Africanos). Nosso intuito final é demonstrar as dinâmicas sociais em relação ao entendimento da História da África como uma e múltipla.

Mapa 2 – África: Hidrográfico

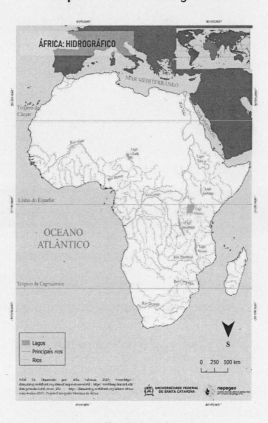

Fonte: Júlia Valverde, 2020.

---

21 Conforme a definição dos 14 países signatários da Comunidade para o Desenvolvimento da África Austral. O acordo entre os países foi assinado em 17 de agosto de 1992, em Windhoek, Namíbia. Disponível em: http://www.sadc.int/. Acesso em: 10 mar. 2023.

Por conseguinte, você pode se perguntar: Como ocorreu a expansão banta e quais áreas auxiliam interpretá-la? Como parte da memória coletiva, os mitos de origem podem desvelar deslocamentos humanos na África Austral? Esses reinos organizaram redes comerciais somente com seus vizinhos? Com a chegada dos portugueses e a introdução do catolicismo, houve reações ou resistências africanas? Existem sítios arqueológicos na África Austral? Qual o motivo de eles terem sido atribuídos às ações do rei Salomão?

A expansão banta

Uma das questões que se colocam no estudo da historiografia africana refere-se à expansão banta, que o historiador belga Oliver (1966) denominou de Problema Banto. Um dos caminhos para estudar a expansão banta é pela perspectiva linguística, haja vista que a caracterização de banta se refere às populações falantes de línguas classificadas como bantas. Em seguida dialogaremos com outros campos científicos para entender a relação humana e o meio ambiente. Reforçamos que os Estudos Africanos precisam adotar uma postura interdisciplinar, como enfatizaram Ki-Zerbo e M'Bokolo. Embora essa atitude exija um pensamento complexo, você estará se apropriando de conceitos que tornarão seu entendimento menos dogmático sobre o tema.

Até duas ou três décadas atrás, os estudos sobre a expansão banta assumiam uma postura que havia se tornado convencional. A noção de expansão tinha como pressuposto o delineamento da mobilidade humana de grupos pré-protobantos saídos do Chifre da África que originariam os bantoides a 4.000 AP a partir de Camarões e com ramificações para o Sul do continente, equivocadamente, pensada como um movimento único e homogêneo.

Ainda hoje há dificuldades para encontrar vestígios a respeito da mobilidade até Camarões e de lá para as regiões austrais. A interpretação interdisciplinar que demonstramos a seguir perpassa a Arqueologia, Antropologia Cultural e Linguística, conforme as pesquisas de De Filippo *et al.* (2012) e Grollemund *et al.* (2015). Associada à classificação de cerâmicas, suas técnicas de produção aos termos que fazem referência a ambos, a tese apresentada na última década foi a de que o ponto inicial, ou Chifre da África, que se localiza na parte superior direita dos mapas a seguir, impulsionou populações pré-protobantas a contornar o Sahel e a densa Floresta Equatorial até Camarões.

Mapa 3 – Os dois principais modelos de expansão das línguas bantas

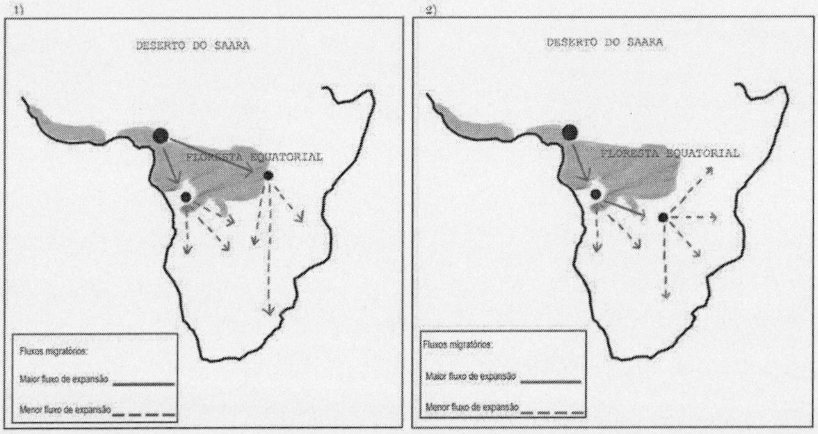

Fonte: SILVEIRA, 2023 baseado em SILVA, 2016, p. 88.

Nota: As regiões das setas correspondem à área de línguas bantas e a parte escura a extensão da Floresta Equatorial. 1) divisão inicial e 2) divisão tardia. A leste, tanto a divisão inicial quanto a tardia tem como o gerador ecológico do Vale do Rift como ponto de dispersão.

Entre os motivos levantados para essa mobilidade estava a desertificação do Saara. O ambiente que antes era apropriado à sobrevivência se tornou quase inabitável, com exceção das regiões com oásis. Veja no Mapa 3 as duas rotas de expansão em que os pontos acima do Trópico de Câncer representam a localização dos oásis que tornam regiões do Saara habitáveis. Esse evento teria tido início em dois momentos entre 6.700 e 5.500 (1) e outro mais abrupto entre 4.000 a

3.600 (2) anos atrás (de acordo com as pesquisas geofísicas de Claussem, 1999). Devido à disputa por territórios habitáveis, alguns grupos começaram a migrar para o sul e contornar a Floresta Equatorial, outra região inóspita à adaptação das populações de regiões áridas e semiáridas. Muito provavelmente esse teria sido motivo suficiente para migrarem para onde hoje está Camarões. A partir desse ponto, haveria ondas migratórias em direção à África Austral e com outras ramificações sucessivas.

Aqui você já se deparará com um problema nessa concepção migratória. Convencionalmente, até a região dos Camarões, as pesquisas de Holden e Gray (2006), De Filippo *et al.* (2012) e Grollemund *et al.* (2015) concordam. O ponto nevrálgico está em conceber que:

1. houve apenas uma onda migratória de sentido expansivo;

2. as populações bantas chegaram a regiões desabitadas;

3. o território era vasto, por isso as populações difícil ou raramente se comunicavam com populações distantes.

Vamos por partes. O primeiro aspecto apresenta uma noção de processo migratório equivocado. As populações africanas migrantes exerceram ondas migratórias de avanço e retrocesso por diferentes motivos: disputas territoriais, mudanças climáticas causando falta de alimento e epidemias, casamentos, acordos políticos e comerciais.

No segundo ponto, as pesquisas arqueológicas e linguísticas demonstram o quão habitado estava o continente na região da Floresta Equatorial, nas savanas, semiáridos, regiões costeiras, lacustres, platôs e vales.

Terceiro, os diferentes reinos dispuseram-se em pactos para a condução do comércio entre o reino Luba na Depressão Upemba, na RDC, o reino de Mwene Mutapa (Monomotapa) e do Grande Zimbábue. Além desses comércios entre o interior, havia outro de maior extensão que comercializava com regiões costeiras e de lá para diferentes partes do Oceano Índico. Graças às monções de verão e inverno, a navegação comercial transcorria por milênios, de acordo com dados linguísticos. Os produtos comercializados a partir do Chifre da África eram casco de tartaruga, marfim e pedras preciosas.

Para reforçar esse tipo de negociação, houve um processo de uso de objetos como moeda comercial. No Museu Real da África Central (*Royal Museum of Central Africa*) na cidade de Bruxelas, Bélgica, você pode acessar na web as coleções e as exibições, além de máscaras da região central africana, estudos linguísticos, botânicos e zoológicos, você encontrará dados sobre escavações próximas às regiões lacustres, cruzetas ou lingotes de cobre de diferentes tamanhos nas mãos de restos funerais. Com efeito, essa prática indicaria a importância do ente falecido que carregaria consigo algo de valor. Provavelmente, no início o uso era de cruzetas grandes carregadas na cintura, por volta do século IX. Com o aumento do comércio e para a facilidade de negociação, essas cruzetas diminuíram de tamanho (chegavam a 23 cm e passaram a ser usadas por volta de 5 cm). Isso gerou uma desvalorização do uso de cruzetas de cobre, a ponto de, pelo comércio árabe entre costa e interior, as contas de vidro se despontarem como novas moedas. Mas conjecturamos quais outros comércios estariam presentes nos reinos. Outrossim, o pagamento de dote para o casamento como evento comunitário significativo em que você pode acompanhar as mudanças sociais conforme a influência de diferentes dinâmicas. O pagamento seria por tempo de trabalho nas plantações do sogro, por pulseiras de marfim, tecidos e com dinheiro depois da ocupação europeia e o trabalho compulsório imposto aos africanos – como veremos neste Capítulo 3 com os reinos africanos, e no Capítulo 4 por meio do comércio árabe e muçulmano.

Outro aspecto a considerar para a expansão banta é o longo tempo de alteração das línguas locais. Para tanto, como Oliver (1966) e Vansina (1995) afirmaram, as alterações dependeram de múltiplos fatores: importância social (político-religioso-comercial), importância dos atores e grupos envolvidos, vantagens para membros internos ao grupo na adoção de termos e línguas, até por expansão ideológica sobre grupos dominados. Perante esses fatores, você deve levar em conta que a alteração de uma língua local é suscetível e pode proliferar em torno de cem anos.

Todavia, quando você se debruça nos estudos linguísticos das línguas bantas, há outras convenções que precisam ser debatidas e alteradas. Entre os autores que estudaram as línguas bantas, se destaca Malcolm Guthrie (1903-1972), linguista que conduziu vários estudos sobre as línguas bantas e os apresentou em quatro volumes entre os anos de 1967-1971. Guthrie foi responsável por classificar as línguas bantas da África Subsaariana, e mesmo que alguns aspectos de seu trabalho possam ser questionados, você deve considerar a magnitude que suas pesquisas trouxeram aos Estudos Africanos. Depois de Guthrie, outras classificações linguísticas surgiram, contando com o auxílio de missionários e antropólogos para elaborar dicionários, como *Summer Institute of Linguistics* (SIL) e a releitura das pesquisas de Guthrie feita por Maho (2009).

Observamos que pelos prováveis diferentes motivos mencionados, as pesquisas de Gosselain (1999, 2010, 2011), Bostoen (2007) e Grollemund *et al.* (2015) em Antropologia cultural se somam ao entendimento da complexidade dessas ondas migratórias com avanços e retrocessos, que impulsionaram trocas linguísticas e outras partilhas culturais. Gosselain (1999) traz dados de múltiplas populações, do Senegal até a África do Sul, sobre a produção de cerâmicas que, de um lado, reforça nosso argumento sobre a mobilidade humana pela região Subsaariana, mas que tende a enfatizar o apelo a uma identidade africana generalizada. Gosselain demonstra que em 108 grupos, bantos e não bantos, a fabricação de cerâmica apresentaria algumas similaridades relevantes. Ele argumenta que haveria um pensamento africano subjacente a essa atividade social, como o da Filosofia Termodinâmica; ou seja, as coisas, pessoas, objetos, flora, fauna e relações seriam interpretados dualisticamente entre quente e frio. Nesse sentido, um debate que podemos apresentar a você é o da Filosofia Banta ou Ubuntu.

Você pode corroborar o pensamento do filósofo sul-africano Ramose (1999) a respeito da Filosofia do Ubuntu como uma matriz de pensamento que está imbricado nas relações africanas arcaicas ou anteriores à expansão banta. Muito embora os termos atribuídos a sua explicação sejam bantos, podemos inferir que o compartilhamento de esquemas simbólicos tenha sido difundido ao longo dos milênios, o que seria chamado de pensamento banto. Como inferência plausível, você deve ponderar a extensão de relações sociais concretas similares às categorias de ritmicidade da vida, tempo construído e ancestralidade estruturantes, embora com as especificidades de diversas sociedades africanas; um estado do ser e não um sistema. Essas três categorias (ritmicidade, tempo e ancestralidade) para Ramose organizam a experiência do Umuntu – o ser humano dando uma resposta à instabilidade fundamental do ser.

Os reinos africanos

Pensando na perspectiva historiográfica que adotamos, traremos o aprofundamento de alguns reinos para evidenciar de que maneira contribuíram com a partilha cultural de longa duração, tanto interna quanto externa ao continente. Como nosso intuito é explicar os reinos subsaarianos, iremos nos ater ao Luba, Lunda, Congo, Grande Zimbábue e Monomotapa. Os três primeiros tiveram como contribuição os estudos de Vansina[22] (1962) por meio de experiência concreta, história oral e memória coletiva das populações.

---

22 Jan Vansina (1929-2017) nasceu na Antuérpia e se formou em medievalista antes de aceitar uma vaga como antropólogo em 1952, na República Democrática do Congo, quando ainda era colônia belga. Conduziu vários meses de pesquisa entre os Kuba, depois no Institute for Scientific Research in Central Africa (IRSAC) em Butare, Ruanda, até se licenciar em Linguística Histórica em Leuven e obter seu doutorado em 1957. Participou por alguns meses no School of Oriental and African Studies (SOAS), Londres, quando conheceu os historiadores nigerianos Keneth Dike e Jacob Ajayi. Retornou para Ruanda em 1959 e dirigiu o IRSAC. Depois de um intervalo na Europa, aceitou o convite de Phillip Curtin para lecionar na Universidade de Winsconsin, EUA, onde ficou por 35 anos, até sua aposentadoria em 1994. Participou da organização e publicação *da História da* África, pela UNESCO (1981-1999).

HISTÓRIA E CULTURA AFRICANA E AFRO-BRASILEIRA   73

Mapa 4 – Reinos Africanos

Fonte: SILVA, J. 2023.

Embora muitos desses reinos fossem de períodos distintos – o Império de Axum (século IV-VI, Capítulo 5 - A Escravidão Negra) e o do Grande Zimbábue (século XII-XV, tratado logo mais neste capítulo), por exemplo –, você pode localizar a presença desses reinos antes do comércio escravagista iniciado pela expansão árabe. E mais, o quanto essa diversidade de reinos e impérios sofreu com o impacto da exploração europeia a partir de 1500, lapidaram sítios arqueológicos, no Grande Zimbábue e fomentaram a dependência externa pelas empresas de prospecção mineral, como a *British South Africa Company* de Cecil Rhodes, além de impor línguas estrangeiras sobre os locais. Vale lembrar que a questão da transliteração para o latim das línguas e tradições orais foi uma das problemáticas, que apontamos sobre os Estudos Africanos.

África Austral

Agora teremos como foco as dinâmicas sociais relativas à depressão do Vale do Rift com seus rios (Congo e Zambeze), lagos (Turkana/Etiópia, Victoria/Uganda, Tanganica/Burundi-Tanzânia-R-DC-Zâmbia, e Malauí ou Niassa/Malauí-Moçambique) e Oceanos Atlântico e Índico. A delimitação desses geradores precisa considerar dinâmicas sociais de longa duração, o que significa processos migratórios e comerciais de longa distância na África Austral.

Partiremos para os reinos que se destacaram em termos de quantidade e intensidade de pesquisas devido a seus sítios arqueológicos e de sua importância para a coroa portuguesa, na África Austral no fim do século XIV: o Reino do Congo e Grande Zimbábue, seguido pelo Império de Mwene Mutapa (Monomotapa).

Portanto, os reinos terão como parâmetro três fatores:

1. sítios arqueológicos e relatos de viajantes, exploradores ou missionários: a partir do que já apontamos sobre o interesse colonial e do financiamento de pesquisas no século XX, apresentaremos fontes e possíveis dados que delineiam interpretações sobre esses reinados. Entre os dados estão artefatos encontrados em sítios arqueológicos e relatos de estrangeiros que, com certo cuidado interpretativo, podemos vislumbrar a configuração dos reinos. Por um lado, artefatos encontrados em sítios arqueológicos ou isoladamente na região podem datar de antes do período exploratório colonial, ou seja, século XV, Enquanto os relatos ocidentais iniciaram a partir dos portugueses no século XV;

2. lendas e mitos de origem: assumimos a interpretação de que falar sobre a origem tem uma função mais simbólica do que arqueológica. Dessa forma, sua força agregadora e criadora de identidades coletivas podem nos auxiliar a observar processos históricos ao longo da história desses grupos, por suas mudanças hierárquicas, seus valores enfatizados e os elementos fundantes dessa identidade coletiva. Lembramos a você que as histórias de origem, tanto europeia, africana quanto ameríndia, estruturam-se para convergir interesses populacionais com dados selecionados ou alterados por especificar interpretações e incorporar novos elementos pela relevância de epidemias, guerras ou mudanças de autoridades;

3. dinâmicas sociais: você precisa considerar que há um esforço nesse cenário da historiografia africana em reconstituir novas visões sobre o continente e suas populações. Entenda que quanto mais próximo você estiver de pesquisas de africanistas mais conseguirá diminuir a visão de África delimitada pelo colonialismo. Dessa feita, quando as dinâmicas sociais são evidenciadas, você poderá se apropriar de categorias que dizem respeito ao imaginário das populações africanas e dialogar com outras visões de mundo.

Reinos Luba e Lunda

As populações bantas migrantes encontraram outras populações que por trocas simbólicas buscaram alternativas para suas demandas. Esse efeito pode ser observado pela riqueza mitológica desses reinos, resgatada pela história oral e memória coletiva, como bem apresentado por Vansina (1985, 1990, 1995), que impulsionou nos Estudos Africanos a capacidade de organizar e reestruturar seu passado a partir da experiência concreta, história oral e memória coletiva.

A leste do lago Tanganica floresceram casas dominadas por líderes comunitários, depois chefarias,[23] que organizaram essas casas ao redor de chefes até o ponto de surgir o reino Luba na Depressão Upemba no século VI (veja Mapa 4). Pelo recuo historiográfico, a periodização concorda com o início do século XVI, conforme as descrições europeias; mas muito provavelmente esse era um período posterior ao início em decorrência da organização do reino. É possível concordarmos com M'Bokolo (2009) que esse reino floresceu em torno do ano 1000 e a partir de seus heróis fundadores, Kongolo e Kalala Ilunga, haveria uma correspondência entre chefarias anteriores. O último herói está relacionado ao ferro e sua forja, enquanto o primeiro à extração e domínio do sal. Ambos os sítios arqueológicos desses minérios estão à noroeste de Upemba. Dessa maneira, podemos unir a capacidade comercial, política e sagrada em torno das figuras de seus fundadores heróis, conforme surgiram demandas de cooperação entre as chefarias contra outras populações.

Por esses mitos de realeza sagrada, podemos aferir outros reinos que partilharam situações de conquistas, vinganças, divisões de reinos e migrações. Segundo Thomas Reefe, alguns termos nos auxiliam a vislumbrar uma cadeia de relações e processos migratórios, sem, todavia, darmos condição de precisar uma gênese histórica. Não obstante, para nós, essas partilhas revelam contatos de longa distância e de longa duração por explicar processos de aprendizagem entre os povos subsaarianos.

M'Bokolo (2009) aponta que o Primeiro Império teria tido como governante Kalolo como figura grotesca, cruel e presunçosa. Já o Segundo Império seguiria Ilunga Mbidi Kilwe, que desposou as duas irmãs de Kongolo e, depois de ter sido banido do reino por este, foi vingado por seu filho Ilunga Kalala (o conquistador). Esse segundo reino regulamentou novos padrões à realeza, como o tabu de ser visto ao

---

23 Chefaria: referência de domínio político e religioso de um líder local, podendo responder a vários vilarejos.

comer ou falar com súditos. A autoridade política vinda de Kongolo traria a qualidade de poderes sagrados do governo, *bulopwe,* transferível a seus filhos homens.

A região do lago Boya se tornou farta com as trocas comerciais e políticas, dando notoriedade a Kongolo e seu reino Luba e criando mecanismos simbólicos de acumulação de riquezas. Um desses mecanismos foi o do grupo secreto Bambudye, que pela manipulação de dons e bens simbólicos conseguiu se impor na linhagem sucessiva próxima aos reis, legitimando o papel social destes. Assim, era acumulando relações de clientelismo e solidariedade entre os membros da sociedade que assegurou os principais postos de governo aos membros do grupo e seus familiares. Vemos assim à institucionalização da patrilinearidade no sistema de poderio sagrado dos Luba.

Você pode observar relações estreitas entre o Império Luba e Lunda, seja pela proximidade geográfica, seja pelas trocas simbólicas. Por características similares, vemos o sistema de parentesco perpétuo cobrir um vasto território: alto Kwango, alto Kasai e regiões adjacentes à Zâmbia. Se por um lado Kwango e Kasai tinha poucos recursos para uma vasta população, em Lualaba e Luapula eram melhores os recursos salinos e cupríferos. Inclusive, é possível conjecturar pelos sítios da região zambiana que os povos ali podem ter sido explorados desde o século IV (VAN NOTEN, 2010).

De tais relações simbólicas entre o Império Luba e Lunda, os heróis fundadores são similares na tradição oral. Entre os chefes míticos, Nkondo, teria sido salvo por sua filha Rweej (Lueji) de seus dois filhos. Assim casou-se com Tshibinda Ilunga ao vir de Lunda. Mas como ela era estéril, ele teve a continuidade de seu reinado com filhos de outras mulheres do reino. Há certa imprecisão nas datas, porém encontramos com maior frequência relatos que situam o reino Lunda entre o século XVI e XVII, quando efetuaram contatos com os portugueses, o que nos leva a entender que havia caravanas e postos comerciais entre os impérios do interior e a costa atlântica.

Embora haja a questão da esterilidade, você precisa notar que a importância do mito de origem está no deslocamento de poder de Nkondo, patrilinear, para Rweej, matrilinear. Esse fator será seguido por outros poderes tributários que migraram nos séculos subsequentes em busca de domínio de rotas comerciais – XVII e XVIII –, como foi o caso de Cazembe, Bemba, Maravi e Undi. É importante você saber sobre determinados esquemas culturais entre as populações habitantes e as que migraram para essas novas regiões. As populações originárias reafirmavam mitos de origem relacionados com a terra e seu domínio; já os migrantes apontavam como valor de ascensão social e de ocupação da chefaria a ancestralidade de heróis estrangeiros. Nessa conjuntura, há camadas mitológicas e práticas culturais que se sobrepuseram. Assim, pela assimilação do poder dos chefes locais por meio de casamentos com suas filhas, defendiam a hierarquia matrilinear estrangeira pela lenda migratória. Cultos aos chefes de ascendência estrangeira eram instituídos, mas os cultos da terra, mesmo sob suspeita ou desprezo, (re)produziram-se ao longo dos séculos, como a prática de culto aos inquices (nkisi) nas regiões de Angola, Zâmbia, Malauí, conforme Silva, J. (2015a, 2015b). Como você lerá nos Capítulos 5, A Escravidão Negra, e 6 sobre a colonização europeia e a disputa simbólica do cristianismo com os cultos locais, isto é, novas sobreposições simbólicas foram inseridas em esquemas culturais anteriores compartilhadas por processos de longa duração na história local.

A estrutura organizativa do Império Lunda se diferenciou quanto à governança. Em torno do *mwata yamvo* havia, pelo que sabemos, oito capitais em um diâmetro de 100 km. De acordo com as descrições entre o fim do século XVIII e XIX, nessas capitais a população por volta de 2 a 50 mil pessoas. Pertencia ao núcleo central de Lunda cargos rituais, guardiões dos túmulos reais e senhores das terras, que eram sucedidos por linhagens específicas. Similares a outros reinos do Oeste, outros cargos eram assegurados por méritos: olhos do rei, asas do rei, sexo do rei e chefe do exército; além de chefes tributários, agentes comerciais e administradores das fronteiras.

HISTÓRIA E CULTURA AFRICANA E AFRO-BRASILEIRA

Como M'Bokolo (2009, p. 564) relembra pelas pesquisas de Vansina (1965, p. 63-64):

> A totalidade da estrutura política assentava-se em mecanismos articulados da sucessão posicional e do parentesco perpétuo. Um sucessor não herdava apenas o cargo, mas o estatuto pessoal do defunto, incluindo o seu nome próprio e as suas relações de família. Deste odo as antigas relações de parentesco eram restabelecidas em cada geração e só se criavam novos laços depois de todas as 'posições' antigas do sistema terem sido preenchidas.

Na manutenção do Império, havia a divisão entre comércios locais ou de longa distância por comerciantes independentes ou grupos organizados, além do comércio como arrecadação direta por seus agentes entre os postos de suas províncias. Esses tributos contavam com mandioca, peixes secos, tecidos de ráfia, moças destinadas à corte, escravizados, sal e cobre. A seu turno, seus notáveis ou nobres recebiam gado ou artesanatos e produtos importados como tecido. A organização desse comércio pelo interior tinha em mente as redes instauradas por tributos e postos comerciais, entre o fim do sec. XVIII e do século XIX, além do uso de moedas correntes como a cruzeta de cobre até contas de vidro. Nesse período, esse comércio já contava com outras rotas comerciais da costa para o interior, percorridas por portugueses, holandeses, árabes e suaíli.

No comércio do Grande Zimbábue, no Império de Lunda, foi impressionante a desenvoltura comercial. O reino conseguiu ligar populações e rotas comerciais na África Central da costa atlântica à índica: produtos asiáticos chegavam a *mwata yamvo* antes mesmo de atingirem a costa atlântica pelas rotas do interior do continente.

Reino Congo[24]

O reino Congo, sem qualquer exagero, foi alvo do maior número de descrições e pesquisas nos primórdios da colonização europeia em 1500. O anseio pela apropriação das riquezas do reino Congo foi proporcional à violência que apontamos no Capítulo 2, para arquitetar a ascensão político-econômica do rei Leopoldo II da Bélgica. Isso nos coloca em frente de dois posicionamentos sobre os escritos: a) compreender os interesses coloniais que delineavam as categorias a serem reveladas em África; b) refletir sobre as descrições das populações que se tornaram referências às subsequentes políticas coloniais. Lembramos que, como apontou Kalinga (1985), a preocupação dos missionários em recriar as histórias populacionais com mitos de origem associadas aos processos migratórios históricos colocavam em destaque grupos migrantes tardios, como os Ngoni no Malaui e os Bemba na Zâmbia, como modelo interpretativo de seus vizinhos – no entanto o domínio de ambos os grupos migrantes foi em um período tardio, por volta do século XVIII, o primeiro da região mais ao sul da África, e o segundo originários do sul da RDC, por isso, enquanto os mitos da população anterior estavam vinculados ao solo e ao culto aos antepassados, os migrantes instituíam o culto à nova linhagem de chefes (*mipashi*) (GARVEY, 1977; RICHARDS, 1935, 1956).

Com efeito, e devido ao nosso objetivo, passaremos a trazer os relatos sobre as populações que teriam respondido pela criação do reino Congo. Nesse reino há uma conjunção de relatos estrangeiros e mito de fundação, o que complementa a falta de recursos materiais para datações e reinados mais específicos pela Arqueologia. Os relatos mais antigos que temos foram feitos pelo missionário jesuíta Matheus Cardoso, aproximadamente em 1624, e pelo padre Giovanni Antônio Cavazzi, em 1654 e 1667. Vamos recorrer às descrições traduzidas por M'Bokolo (2009, p. 190).

---

24 O Congo possui o segundo maior rio da África em extensão e segundo do mundo em volume d'água com o mesmo nome. Ao todo percorre 4.700 km de sua nascente até desaguar no Oceano Atlântico. Mesmo sem essa exatidão do século XIV, o próprio Diogo Cão, em 1492, ficou impressionado com suas dimensões.

Na corimba, na região do Kwango, um chamado E. Mima Nzima, casado com Lukeni Lua Nzanza, filha de Nsaku Lau, e de Sirokia de Mpuku a Suku, teve um filho chamado de Lukeni. Este Lukeni tornou-se um guerreiro forte e ousado, que espoliava as pessoas, sobretudo nos vaus do Kwango. Tinha reunido à volta da sua pessoa um bando da sua têmpera. Um dia, assassinou a pessoa da sua tia, que ia ter uma criança. Na sequência deste feito importante, foi proclamado chefe: Lutinu. Invadiu a província de Muamba Kasi, e aí fundou a sua capital Mbasa a nkanu (literalmente "o lugar do julgamento"). Aí estabeleceu leis e organizou o seu reino. Seu tio materno, descendente de Nsaku Lau, pôde conservar a província de Mbata. Mas foi obrigado a reconhecer a soberania de Lukeni, e recebeu o título de Neakon dianene Kongo, o que significa avô do rei de Kongo. Lukeni teve um competidor, Mabambala Ma Mpangala, cujos sucessores protestam ainda nos dias de hoje, pela boca de uma mulher, contra a usurpação de Lukeni.

Desse mito podemos extrair alguns dados sobre o reino Congo, sua criação e quais elementos catalisaram a identidade coletiva. Primeiro, é preciso deixar de lado o julgamento moral para compreender a gênese; segundo, a confecção do mito, como apontamos, é recontada para e por estrangeiros, capazes de entender alguns aspectos, subtrair outros, bem como interpretar aquilo que consideravam importante para traduzir aos leitores europeus. Outro aspecto é que enquanto faltam pesquisas arqueológicas de determinados locais para que confirmássemos ou reinterpretássemos alguns mitos, precisamos inferir ideias por meio dos dados disponíveis. Como apontamos, podemos acompanhar o efeito da problemática da natureza e das fontes a partir desses apontamentos.

Havia uma concepção na África Central, já vista entre o Império Luba e Lunda, pela demanda de ruptura com a casa ou *kanda* de origem para a instauração do reino. As regras que eram ativas e perpetuadas no interior de cada *kanda* seguiam os interesses variados para sua organização. Acordos políticos e econômicos deveriam ser postos acima de mecanismos de ascensão em cada *kanda* particular. Muito provável, por se tratar de um vasto território de extração de cobre e sal, dirigentes de *kanda* observaram que o domínio da circulação desses bens precisaria de novas estratégias. A prática de respeito mútuo deveria ser rompida por essa mudança, Assim, espoliar as pessoas e assassinar a tia grávida evidenciaram o grau de ruptura a que os *kanda* se exporiam.

Outro aspecto interessante é o de cruzar o rio (*kalunga*), rio Kwango ou Congo, que conotaria o poder de que a realeza estaria se investindo, qual seja, cruzar a barreira do mundo visível e invisível. E Nimi Lukeni teria deixado o Vungu, no Mayombe e fundado a capital, Mbanza Kongo, nas margens do Kwilu.

Por meio das divergências do local de partida do herói fundador nos relatos, consideramos que isso é um indicativo de que o interesse estava por omba-lo pertencente ao *kanda* Nsaku Lau; desse modo, as províncias próximas ao Kwango ascenderiam como "tios" de Nimi Lukeni. Tal posição era relevante em sistemas de parentesco matrilineares, que atraíam para si postos de destaque social e de sucessão ao trono. Todavia, esse vínculo mítico oportunizou cisões e consequências trágicas para a salvaguarda do poder. Na busca de resposta precisas na genealogia, observamos outros elementos faltantes: elementos que comprovavam a sucessão a partir de Lukeni, o tempo de cada reinado e a garantia se era sobrinho ou filho que ascendia ao trono.

Por outro lado, podemos vislumbrar o local do sítio da capital, Mbanza Kongo. A região estaria no cruzamento de duas estradas comerciais importantes dos principais produtos: cobre e sal. A capital estava localizada entre a região produtora de Minduli-Boko Songo e o Vale do Nkisi. Podemos considerar assim que o reino Vungu, estrategicamente, ocupou essa região e suas adjacências onde as caravanas atravessavam o rio Congo; ainda que essa interferência nos reinos do Sul tenha impulsionado o surgimento de alianças e um novo tipo de governo.

Quando os portugueses chegaram, o reino do Congo, muito provavelmente, teria percorrido um longo caminho de acordos políticos e de prestígios na corte. O cenário que os portugueses encontraram era o de províncias integradas ao reino (Mpemba, Mbata, Mbamba, Sonyo, Nsundi e Mpangu – de acordo com Elikia M'Bokolo) e três em guerra: Mbata, Nsundi e Mbamba. Se por outro lado as regiões periféricas ao reino como Loando tivessem feito parte do reino; no fim do século XV, estariam em guerra contra o reino Congo. Como reflexo, a partir do interesse de domínio Congo, os Anziques de Loando eram retratados como bestiais e bárbaros nas narrativas do matemático e explorador Filippo Pigafetta e Duarte Lopes. As disputas de domínio contra eles fizeram com que o rei de Congo pedisse auxílio estrangeiro para combatê-los.

Thornton (1977; 1984) procurou demonstrar como os sistemas de produção se diferiam entre a capital e as aldeias. Dá-se a impressão que no século XVI as aldeias ratificaram seu padrão de interação entre chefes e súditos locais, se estivessem dispersos em um vasto território. A produção e sua comercialização estavam distantes do domínio pleno dos chefes, bem como a regularização dos tributos. Mas prevalecia a propriedade comum de terra e os subprodutos cultivados eram partilhados entre chefes das aldeias, os mais velhos e os *bitomi*, chefes religiosos.

Todavia, no deslocamento de governadores em visitas às aldeias, havia abusos excessivos, que obrigava os vilarejos a lhes oferecer o que pediam, mesmo se agissem com brutalidade e se apropriassem de galinhas, porcos, raízes e grãos.

Já a Economia Urbana, em Mbanza Kongo e Mbanza Sonyo, representava um controle direto da nobreza e rei nos modos de produção e na sua efetivação, pelo trabalho servil classificado como escravista. Essa condição era admitida por conquistas de guerra, expedições de nobres em aldeia e condenações por dívidas ou até homicídio. Do mesmo modo, eles poderiam ser utilizados para fins militares, conforme os acordos políticos.

Como moeda corrente se utilizava o *nzimbu*, conchas trazidas da ilha de Luanda; e no século seguinte, XVII, passou a ser usado o sal-gema de Kisama. Igualmente, o tecido de ráfia circulava como moeda pela savana meridional. Com vistas ao domínio comercial e político, a capital era uma praça forte que os portugueses batizaram de São Salvador, Kongo dia Ngunga (cidade do sino – por causa do sino cristão), por onde passavam as caravanas do interior e da costa.

O pagamento dos notáveis do reinado era por meio do *nzimbu*. Em termos organizativos, como antes mencionamos diferir do *kanda*, o rei poderia ser eleito entre qualquer descente masculino de Nimi Lukeni. Porém esse direito foi limitado por Afonso I Nzinga Mvemba a seus descendentes. Pela relação de forças com as províncias, o colégio que elegia o rei variou entre nove e 12 membros, Mas a eleição do rei tinha o limite da matrilinearidade. Ressalta-se que entre os mecanismos de controle do poder monárquico havia o conselho real, fundamental para nomeações e declarações de guerra, composto por 12 membros oriundos de 12 *kanda*, como no mito fundador. O conselho real subdividia-se em três outros grupos: o primeiro composto por personalidades masculinas que representam o primeiro juiz, presidente do conselho e o responsável pelos bairros da capital; no segundo grupo havia homens que ocupavam cargos administrativos menos graduados; O terceiro grupo era composto só por mulheres, que representavam as rainhas viúvas e as tias e irmãs do rei. Entre elas havia a grande nzimbu que era o duplo do rei, com poderes e rituais de investidura equiparáveis, e a esposa-chefe, cujo título outorgava-lhe o direito de ser classificada como mãe do rei.

Outro grupo governava a vida do Estado por parentes, filhos e sobrinhos dos governadores, especialistas de cultos, escravos e os responsáveis pela saúde do rei. Por fim, outro grupo que pertencia à estrutura do estado e influenciavam a governança, no qual se encontravam notáveis que escolhiam de seu *kanda* irmãs para se tornarem esposas do rei; por meio delas e de seus filhos, conseguiam influenciar os interesses do reino. Desse grupo, o *kanda* de Nsaku Lau tinha o privilégio de oferecer a principal esposa do rei e, assim, alimentá-la. Essa troca de favor favorecia a perpetuação do mito fundador, pois esse *kanda* se considerava o avô do rei do Congo.

Com Afonso I, convertido ao cristianismo desde 1491, houve uma abertura aos interesses de Portugal e a proteção dos missionários ao ponto de seu filho Henrique ser consagrado bispo em Roma e dirigir o catolicismo de 1516 a 1536. O tráfico foi intensificado em 1514 com Afonso I tentando mantê-lo sob seus auspícios, mas foi furtado por todos os lados do reino, como Luanda, na costa em Loango e Ndongo e pelos afro-portugueses em São Tomé; por isso decidiu aboli-lo em 1526. Por fim, acabou por regular o tráfico sem ter de fato o controle desejado. O comércio intercontinental do reino foi favorecido com o tráfico e, até 1540, o número de escravizados chegou a 5.000, algo que depois desse período começou a aumentar vertiginosamente. Com as guerras de expansão em Ndongo, o comércio aumentou a exportação de escravizados.

Visando ao lucro desse comércio Portugal, tentou se apoderar ou pelo menos explorar as minas, pois acreditava haver muito ouro, mas as desavenças fizeram com que a prospecção fosse bloqueada. A seu turno, os portugueses desautorizavam os reis possuírem barcos para dominar o comércio e incluir mais vantagens a seus interesses. Por meio dos traficantes em São Tomé, o comércio de escravizados continuou florescendo. Depois de 1567, dois reis foram mortos em batalha contra os Tio e, pelo enfraquecimento do reino, guerreiros jaga (muito provavelmente) aproveitaram para invadir o reino e aniquilá-lo.

Angola surgiu no cenário internacional por meio do apelo do Congo em Ndongo para salvaguardá-los dos Jaga, fundada em 1575 por Paulo Dias de Novaes com os portugueses em Loango. Com a pressão da corte, foi preciso executar o contrato contra Ndongo, ao que o rei manda assassinar os portugueses da corte. Com esse pretexto, iniciou-se uma guerra que perdurou quase um século.

Em 1623, a irmã do rei, Nzinga Mbande, batizada Ana de Souza, estabeleceu um acordo de paz; depois da morte do rei ela assumiu o trono em 1626. A rainha conseguiu promover uma governança antiportuguesa. Quando os holandeses conquistaram Luanda, Nzinga se aliou a eles contra os portugueses.

O comércio com o Novo Mundo introduziu novas práticas agrícolas e auxiliou a população e as caravanas em suas travessias, por meio do cultivo de mandioca e milho. Embora essa transformação nutricional tenha ajudado as populações no século XVII, há que se destacar que a varíola trazida da Europa provocava epidemias desde o século anterior. Por conta das vantagens encontradas com o Brasil, este dominou o comércio do Congo até 1730.

Depois da batalha em Mbwila entre Angola e Portugal em 1665, houve uma onda de desesperança generalizada no reino, surgindo em 1704 um movimento profético liderado por Beatriz Kimpa Vita, que desenvolveu uma política contra os missionários brancos ao pregar o retorno da capital em Mbanza Kongo e, pela influência de capuchinhos, se dizia possuída pelo espírito de Santo Antônio (metabolizou os ensinamentos dos capuchinhos para catalisar nossas esperanças locais).

Mas seu esforço foi liquidado em 1706, quando foi capturada pelos portugueses e condenada à fogueira como herege. Porém seu movimento antonino perdurou por anos e deu espaço a vários outros movimentos proféticos e messiânicos que iriam florescer no fim dos séculos XIX e XX, por toda a África Austral. Com efeito, esses movimentos cristãos indígenas devem ser entendidos como resistência social, que se utilizam de instrumentos estrangeiros para unir ideais sobre esquemas identitários de longa duração, como podemos atestar com *As religiões dos oprimidos*, de Eric Hobsbawm e Vittorio Lanternari (1965) (vide Capítulo 7 - Movimentos de Resistência Africana e Afro-Brasileira).

Representações etnocêntricas sobre o Grande Zimbábue

Lembramos que há uma estreita relação em interesse colonial e pesquisas científicas. Nesse mesmo sentido, com as afirmações etnocêntricas do geólogo alemão Karl Mauch sobre as ruínas que encon-

HISTÓRIA E CULTURA AFRICANA E AFRO-BRASILEIRA

trou próximo a Limpopo, surgiram mais mitos e lendas pitorescas para os europeus. Baseados em literatura de aventura como *Cosmografia universal*, de André Thevet em 1575, *Viagens famosas*, de Vincent Le Blanc em 1648, ou as *Anecdotes africaines*, de Joseph-Gaspard Du-Bois-Fontanelle em 1775[25], Karl Mauch repetiu a interpretação sobre as ruínas do Grande Zimbábue.

Admirado com o projeto arquitetônico das ruínas de pedras, sua meticulosidade, além de encontrar ouro em escavações, Karl Mauch considerava se tratar das minas do rei Salomão e da rainha de Sheba, Sabá. Com efeito, o jovem inglês Haggard em 1885 escreveu o livro que o levou à fama, *As minas do rei Salomão*. A seguir transcrevemos um trecho desse livro, em que um descendente português, José Silvestre, entrega aos exploradores ingleses o mapa com indicativo para o caminho para as minhas do rei Salomão. Vale observar o aspecto pitoresco que apresenta a cena.

> Estou morrendo de fome, numa cova da banda norte de um destes montes a que dei o nome de Seios de Sabá, no que fica mais a sul. Sou D. José da Silveira, e escrevo isto no ano de 1590, com um pedaço de osso, num farrapo da camisa, tendo por tinta o meu sangue. Se o meu escravo aqui voltar, reparar neste escrito, e o levar para Lourenço Marques, que o meu amigo (aqui um nome ilegível) logo pela primeira nau que passar para o reino mande estas coisas ao conhecimento de el-rei, para que Ele remeta uma armada a Lourenço Marques, com um troço de gente, que se conseguir atravessar o deserto, vencer os Cacuanas, que são valentes, e desfazer os seus feitiços (devem vir muitos missionários) tornarão Sua Alteza o mais rico Rei da Cristandade. Com meus próprios olhos vi os diamantes sem conta amontoados num subterrâneo que era o depósito dos tesouros de Salomão, e que fica por trás de uma figura da Morte. Mas por traição de Ga-

---

25 Obra que pode ser acessa pelo sítio virtual de *The New York Public Library – Digital Collections* na versão original em: https://digitalcollections.nypl.org/items/929546c9-4467-752d-e040-e00a1806123d#/?uuid=929546c9-4469-752d-e040-e00a1806123d

gula, a feiticeira dos Cacuanas, nada pude trazer, apenas a vida! Quem vier, siga o mapa que tracei, e trepe pelas neves que cobrem o Seio de Sabá, o esquerdo, até chegar ao cimo, donde verá logo, para o lado norte, a grande calçada feita por Salomão. Daí siga sempre, e em três dias de marcha encontrará a aringa do rei. Quem quer que venha que mate Gagula. Rezem pelo descanso da minha alma. Que El-Rei Nosso Senhor seja logo avisado. Adeus a todos nesta vida! (HAGGARD, 1885, s/p. Tradução de Eça de Queiroz)[26]

Você pode se recordar sobre as representações feitas a respeito de a África constituir uma das problemáticas dos Estudos Africanos. A todo efeito, essas ficções nos relembram a pedagogia colonial para retratar e educar o Ocidente a respeito da África, sem esquecer que, como feito sobre a história do Egito, a rainha de Sabá estava deslocada da história do continente.

Entre os objetos encontrados nas ruínas estavam os Pássaros esculpidos em pedra sabão. Cecil Rhodes, que presidia a *British South Africa Company* (BSAC ou BSACO), tinha o intuito de atrair mais investidores para sua empreitada e viu nos Pássaros uma oportunidade ímpar. Comprou os Pássaros do Zimbábue quando Willie Posselt os trouxe para a África do Sul em 1889. Sempre que tinha oportunidade de impactar seu discurso aos investidores sobre os tesouros subsaarianos mostrava os Pássaros do Zimbábue (representação da Águia pesqueira africana, que está no brasão quanto na bandeira nacional do Zimbábue – vide Imagem 1). Com efeito, ele argumentava que se essas sociedades foram capazes de esculpir com tal destreza, muito provavelmente outros tesouros estariam escondidos no interior da África Negra.

---

26 Versão digital: https://bit.ly/3T9foLe.

Imagem 1 – Águia símbolo do Grande Zimbábue

Fonte: SILVA, L. 2023.

Sítios arqueológicos

Em termos de técnica de construção, as paredes das ruínas são de pedra, sem argamassa, cortadas em tamanhos similares. Essas construções receberam a seguinte denominação: Grande Cercado, Templo e Acrópole. Essa técnica de construção está espalhada pela África, como observamos em outras ruínas: Emgaruka, entre a Tanzânia e o Quênia, e Djebel Uri, no Darfur (Sudão). A arqueóloga Gertrude Caton-Thompson estimou, em 1930, haver cerca de 500 ruínas parecidas com a do Grande Zimbábue entre os vales do rio Zambeze e do Limpopo.

Foto 1 – Ruínas do Grande Zimbábue: Acrópoles

Fonte: SILVA, J. 2023.

O relatório da arqueóloga, em sua primeira escavação, apresentou artefatos como: pérolas de ouro, pulseiras de ouro, largos e delgadas placas de ouro, rabos e orelhas de ouro maciço, assim como esqueleto. Estima-se que, pelas características da maioria desses artefatos, as ruínas do Grande Zimbábue datem do século XII.

Graças ao intenso trabalho de David Randall-MacIver, em 1905, Gertrude Caton-Thompson, em 1931, e Rogers Summers, em 1958 e 1963, foi possível romper com os mitos e lendas ocidentais e cristãos relativos ao rei Salomão. Com efeito, tais pesquisas deram um caráter de produção subsaariana. O nome Zimbábue, como afirma, M'Bokolo (2009), tem e tem origem na língua Shona a partir de duas etimologias: *dzimba dza mabwe* (casa de pedra) e *dzimba woye* (casa venerada).

De acordo com as pesquisas arqueológicas de Huffman (1996) sobre peças de cerâmicas encontradas entre Botsuana e Zimbábue, consideramos que as cerâmicas encontradas no sítio arqueológico do grupo denominado Bambata demonstram a ocupação da região no princípio da Idade do Ferro. Desde esse período, os grupos bantos teriam se espalhado pela região e difundiram técnicas de cerâmicas entre os grupos Yeyi, Khoi e Bambata. Embora com trocas locais, as cerâmicas da região apresentam certa especificidade diante da marcação de pontos em linha, muito provavelmente feitos com pentes de cabelo, e uma parede fina de 4 a 6 mm Há uma estimativa que aproxima os sítios arqueológicos da região no primeiro milênio com populações vivendo da agricultura de subsistência (milho painço, sorgo, eleusina e leguminosas) e da criação de gados. Depois, com a chegada de um novo grupo, os Leopard's Kopje ou Colina do Leopardo (nome do sítio arqueológico em Bulawayo, no Zimbábue), o modo de vida fora alterado. Esse grupo teria introduzido uma agricultura com maior diversificação e plantio em larga escala e a criação de caprinos, ovinos e bovinos aumentaram substancialmente. Ademais, essa prosperidade afirmou-se como importante para os comerciantes da costa, a ponto de serem encontradas contas de vidro originárias da Índia nessa região.

Nesse sentido, por meio dos escritos do século I, referente à costa oeste de Maharastra, Índia, que retratava as rotas comerciais greco-romanas para a Índia, e os escritos árabes a partir do século VII, você pode obter outras descrições sobre a escravidão. Provavelmente escrito no século I, é uma carta de navegação romana que se refere ao Mar Vermelho, em Berenice, Eritreia, e o trajeto pela costa índica africana, chamada de Azânia, até o rio Ganges, na Índia – conforme Mapa 1 - Rotas marítimas conforme as monções no Oceano Índico (1250-1400) - Capítulo 4.

Segundo a pesquisa arqueológica de Gogte e Aldrovandi (2006), o porto de Chaul, Índia, citado neste Périplo, foi posição de destaque para o comércio local e internacional desde o século III-II a.C. até o fim do XVII d.C., quando os britânicos escolhem Bombaim como porto principal. Os achados arqueológicos demonstraram intensa comercialização com o Império Romano, persa, chinês e da costa leste africana. Nessa região da Índia, havia a produção de miçangas coloridas com contas de vidro entre 1,5 mm e 5 mm, encontradas nas regiões costeiras e nos reinos do interior, o que confirmaria o comércio do século

VIII. A seu turno, próximos às grutas budistas que recebiam doações dos comerciantes de Chaul, encontram-se espécies arbóreas, *Bao Bah, Adosonia digital L.*, oriundas da costa leste africana, cujas dimensões sugerem ter mais de 800 anos. Outra espécie africana que se tornou comum na região de Chaul é a fruta-pão, *Artocarpus communis*.

Nos séculos XIII-XIV, a população de Leopard's Kopje, região austral africana (veja acima Mapa 4 – Reinos africanos), obtivera sucesso com o plantio de algodão, a mineração de ouro e a venda de marfim – nesse período, provavelmente, surgiram as primeiras construções de paredes com pedras. Pela variação das construções, o centro político se deslocou para Mapungubwe e se tornou a primeira capital do reino a partir do século XI até século XIII.

O Grande Zimbábue teria originado no século XIII e prosperado até o século XV, nesse período era possível encontrar um número expressivo de produtos de ouro e cobre estrangeiros Isso reforçaria, também, a noção de sistema tributário que amparasse uma capital com luxo e prestígio reais.

Você deve se perguntar sobre os processos históricos que culminaram na criação do Grande Zimbábue. Veja que lidamos com descobertas recentes e esparsas, se comparada à intensidade de pesquisas conduzidas no Egito e Sudão. Com isso, na concepção de M'Bokolo (2009), estamos diante de um conjunto de interpretações (às quais ele denomina de escolas) sobre esses processos. A primeira escola está apoiada nas tradições orais Shona, que relacionam o Grande Zimbábue ao culto do deus supremo Mwari; ou então que grupos minoritários estrangeiros teriam se apropriado do poder e instituído um novo sistema político; ou até que internamente haveria surgido novas dinâmicas por intermédio de novos valores relativos aos papéis sociais, de gênero, filiação patrilinear e acúmulo de bens.

Já a segunda escola apoia-se sobre o argumento do comércio de longa distância com parceiros de Quiloa e Sofala. Tal comércio, além de ser bem documentado pelas fontes portuguesas no fim do século

HISTÓRIA E CULTURA AFRICANA E AFRO-BRASILEIRA

XV e início do XVI, pode ser referendado mesmo antes, a partir do século X por meio dos relatos de Al-Masudi (893-956) e no século XIV na representação de uma moeda encontrada, a qual era originária do reino de Al-Hasan Ibn-Sualiman (século XI). Outros dados atribuem o comércio de produtos originários da Síria, Pérsia e China (pérolas, tecidos de algodão, especiarias e louças brancas), possivelmente o ouro e o marfim do Grande Zimbábue seriam os produtos mais procurados.

Há ainda um terceiro conjunto de interpretação que procura balizar a economia global com as dinâmicas locais. Desse modo, as ruínas têm na função política seu argumento mais contundente. No século XIV, o Grande Zimbábue teria concentrado uma população em torno de 10 mil habitantes, entre nobres, dignitários e membros do Estado, além de artesãos: ferreiros com manuseio em ferro e cobre, fabricação têxtil, pedreiros e escultores. Poucos lugares nas savanas concentrava um número tão expressivo de população nessa época.

No fim do século XV, embora fosse admirado pelos portugueses, o Grande Zimbábue encontrava-se em um momento de declínio. Os motivos podem ter sido desde fatores políticos internos, novos eixos comerciais ou crescimento demográfico elevado. Há ainda a conjectura de que a alteração do rio utilizado para escoar seus minérios provocou o declínio do Grande Zimbábue. O solo infértil pelo uso excessivo, muito provavelmente, impulsionou a migração para regiões mais férteis, decentralizando o poder do Grande Zimbábue.

Mwene Mutapa (Monomotapa ou Benomotapa)

Devido a esses acontecimentos, e talvez à seca e à fome, o clã Rozwi, na figura do guerreiro Mutapa (*mwene mutapa*), senhor do saque para uns ou senhor dos metais para outros, teria fundado uma nova capital longe das ruínas de pedras. O filho de Mutapa, Mutope, expandiu o Império para o norte e deslocou a capital do Grande Zimbábue para lá. Além disso, construiu novas moradias, que foram abandonadas e não foram construídas pelos demais sucessores. De início ele conseguiu agregar as diferentes chefarias entre Limpopo, Kalahari e do atual Moçambique.

Os registros feitos pelos portugueses sobre *mwene mutapa* exaltavam sua produção de ouro e marfim, levada para a costa do Índico pelos árabes. Entre os séculos XVI e XVII, a exportação desses produtos era de até 850 kg de ouro/ano, mas a imprecisão ainda é grande quanto a esses dados. Todavia, devia impressionar os comerciantes portugueses, que chegaram a calcular que cerca de 5 mil elefantes foram mortos por ano para abastecer o comércio de marfim com a costa. Tanto impérios como Chewa-Maravi, ao norte do rio Zambeze, quanto os portugueses procuravam dominar as minas de *mwene mutapa*. Chewa-Maravi eram parceiros dos portugueses contra as investidas de populações na região de Zona de Influência portuguesa ao sul do Zambeze, como Shona e Karanga, da mesma forma que *mwene mutapa* Gatsie Rusere apelou para os portugueses. Em consequência, os Chewa-Maravi conseguiram impor certo controle sobre o comércio ao longo do rio Zambeze.

Os portugueses reconheciam que esse domínio da produção de *mwene mutapa* era de fato significativa, sendo assim, buscaram várias estratégias para tirar o Império Mutapa de cena. Por outro lado, os portugueses ofereceram o auxílio que o rei desejava contra a revolta de seus vassalos, no século XVII, para tanto, cedeu todas as minas de ferro, cobre, ouro, chumbo e estanho ao rei de Portugal em carta assinada em 1607. Contudo, isso custou mais do que o esperado: receberia insígnias, espada, capa, coroa e cedro de pedra e o obrigava a dar liberdade aos missionários cristãos, comerciantes portugueses e autoridade do representante português sobre o *mwene mutapa* sem precisar cortejá-lo como tal.

Porém, em 1683, *mwene mutapa* fechou suas minas para evitar mais revoltas de seus súditos contra os abusos dos portugueses. O rei Butua, *changamira*, com o apoio do *mwene mutapa* e de outros estados, atacaram os portugueses e os expulsaram de Dambarare em

1693. O rei Butua conseguiu impor um posto de destaque entre os reinos e aprisionar portugueses para se proteger contra novas investidas dos lusos. Porém, depois da morte desse *changamira*, e com inúmeras crises demográficas internas e externas por causa de epidemias, como em 1658 (varíola, peste e sarampo) e 1715, e no século XIX das invasões Ngoni, a região do Grande Zimbábue tornou-se pouco povoada. Isso não impediu que o mito do país do ouro ou do Ofir *Monomotapa* perdurasse no imaginário europeu até o início da colonização inglesa.

Dinâmicas sociais de longa duração

Como já apontamos, o comércio do Império relacionava-se com o comércio asiático, mas encontramos em sua história outras relações pelo interior do continente. Há indícios de um comércio entre os reinos da Depressão Upemba (Lunda e Luba – vide Mapa 4 – Reinos Africanos) e o Grande Zimbábue, que teriam utilizado contas de vidro e lingotes ou cruzetas de cobre nas transações (Imagem 2). Escavações demonstram que em sítios mortuários havia cruzetas de cobre, que em alguns esqueletos eram encontradas nas palmas das mãos e em outros no peito.

Tais comércios pressupõem a transferência de conhecimentos e técnicas entre as populações africanas: extração de minerais e refinamento de ouro, cobre e ferro, medidas e peso, rituais funerários, acordos políticos e comerciais, extração e produção de sal. Outrossim, sinos simples sem badalo eram conhecidos antes da instalação dos europeus no interior. A Floresta Equatorial era um espaço de circulação pelas populações africanas, que vinham do Oeste ou da África Austral. Ilustrando, foram encontrados sinos duplos, que possibilitava a produção de tonalidades variadas, em Ife e no Zimbábue, aproximadamente na década de 1450. Com efeito, nesse caso, podemos atestar a necessidade de conhecimento do material, locais de extração, processo de extração e derretimento, confecção, solda e seus usos sociais; entre estes, o mais comum teria sido para o uso do pronunciamento de autoridades, como chefes e reis.

Vejamos que a compreensão de processos de longa duração pode restabelecer o crédito histórico de conhecimentos e práticas para as populações negras africanas e da diáspora:

> A partir do século VIII existiam pois relações comerciais contínuas com as regiões cupríferas, situadas mais a sul, onde a arqueologia exumou moldes destinados a produzir lingotes de cobre sob a forma de 'cruzetas', e das quais as mais antigas estão datadas do século VII. A difusão destas cruzetas num vasto espaço cobrindo, na geografia de hoje, o sudeste do Congo, a Zâmbia e o Zimbábue, indica claramente que um comércio inter-regional ou a 'longa distância' de um produto de luxo estava então perfeitamente instalado (M'BOKOLO, 2009, p. 558).

Imagem 2 – Cruzetas ou lingotes de ferro usados como moedas

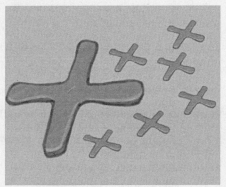

Fonte: SILVA, L. 2023.

Assim, você pode compreender que a relação comercial e política entre o Norte e o Sul africano, da Floresta Equatorial às savanas e platôs por meio de rotas do interior, muito provavelmente, existia já no primeiro milênio, como atestou Niane (2010). Essas produções eram acompanhadas de saberes, materiais, pessoas, símbolos e línguas.

Outras práticas sociais se difundiram por meio desses vínculos de longa duração, bem como de migrações, abrangendo várias extensões de áreas da região Meridional africana. Nesse caso, podemos mencionar a prática de rituais de iniciação feminina – Richards (1956)

apontou semelhanças dessa concepção simbólica de rito de passagem de menina para mulher entre as populações de história matrilinear.

Como vimos, as trocas culturais entre as populações de diferentes períodos e regiões puderam ser transmitidas por vastas áreas do continente ao transmitir esquemas simbólicos e práticas cotidianas para a resolução de suas demandas locais.

Síntese

Os reinos africanos foram retratados por meio de processos históricos de longa duração, que tiveram, como pano de fundo, dinâmicas sociais por meio dos geradores ecológicos. A expansão banta exemplificou como a historiografia sobre a África demanda uma pesquisa que dialoga com diferentes áreas, como Arqueologia, Linguística e Antropologia. Além disso, o constante contato político e comercial entre os reinos africanos pode ser rastreado pela memória coletiva e história oral que engendraram seus mitos originários. Os reinos africanos Lunda, Luba, Congo, do Grande Zimbábue e *mwene mutapa* evidenciaram a complexidade, riqueza e domínio tecnológico que esses povos tinham antes da chegada dos europeus no fim do século XV.

Sugestões culturais

Literatura

PEREIRA, Magnus Roberto de Mello; RIBAS, André Akamine. *Francisco José de Lacerda e Almeida*: um astrônomo paulista no sertão africano. Curitiba: Editora UFPR, 2012. v. 2.

A obra procura resgatar o pensamento científico luso-brasileiro do paulista Lacerda e Almeida, que tinha como intuito institucional a reconfiguração do lugar científico da coroa portuguesa e a amplitude de seu conhecimento sobre as colônias. Sua missão nos Rios de Sena era de governar por intermédio da ciência a serviço do Império Luso.

O livro é primoroso em seu propósito de demonstrar a história das ciências lusas no século XVIII com documentos originais e um conjunto cartográfico na região de Sena desse período.

Sites

http://www.africamuseum.be/home | Museu Real da África Central

Reconhecido como um dos museus mais impressionantes do mundo dedicado à África, fundado em 1898 em Leuvren, Bélgica. Conta com um impressionante acervo de diferentes áreas (Antropologia, Botânica, Arqueologia, Linguística). Disponibiliza pela web várias coleções e exibições e é utilizado como importante centro de pesquisas sobre a África.

www.unep.org | United Nations Environment Programme (UNEP)

O *site* oferece recursos, relatórios, publicações e notícias sobre o meio ambiente em escala global. Teve como origem o Fundo do Meio Ambiente criado pelas Nações Unidas em 1973.

http://www.sadc.int/ | Comunidade para o Desenvolvimento da África Austral

O *site* em português traz informações sobre os 14 países do acordo de cooperação assinado em 17 de agosto de 1992, em Windhoek, Namíbia. O visitante poderá encontrar dados, relatórios e documentos sobre as condições sociais e ecológicas dos 14 países signatários.

Atividades de autoavaliação

1. Leia o trecho a seguir e assinale as questões **incorretas,** corrigindo-as conforme o que estudamos sobre os reinos africanos

> A complexidade da forma pela qual se deu o povoamento [da região de floresta de Uele] dessa região foi exposta por J. A. Larochette; entretanto, ele subestima os movimentos culturais e históricos que nela ocorreram. Seria um equívoco atribuirmos todas essas expansões e contradições linguísticas a migrações espetaculares. J. Costermans provou, quanto aos Bangba, que sua história migratória consistiu num movimento errante de famílias que se deslocavam muito lentamente; esse caso deve ser mais comum do que o de vastas migrações, a respeito das quais, por sinal, não dispomos de provas diretas para nenhuma parte desta região. Fenômenos linguísticos de aculturação certamente também tiveram seu papel. Todos os pigmeus, por exemplo, adotaram línguas do grupo sudânico central. Estudos aprofundados de ordem linguística, cultural e diretamente histórica poderiam ajudar a resolver pelo menos parte dessa confusão, e as sequências culturais poderiam ser datadas através de investigações arqueológicas. Enquanto aguardamos esses trabalhos, temos de nos contentar com os limitados dados a que nos referimos (VANSINA, 2010, p. 633-635).

a. Os processos migratórios protobantos ocorreram inicialmente a partir do Chifre da África, em direção a Camarões e de lá para as regiões da África Austral.

b. Os geradores ecológicos auxiliam a compreender a historiografia africana, já que demonstram a dificuldade dos grupos em se adaptar às mudanças e desenvolver estratégias e tecnologias para o desenvolvimento de reinos complexos.

c. As migrações africanas, por meio da pesquisa linguística, delimitam os caminhos das expansões e como elas dependeram de grandes ações coletivas em direções pontuais como uma onda.

d. As lacunas da História da África levam o pesquisador a apenas inferir interpretações de contextos históricos esparsos e em larga escala. Com efeito, podemos considerar que a historiografia africana é frágil e faltam dados plausíveis para uma ciência.

2. Assinale a resposta **correta**:

a. De acordo com o que discutimos sobre a expansão banta, há três concepções equivocadas sobre esses deslocamentos: houve somente uma onda migratória de sentido expansivo; os migrantes bantos desconheciam regiões habitadas; e em um vasto território as populações estabeleceram poucos contatos.

b. Conforme narraram Matheus Cardoso, em 1624, e Giovanni Antônio Cavazzi, em 1654 e 1667, sobre o mito de usurpação de Lukeni, seriam motivos subjacentes à interpretação de novas moralidades: espoliar pessoas e assassinar a tia grávida corresponderia à ruptura com as regras da kanda para o domínio da circulação de cobre e sal; cruzar o rio Congo corresponderia ao poder investido à realeza, que romperia o mundo visível e invisível.

c. O poder monárquico de Lukeni era controlado pelo conselho real, composto por 12 membros originários das 12 kanda e se subdividiu em três grupos: mulheres, representando o primeiro juiz da matrilinearidade, presidente do conselho e líder dos bairros da capital.

d. O mito fundador era reproduzido na organização da vida social do reino Congo, sendo que os grupos representavam personalidades contidas no mito, por isso as esposas do rei deveriam vir do *kanda* dos notáveis com o objetivo de implementar os interesses destes, porém a esposa principal deveria ser de um reino vizinho, para alimentar a aliança e domínio comercial do reino.

3. Assinale a resposta **incorreta**:

a. Os primeiros relatos europeus do Grande Zimbábue revelaram o etnocentrismo a respeito da capacidade tecnológica e política dos povos africanos. Podemos conjecturar que a obra de Haggard, de 1885, *As minas do rei Salomão*, perpetuou esse equívoco na mentalidade ocidental.

b. Cecil Rhodes comprou os Pássaros encontrados no Grande Zimbábue como estratégia para convencer investidores em sua empreitada, ao argumentar que havia muitas outras riquezas que poderiam ser exploradas na região austral.

c. Afirma-se que o Grande Zimbábue teria se constituído por volta do século XIII e sido abandonado antes da chegada dos europeus. Nas escavações, foi encontrado um número expressivo de produtos comprados da costa índica, como ouro e cobre estrangeiros e outros produtos trazidos da Pérsia, China e Índia em troca de ouro e marfim.

d. A relação do reino de *mwene mutapa* com os portugueses estava cercada de interesses flutuantes. Os portugueses sabiam da grande quantidade de ouro e marfim que vinha da região até a costa pelos árabes, enquanto o rei cedia toda sua riqueza para a exploração dos portugueses desde que aliviassem o sofrimento de seu povo na presença do *changamira*, rei Butua.

Atividade de aplicação

Conforme estudamos os cinco geradores de Molefi Keti Asante (Saara, Vale do Rift, Floresta Equatorial, bacias hidrográficas do Congo e Zambeze e domínio de ferro), separe a turma em cinco grupos. Cada grupo deverá ficar responsável por um gerador e dissertar sobre aspectos geográficos, países de abrangência, datas de independência e nomes dos principais reinos que estiveram localizados nesses locais. Quanto ao domínio do ferro, será necessário levantar onde se encontram as principais regiões de exploração do minério atualmente com o cuidado de cobrir dados gerais sobre os países. Você poderá também pedir a cooperação do(a) professor(a) de Geografia. Sugere-se que os grupos sintetizem uma apresentação de cada gerador para que seja a base de um texto, que deve ser finalizado coletivamente como introdução do material. Depois da finalização e correção, você poderá organizá-lo em um formato de cartilha a ser reproduzida e disponibilizada para outras turmas e/ou biblioteca.

Repostas

1. B – Os geradores ecológicos possibilitam interpretar como os grupos africanos se adaptaram às diferentes regiões por usufruir da fertilidade das margens das bacias hidrográficas, bem como fazer uso dela para o plantio, pesca e comércio.

C – A Linguística, aliada a outras áreas, pode construir possíveis caminhos migratórios com vista à mobilidade humana por avanços e retrocessos em tempos e direções variadas.

HISTÓRIA E CULTURA AFRICANA E AFRO-BRASILEIRA

D – A historiografia africana, na perspectiva de Elikia M'Bokolo, usa o recurso de processos históricos de longa duração mediante a história oral, memória coletiva, vestígios arqueológicos e narrativas coloniais para reconstruir a História da África a partir de uma perspectiva de seus povos. Há de fato uma diferença acentuada com a perspectiva eurocêntrica, no que tange a sua proposta teórico-metodológica. No entanto, como vimos com os reinos africanos, seu passado revela-se nos mitos de origem, inclusive nos possibilita vislumbrar as sobreposições entre momentos históricos dos grupos.

2. B

3. D

Referências

ASANTE, Molefi Keti. *The history of Africa: the quest for eternal harmony*. 2. ed. New York/London: Routledge, 2015.

ACORDO Comunidade para o Desenvolvimento da África Austral. Disponível em: http://www.sadc.int/. Acesso em: 10 mar. 2023.

CLAUSSEM, Martim. Sahara's Abrupt Desertification Started by Changes in Earth's Orbit, Accelerated by Atmospheric and Vegetation Feedbacks. *ScienceDaily*,12 July 1999. Disponível em: www.sciencedaily.com/releases/1999/07/990712080500.htm. Acesso em: 10 mar. 2023.

CORÃO. *Islam Brasil* – versão on-line. Disponível em: http://www.dhnet.org.br/direitos/anthist/alcorao.htm. Acesso em: 10 mar. 2023.

DE FILIPPO, Cesare et al. Bringing Together Linguistic and Genetic Evidence to test Bantu Expansion. *Proceedings of Royal Society B*, v. 279, n. 1741, p. 3256-3263, 2012. Disponível em: http://rspb.royalsocietypublishing.org/content/early/2012/05/17/rspb.2012.0318. Acessso em: 10 mar. 2023.

DEVISSE, Jean; LABIB, Shuib. A África nas relações intercontinentais. In: NIAMI, Djibril Tamsir (ed.). *História geral da África: A África do século XII a XVI*. Vol. IV. 2. ed. Brasília: UNESCO, 2010. p. 728-731. Disponível em: https://unesdoc.unesco.org/ark:/48223/pf0000190252. Acesso em: 10 mar. 2023.

GARVEY, Brian. Bemba chiefs and catholic missions, 1898-1935. *Journal of African History*, v. XVIII, n. 3, p. 411-426, 1977. Disponível em: https://www.jstor.org/stable/180640. Acesso em: 10 mar. 2023.

GOGTE, V.D.; ALDROVANDI, C.E.V. A Simylla do Périplo do Mar Eritreu: escavação arqueológica do antigo sítio portuário de Chaul na costa oeste de Mahàràuñra – Índia. *Revista do Museu de Arqueologia e Etnologia*, São Paulo, n. 15-16, p. 247-269, 2005-2006. Disponível em: https://www.revistas.usp.br/revmae/article/view/89721. Acesso em: 10 mar. 2023.

GOSSELAIN, Olivier. In pots we trust: the processing of clay and symbols in sub Saharan Africa. *Journal of Material Culture*, v. 4, n. 2, p. 205-230, July 1999. Disponível em: https://bit.ly/3TfByev. Acesso em: 10 mar. 2023.

GOSSELAIN, Olivier. Exploring the Dynamics of African Pottery Cultures. In: BARNDON, Randi; ENGEVIK, Asbjørn; ØYE, Ingvild (Ed.). *The Archaeology of Regional Technologies: Case Studies from the Palaeolithic to the Age of the Vikings*. Lewiston/Queenston: The Edwin Mellen Press, 2010. p. 193-226. Disponível em: https://www.semanticscholar.org/paper/Exploring-the-dynamics-of-African-pottery-cultures-Gosselain-Barndon/a074a7c-5437b06caeb081c3abd8f396194c408e4. Acesso em: 10 mar. 2023.

GOSSELAIN, Olivier. Fine if I Do, Fine if I Don't. Dynamics of Technical Knowledge in Sub-Saharan Africa In: ROBERTS, B. W.; VANDER LINDEN, M. (Eds.). *Investigating Archaeological Cultures: Material Culture, Variability, and Transmission*. New York: Springer, 2011. p. 211-227. Disponível em: https://www.semanticscholar.org/paper/Fine-if-I-Do%2C-Fine-if--I-Don%E2%80%99t.-Dynamics-of-in-Gosselain/465508b9f8ae333ee471b-c630b22d0749beb68e3. Acesso em: 10 mar. 2023.

GROLLEMUND, Rebecca *et al*. Bantu expansion shows that habitat alters the route and pace of human dispersals. *Proceedings of the National Academy of Sciences*, v. 112, n. 43, p. 13296-13301, 2015. Disponível em: https://www.pnas.org/content/112/43/13296. Acesso em: 10 mar. 2023.

GRUNSCHWIG, Henri. *A partilha da África negra*. Campinas: Perspectiva, 2006.

GUTHRIE, Malcolm. Comparative *bantu: an introduction to the comparative linguistics and prehistory of the bantu languages*. London: Gregg, 1967-1971. 4 v.

HOLDEN, Clare; GRAY, Russell. Rapid Radiation, Borrowing and Dialect Continua in the Bantu Languages. In: FORSTER, Peter; RENFREW, Colin (Ed.). *Phylogenetic methods and the prehistory of languages*. London: McDonald Institute for Archaeological Research, 2006. p. 19-31.

HOBSBAWM, Eric. J.; LANTERNARI, Vittorio. The religions of the oppressed: a study of modern messianic cults. *Current Anthropology*, v. 6, n. 4, p. 447-465, oct., 1965.

HISTÓRIA E CULTURA AFRICANA E AFRO-BRASILEIRA 105

HUFFMAN, Thomas N. Snakes and crocodiles: power and symbolism in ancient zimbabwe. Johannesburg: Witwatersrand University Press, 1996.

KALINGA, Owen J. M. Colonial rule, missionaries and ethnicity in the north Niassa district (1891-1938). African Studies Review, v. 28, n. 1, p. 57-72, mar./ar. 1985. Disponível em: http://www.jstor.org/stable/524567. Acesso em: 10 mar. 2023.

M'BOKOLO, Elikia. África negra: história e civilizações. Salvador: EDUFBA; São Paulo: Casa das Áfricas, 2009. t. I (até o século XVIII).

NIANE, Djibril Tamsir. Relações e intercâmbios entre as várias regiões. In: NIANE, Djibril Tamsir. História geral da África: África do século XII ao XVI. Vol. IV. 2. ed. rev. Brasília: UNESCO, 2010. p. 697-720. Disponível em: https://unesdoc.unesco.org/ark:/48223/pf0000190252. Acesso em: 10 mar. 2023.

OLIVER, Roland. The problem of the Bantu expansion. The Journal of African History, v. 7, n. 3, p. 361-376, 1966. Disponível em: https://www.jstor.org/stable/3097285. Acesso em: 10 mar. 2023.

PARSONS, Anthony J.; ABRAHAMS, Athol D. (eds.) Geomorphology of desert environments. [S.l.]: Springer Netherlands, 2009.

RAMOSE, Mogobe B. African Philosophy through Ubuntu. Harare: Mond Books, 1999. Disponível em: https://philpapers.org/rec/RAMAPT. Acesso em: 10 mar. 2023.

RICHARDS, Andrey. Chisungu: A girl's initiation ceremony among the Bemba of Northern Rhodesia. London: Longman: 1956.

RICHARDS, Andrey. Tribal government in transition: the Babemba of North-Eastern Rhodesia. Journal of the Royal African Society, London, Oxford University Press, v. 34, n. 137, p. 1-26, Oct. 1935. Disponível em: https://www.jstor.org/stable/716508. Acesso em: 10 mar. 2023.

UNEP - United Nations Environment Programme : report of the Governing Council on the work of its 19th session, 27 January-7 February 1997, 3-4 April 1997.

SILVA, Lorena Silveira da. Águia símbolo do Grande Zimbábue. Londrina: [s.n], 2023.

SILVA, Lorena Silveira da. Aquenáton. Londrina: [s.n], 2023.

SILVA, Lorena Silveira da. Cruzetas ou lingotes de ferro usadas usados como moedas. Londrina: [s.n], 2023.

SILVA, Jefferson Olivatto da. O catolicismo na Bembalândia. Curitiba: Primas, 2015a.

SILVA, Jefferson Olivatto da. As resistências africanas diante das medidas preventivas coloniais contra a doença do sono na Zâmbia (1890-1920). *História,*

Questões & Debates, n. 61, n. 1, p. 73-105, jan./jun. 2015b. Disponível em: https://revistas.ufpr.br/historia/article/view/44148. Acesso em: 10 mar. 2023.

SILVA, Jefferson Olivatto da. *Reinos Africanos*. Londrina: [s.n], 2023.

SILVA, Jefferson Olivatto da. *Ruínas do Grande Zimbábue: Acrópoles*. Londrina: [s.n], 2023.

THE NEW YORK PUBLIC LIBRARY – *Digital Collections*. Disponível em: https://bit.ly/3vfIT5Q. Acesso em: 10 mar. 2023.

THORNTON, John. Demography and History in the Kingdom of Kongo, 1550-1750. *The Journal of African History*, v. 18, n. 4, p. 507-530, 1977. Disponível em: http://www.jstor.org/stable/180830. Acesso em: 11 mai. 2022.

THORNTON, John. The Development of an African Catholic Church in the Kingdom of Kongo, 1491-1750. *The Journal of African History*, v. 25, n. 2, p. 147-167, 1984. Disponível em: https://www.jstor.org/stable/181386. Acesso em: 10 mar. 2023.

VANSINA, Jan. A Comparison of African Kingdoms. *Africa: Journal of the International African Institute*, v. 32, n. 4, p. 324-335, Oct. 1962. Disponível em: https://www.jstor.org/stable/i248599. Acesso em: 10 mar. 2023.

VANSINA, Jan. *Oral tradition as history*. [S.l.]: James Currey Publishers, 1985.

VANSINA, Jan. *Paths in the Rainforests. Toward a History of Political Tradition in Equatorial Africa*. Madison: University of Wisconsin Press, 1990.

VANSINA, Jan. New Linguistic Evidence and "the Bantu Expansion". *The Journal of African History*, v. 36, n. 2, p. 173-195, 1995. Disponível em: https://www.jstor.org/stable/182309. Acesso em: 10 mar. 2023.

VAN NOTEN, Francis. África Central. In: MOKHTAR, Gamal (ed..). *História geral da África: África antiga* Vol. II. Ea. Ed. Ver. Brasília: UNESCO, 2010. p. 339-350. Disponível em: https://unesdoc.unesco.org/ark:/48223/pf0000190250. Acesso em: 10 mar. 2023.

Capítulo 4
África e o Islã Medieval

Introdução

O principal meio de difusão do Islã na África, como na Europa, foi a expansão árabe. Poderemos observar a relevância dos Califados para que a costa índica e o norte africano contassem com o interesse comercial e político árabes. Por meio de seu domínio tecnológico, científico e filosófico, as cartas de navegação e os relatos sobre os povos africanos da costa índica e atlântica tornaram-se importantes fontes históricas. Subjacente a esses relatos, os interesses árabes foram criados pelo domínio africano da exploração mineral e de marfim, como vimos no Capítulo 3 – Reinos Africanos. Os dois Califados, Almorávido (1056-1147) e Almôadas (1130-1269), e o Sultanato Oman (XVII-IX) foram cruciais para que o islamismo fosse difundido e assimilado na África. A costa índica contou com a imigração Hadhrami, iniciada no século IX com grande integração à população local. Por outro lado, essa expansão impulsionou uma nova forma e finalidade para o comércio de escravizados. Porém, devemos ter em mente que a história do Islã teve diferentes movimentos e escolas com disputas e perseguições entre si.

Expansão árabe

Antes de explicarmos sobre a chegada dos europeus na costa leste africana, – pelo menos, até o norte da ilha de Zanzibar e a região continental circunvizinha –, a partir do século XV, com Vasco da Gama, precisamos explanar a expansão arábica no continente.

De início, vamos esclarecer alguns aspectos importantes sobre a questão árabe. Primeiro, trata-se de uma referência étnica de povos nômades da Península Arábica, que utilizam a macrolíngua árabe (ETHNOLOGUE, 2017), pertencente ao tronco linguístico protossemítico[27] e tornada a língua oficial do Oriente Médio e entre as proximidades da Ásia e África do Norte, Oeste e Leste. Segundo, o islamismo refere-se à prática religiosa que surgiu no ano de 610 com o profeta Maomé, que decretou o árabe a língua do Corão e do islamismo; praticado por aproximadamente 1,8 bilhão de muçulmanos em todo o mundo em 2015, conforme a estimativa de Pew Research Center (2017)and that the origin of these processes lie in its low and declining fertility rates. After considering alternatives to the total period rate measure of fertility, empirical evidence and theoretical argument about low fertility and its consequences is briefly reviewed. The paper argues that low fertility in general may not be the problem it is often purported to be, that Scotland has relatively high fertility, and that pro-natalist policies are neither desirable nor necessary. It suggests that low fertility and population ageing may be viewed as positive developments, and that within Europe, Scotland is distinguished more by its excess of early deaths than by any shortage of births. Copyright (c. Além disso, árabes exerciam e exercem práticas religiosas politeístas e monoteístas (judaísmo e cristianismo) antes e depois do surgimento do islamismo; porém foi a prática islâmica que conseguiu unificar diferentes etnias nômades em um império.

Há que ser apontado alguns fatores que se interconectam para explicar a expansão árabe no período medieval: a expansão comercial e política, a diáspora *Hadhrami* e o Islã. A expansão árabe teve diferenças quanto ao espaço geográfico: a costa índica agregava as rotas comerciais, a imposição de práticas políticas e religiosas direcionava-se para a Ásia e a África do Leste, e as rotas nômadas foram utilizadas para a expansão atlântica e o deserto da África do Oeste.

---

27 A península arábica era povoada por populações sedentárias, semissedentárias e nômades que, provavelmente, tinham entre os pastores beduínos criadores de camelos a identificação de *'arab*, segundo Etheredge (2010).

HISTÓRIA E CULTURA AFRICANA E AFRO-BRASILEIRA

Depois das cruzadas (1095-1270),[28] o estudo do islamismo passou a ser objeto da teologia cristã, talvez, como estratégia de conversão das populações adeptas do Corão. De um lado, a última cruzada em 1270 demonstrou o quanto o desprezo às populações muçulmanas e suas práticas socioculturais enfraqueceram o poder político e papal no Oriente. De outro lado, no mesmo período, vocês se recordam da importância da razão para a teologia cristã de São Tomás de Aquino (1225-1274)? A ênfase nos textos aristotélicos no ocidente foi introduzida por Abu Ali Al-Hussein Ibn Sina (Avicenas, 976-1037), Muhmmad Ibh Rushi (Averroes, 1126-1198) e rabino Moshe bem Maimum (Maimonades, 1138-1204). Por isso, reafirmamos a importância do conhecimento das ações arábicas e islâmicas, que influenciariam a História Ocidental e Africana em termos políticos, econômicos, religiosos, científicos e culturais.

Diáspora *Hadhrami*

Você conhece outras contribuições da expansão árabe para a Europa, África e Ásia? Você sabia que muitas características sociais, relatos e documentos árabes são importantes para conhecer o cotidiano das populações africanas e que as cartas geográficas árabes auxiliaram as Grandes Navegações europeias? Além disso, você conhece as diferenças religiosas muçulmanas? Veja que, provavelmente, você pode ter um ou outro indicativo parcial de algumas dessas questões, ainda insatisfatória para conhecer amplamente a História da África. Continuemos.

Sem as descrições de historiadores e viajantes árabes, Ibn Battuta (1304-1368), Ibn Khaldun (1332-1406) e Leo Africanus (italiano Giovanni Leone, em árabe Al-Wasan Ibn Muhammad Al-Wazzan

---

28 É interessante você observar a perspectiva árabe sobre as Cruzadas, produzida pela emissora árabe de Catar, Al Jazeera, em língua árabe e inglês. Disponível em: http://www.aljazeera.com/programmes/the-crusades-an-arab-perspective/. Acesso em: 10 mar. 2017.

Al-Zayyati ou Al-Fasi – 1485-1554), pelo Oceano Índico e Atlântico, os registros arqueológicos ainda impossibilitam ter a devida clareza da expansão árabe, processos migratórios e vestígios linguísticos pelo continente africano, como Pouwels (1978) e Dumond (1987) propuseram. Entre os registros apontados por Martin (1974), anteriores ao século VIII, as atribuições relativas à presença árabe puderam ser feitas por intermédio de: termos de origem árabe, o que significa dizer de sua expansão pela Península Ibérica, na Malásia, China, Indonésia, Somália – (por exemplo: álcool, alcachofra e azeite); objetos de trocas comerciais (por exemplo: café, cristais e pérolas); registros e relatos do tipo de organização de urbes (por exemplo: as cidades portuárias de Quiloa/Kilwa Kisiwani e Sofala); e da estruturação da jurisprudência e política em postos costeiros e comerciais.

Entre os séculos VI e XVI, várias exportações aconteceram no Leste africano. Os relatos, como apontamos no Capítulo 3 sobre os reinos subsaarianos, mencionam desde o comércio de peixe seco a cristais, cruzetas de ferro para a fabricação de espadas e peles de animais exóticos para a Índia, apontados por Gray e Birmigham (1970) e Etheredge (2010).

Por meio da Geografia, como também já observamos pelos geradores ecológicos de Asante (2015) – Capítulo 3, podemos desvendar dinâmicas sociais de longa duração e de longa distância em imigrações no Oceano Índico. Entre as causas ecológicas, a mais importante foram as monções de inverno, que levaram os viajantes da costa de Malabar, na Índia, para costa africana, no porto de Quiloa/Kilwa Kisiwani, e de verão de retorno para a costa de Malabar, bem como do sul de Madagascar para as regiões costeiras africanas. Outros aspectos importantes das rotas marítimas do Oceano Índico, como vimos no Capítulo 3, ao longo das monções de verão e inverno são: a rota dos colonos indonésios em direção a Madagascar e desses comerciantes em direção à costa africana e as principais rotas muçulmanas nas regiões costeiras africanas em torno da costa asiática, além de regiões em direção ao interior do continente arábico e africano, ao sudoeste do Cairo, no interior da Etiópia e em direção ao Grande Zimbábue.

Mapa 1 – Rotas marítimas conforme as monções no Oceano Índico
(1250-1400)

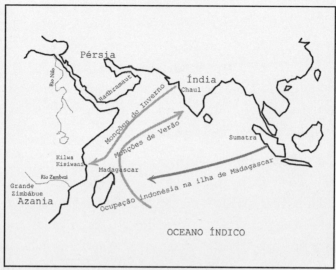

Fonte: SILVA, L. 2023.

Se você entendeu que as monções proporcionaram viagens intercontinentais há milênios, então será possível acompanhar nosso raciocínio. As práticas culturais ante as demandas sociais, tanto por interesses econômicos, políticos quanto religiosos, impulsionaram as populações a se deslocarem para as regiões costeiras do Oceano Índico. Porém, com o aumento dessa demanda, ondas migratórias deixaram mais vestígios. No caso de ondas migratórias em direção à costa africana, teriam ocorrido duas a partir de Hadhramaut, a primeira entre os séculos VIII e XII, e a segunda entre os séculos XVIII e XX, como aconteceu no sultanato[29] de Zanzibar. Um dos fatores que diferenciam

---

29 Para entender melhor a organização política e religiosa muçulmana, Keaney aponta os seguintes esclarecimentos: Califado: ofício do líder político e religioso do islamismo. Os primeiros quatro califas conviveram com o profeta Maomé, por isso foram chamados de companheiros do profeta (632-661). Com esse momento de efervescência dos ideais islâmicos de justiça social e prática religiosa, o islamismo se expandiu para a Síria, Iraque, Pérsia e Norte da África. Sultanato: ofício do comandante militar e político do Califado, que se destacaram a partir do século X devido a várias batalhas no interior dos Califados. Eram chamados de Amir ou Sultão. Embora os Sultões possam declarar que governam seu próprio território, ambos, Califado e Sultanado, se complementam na organização do mundo islâmico (umma). cf. KEANEY, 2009. p. 126.

essas ondas migratórias foi que no primeiro período as ações eram temporárias, sem desempenhar integrações com as sociedades locais.

De acordo com Page e Davis (2005b), a expansão do Islã entre os séculos VII e XI, tanto em direção ao norte africano quanto nas regiões do Oceano Índico, teve como fatores o trabalho missionário Sufi, a localização geográfica e as conquistas políticas, bem como a migração crescente de comerciantes árabes, que pretendiam fazer o comércio sem intermediários com postos pelo interior das rotas das caravanas.

Para Felix Chami, Françoise Le Guennec-Coppens e Sophie Mery (2002), há outros fatores que podem explicar essa emigração da Arábia Saudita para a costa leste africana: falta de oferta de terras pela densidade demográfica, longos períodos de secas seguidos de enchentes, fome, epidemias, guerras, conflitos armados e invasões de domínios vizinhos. As regiões em que esses eventos se tornaram frequentes foram a de Hadhramaut (ou *Hadramawt*) e Yaman, – ambas as regiões do atual Iêmen –, local onde convergiram conflitos contra portugueses, turcos otomanos e de puritanos *Wahhabi* da Arábia Central.

É provável que depois de 1200 Hadhramaut tenha se tornado instável e promovido constantes migrações árabes pelo Oceano Índico (costa leste africana e asiática). Esse período da diáspora *Hadharmi* pode ser entendido por dois traços: o uso da língua Árabe *Hadharmi*, foram encontrados registros na costa leste da África (Somália, Quênia e Tanzânia) e sudeste asiático (Indonésia, Malásia, Brunei e Singapura) e o islamismo. As primeiras imigrações necessitavam de muitos recursos em razão de seu alto custo, dessa forma, os grupos sociais que ali se fixavam seriam descendentes de famílias abastadas da Arábia Saudita.

Veja que, para Felix Chami, Françoise Le Guennec-Coppens e Sophie Mery (2002), a maior integração com a população local se deu entre os árabes *Hadhrami* imigrantes camponeses, artesãos e mercadores – isto é, aqueles que necessitavam interagir. Do mesmo modo, esses imigrantes aderiram laços familiares com novas alianças de casamentos cujas famílias tinham prestígio, resultante de práticas poligâmicas comuns às comunidades costeiras africanas e árabes. De origem de classes mais baixas, ou sem serem *sharif* (alto prestígio religioso no islamismo), o interesse distanciava-os dos costumes árabes e incorporava-os nas comunidades locais; por isso os laços familiares habituavam-se aos costumes locais: os casamentos deixavam de ser endogâmicos e as esposas tinham diferentes ascendências sociais ou até desconhecidas.

Por conta da necessidade de mão de obra para as plantações do Sultanato de Oman, o povo Omani estava desinteressado pela integração social com os africanos e optava para a migração árabe. O sultanato de Oman foi dominado pelos portugueses entre os anos 1508 e 1659 e pelos turcos depois de 1741, mas, no século XIX, se tornou o estado mais poderoso da Arábia, governando Zanzibar, a costa persa e parte do Paquistão. Outro traço que podemos identificar: o espaço social era o prestígio da família, sobrenomes ou referência de um local por alguma família, se bem que há falta desses tipos de vestígios em relação às rotas para o interior do continente (MALKKI, 1992).

Você pode ter uma breve noção sobre as rotas comerciais em direção ao interior pela desembocadura de rios navegáveis, como o Golfo do Zambeze e o Cabo Delgado. Além disso, como havia uma demanda considerável de produtos do interior, as populações do interior aprimoraram esses caminhos, depois os árabes e, em meados do século XVII, por raras expedições portuguesas entre Angola e Moçambique pela embocadura das bacias dos rios Congo e Zambeze.

Conforme apresentou o historiador Oliver e Atmore (2001), Al-Masudi (893-956) narra que havia visitado o grande reino dos negros e encontrou o melhor marfim e ouro em 922. O reino se estendia até Sofala, que depois teria um porto com esse nome ao sul do delta do Zambeze. É interessante observar que nos relatos de Al-Masudi há menção sobre os produtos de distantes regiões do Oceano Índico, durante as monções de inverno, como tecidos de seda, algodão, tapetes e porcelana da Pérsia e cerâmica do Cantão. Nas monções de verão, levavam de volta madeira para construção de casas, arroz de Madagascar, cobre e ouro de Zimbábue. Porém, vale ressaltar que nessas viagens é ausente a menção sobre o comércio de escravizados.

Com as pesquisas arqueológicas de Newitt (1972), Quiloa teria sido governada por uma dinastia originária do Mar Vermelho e Aden, depois se fixaram na Somália, antes de o século XI elevar a região em sua prosperidade reconhecida. Quiloa teve seu momento de crescimento até o século XIII, quando enfim alcança o auge no século XIV, no sultanato de Mahdali. Sofala, que corresponderia à região vizinha de Beira, Moçambique, seria governada por sultões enviados de Quiloa.

No fim do século XIV, Quiloa perdeu prestígio, recuperando-o no fim do século XV, momento em que os portugueses chegaram a Sofala, em 1497. Nesses dois séculos, podemos entender que Quiloa controlava a comunicação entre a ilha de Zanzibar, a costa e as regiões do interior de Moçambique. Nesse período, o reino Shona chegou ao apogeu e a colonização de Madagascar foi feita por africanos de Moçambique, enquanto os malgaxes indonésios habitavam a região leste da ilha.

A interação entre árabes e as comunidades locais apresentaram mudanças pragmáticas por favorecer o comércio no Oceano Índico.

> Muitas pessoas das cidades... operavam em um mundo mais amplo do que o microcosmo dos vilarejos [africanos], vivendo em cidades com outras populações, navegando de cidade a cidade ao longo da costa e comercializando com pessoas de todas as regiões do Oceano Índico. Essas pessoas viviam em um mundo macrocósmico habitado por populações que falavam diferentes línguas, tinham diferentes ancestrais e trabalhavam em diferentes ocupações.

> Nesse mundo, as crenças do microcosmo eram demasiadas paroquiais, porém era necessário que as crenças fossem universais. Assim, as pessoas da cidade adotaram o Islão, e adotaram um sistema de crenças e padrões que modelavam a ação comum a outros na cidade, por pessoas de diferentes cidades e por pessoas de todo o mundo do Oceano Índico (NURSE; SPEAR, 1985, p. 94-95, tradução nossa).

Por isso, podemos inferir que a conversão foi uma estratégia social que as comunidades africanas ao longo dos séculos perceberam ser necessária, ou conveniente, para orientar alianças comerciais e políticas na região costeira. Assim, muitos imigrantes árabes aproveitaram para se casar com mulheres da região.

Segundo a tese de doutorado de Bisso (2007), o espaço relatado nas viagens narradas pelos árabes era divido em dois territórios: o espaço do islã e o espaço da guerra. Há de ser dito que, pelo domínio e expansão árabe e muçulmana no período medieval, o globo era concebido dentro dessa totalidade. Dessa forma o espaço do islã contava com o governo fiel a Alá e o espaço da guerra, aquele que deveria ser conquistado.

Com efeito, o período medieval árabe contrastava com o europeu em várias dimensões. Para restringirmos o leque, podemos exemplificar pela dimensão espacial. Lembre-se que nos feudos, mesmo pelo desenvolvimento e pelas mudanças ao longo de 10 séculos, havia em larga escala uma imobilidade relativa. Foi um período anterior ao deslocamento de multidões e que a necessidade de pessoal trabalhando nas terras desvalorizava tal mobilidade, além de recrutamento para batalhas (mas, com o tempo, essa imobilidade terá um menor apreço na Alta Idade Média, quando já teremos as feiras pela Europa e as navegações incentivando a busca por mercadorias. Além do mais, as cruzadas impulsionaram novas realidades ao cotidiano medieval).

Entre comerciantes e viajantes árabes influentes na construção da África pelo imaginário europeu, podemos citar três no mesmo século XII: os mapas e descrições costeiras de Sharif Al-Idrisi em 1150; Ibn Battuta – viajante árabe que retratou Quiloa, Zanzibar, Mombasa e Mogadishu (citado em vários trabalhos); e Leo Africanus (al-Hasan Muhammad al-Wazzan al-Zayyani, andaluso-marroquino) no início do século XVI. Esse último tinha o mapa mais atualizado da época nas viagens pelo continente, influenciado pelos mapas de Al-Idrisi e Ibn Battuta, publicado na Itália em 1550, depois na França em 1556, e no mesmo ano uma versão em Latim na Antuérpia, e em 1600 na Inglaterra (HUNWICK, 2003). Os dois últimos, em 1788, foram reimpressos no momento da criação da *Assotiation for Promoting the Discovery of the Interior Parts of Africa*.

Veja no mapa 2, a seguir, a diferença na organização espacial do mundo pela visão árabe: a Europa estava ao sul, e a África, ao norte, retratada por Al-Idrisi para Roger II da Sicília em 1154.

Mapa 2 – Mapa de Al-Idrisi (Tábula Rogeriana 1154)

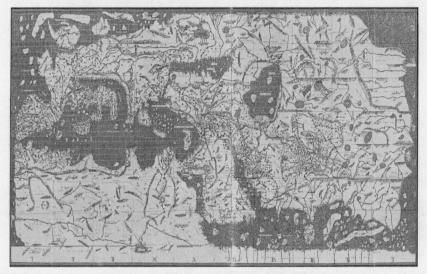

Fonte: MAPA MUNDI AL-IDRISI, 2023.

Há uma diferença relevante na historiografia africana sobre os árabes. Enquanto a expansão no norte e oeste africano pressupunha muitas conquistas com batalhas, na costa leste africana, muito provavelmente, a inserção árabe teve diferente peso relativo às batalhas. Veja que, pouco acima, como Horton mencionou, a relação parece ter sido menos impactante, havendo mais estratégias de convivência. Com efeito, vimos que a imigração *Hadhrami* levou muito mais trabalhadores do que guerreiros para a costa africana.

O convívio com os Swahili na região costeira, por longa duração, possibilitou a incorporação de técnicas de navegação e conhecimento das rotas do interior do continente, como vimos com os reinos da África Austral. Além do conhecimento que os árabes tinham de navegação marítima, os Swahili eram exímios comerciantes e navegadores. Devido a essa interlocução, às vezes, na literatura colonial, torna-se difícil especificar se os comerciantes citados são Swahili ou árabes, a razão desse convívio e interesse comercial mútuo ser compartilhado desde o século IX. Por isso, é comum na literatura colonial o uso dos dois para designar comerciantes da costa do Oceano Índico.

Todavia, há poucos dados sobre essas incursões, além de achados arqueológicos. Conforme os registros do missionário alemão Kraft, os primeiros relatos de incursões registradas dos Swahíli e árabes no interior do continente até Buganda, Uganda, fora em meados do século XIX, por volta de 1850, para a busca de marfim. Os comerciantes Swahili teriam composto uma caravana de 800 a 1000 homens armados.

Os califados

Para mencionar um pouco a expansão arábica visando à África do Norte e ao Mediterrâneo, podemos relembrar o fator do deserto do Saara como um modelador das ações humanas (ASANTE, 2015), além disso, a domesticação do camelo, por volta de 1000 a.C., facilitou que as populações comercializassem na costa atlântica, mediterrânea, Península Arábica e Ibérica (SAUNDERS, 2002).

E extensão da presença árabe pode ser compreendida por dois Califados: Almorávido e Almôada. O Califado Almorávido compreendeu o período do século XI a XII (1056-1147). Como parte do Império Islâmico, seu nome deriva do termo *murabit*, os homens dos santos, ou marabuto, ermitão muçulmano, designando um movimento de proteção em torno dos mosteiros árabes, que seus líderes-santos e guerreiros defendiam o mundo contra os infiéis – agrupavam em grande medida berberes e árabes e estenderam seu domínio em grande parte do Saara ocidental até o sul da Península Ibérica e foram influenciados pelo Movimento Sufi. O Califado Almorávido organizou sua capital em Al-Andalus, Andalusia, Granada, Sendo lembrado na História Ocidental pelas resistências cristãs em Valência, por meio do levante de El Cid até sua morte em 1099.

Já o Califado Almôada, que reiterou a influência religiosa Sufi, aconteceu nos séculos XII-XIII (1130-1269) – o Império se estendia do Marrocos, Tunísia, Argélia até Al-Andalus (Andaluzia), salvaguardando a rota do ouro pelo domínio berbere. A capital passou a ser em Sevilha. Os almôadas perderam o domínio na batalha Al-Uqab ou Las Navas de Tolosa em 1212; ao mesmo tempo que no Magrebe, os merinies, que antes eram beduínos, unificaram-se em um governo centralizado e derrotaram os almôadas em Marrocos (1230-1472), os zayyanies (1235-1554) na região central e os hafsies (1228-1574) próximo ao Egito (conhecida como Ifryquia).

Entre as contribuições dos Impérios Almorávido e Almôada, podemos destacar personalidades que representam o esplendor científico, cultural, político e econômico: Al-Masudi (893-956), na História e Geografia; Ibn Sina – Avicenas – (976-1037), na Medicina e Filosofia; Ibn Rushi – Averroes – (1126-1198), na Medicina e Filosofia; Ibn Battuta (1304-1368); na Cartografia; Ibn Khaldun (1332-1406), na Política, Sociologia e História, além da herança em Arquitetura, Engenharia, Pintura, Astronomia, Agricultura, Física e Medicina.

A autobiografia foi outro estilo de Literatura que floresceu entre os muçulmanos, tome como exemplo a do profeta Maomé. Outras autobiografias são as de Ibn Sina, Ibn Battuta e Ibn Khaldun, ademais, encontramos as autobiografias religiosas do Movimento Sufi de: Abu Hammid Al-Ghazali (1058-1111), Ruzbihan Baqli (morte em 1209), Ibn Al-Arabi (1165-1240) e Shah Wali Allah (1703-1762). Pode parecer que elas tiveram pouca importância, mas você poderá entender, nos próximos capítulos, que a autobiografia será utilizada pelos explora-

O islamismo

dores europeus como promoção pessoal de suas ações na forma de dados legítimos sobre a África e transformada em história de aventuras.

O islamismo

Embora sem abarcar toda a expansão árabe, o islamismo deve ser compreendido pelos processos migratórios da Península Arábica. Um desses marcos foi a criação do islamismo apenas no século VII, descrito pela tradição do islã e do Corão, depois da revelação do anjo Gabriel a Maomé em 610.

Como uma distinção da cultura árabe, a ascendência geracional é usada por determinadas tribos ou líderes sobre os demais critérios para legitimarem-se. Entre essas disputas, devemos entender que o pertencimento familiar foi um dos parâmetros para aceitar determinadas autoridades ou buscar reformular o islamismo. Nesse sentido, o atributo de *Ahl al-Bayt*, pessoas da casa de Maomé, designariam os cinco personagens que fundaram o islamismo: Maomé, sua filha Fátima, seu primo e genro Ali, e os dois filhos desse casal, Hasan e Husayn. Os descendentes dessa linhagem são muito respeitados pela comunidade islâmica, mas venerados pelo grupo xiita, para este, a linhagem de Maomé produziu os melhores líderes da comunidade muçulmana, chamados de *Imanes*. Aos membros dessa casa, é atribuído o título de *sayyid* e *sharif*. Todavia, devemos enfatizar que o termo *sayyid* é pré-islâmico e designa a posição de líder, senhor e chefe entre as tribos árabes, e Maomé usava *sharif* para os membros de sua família. Os *Sufi* renomados recebiam o atributo de *sayyid*.

Os movimentos islâmicos mais representativos são: Sunitas, Xiitas, *Sufi* e *Wahhabi*. O movimento Sunita engloba a maioria muçulmana.[30] Além do Corão, os *Sunna* são os ensinamentos de Maomé

---

30 Segundo o relatório da Pew Research Center em 2010, os Sunitas representam de 87% a 90% e os Xiitas de 10% a 13%. Os outros movimentos, *Wahhabi* e *Sufi*, estão sem estimativa no relatório. Disponível em: https://bit.ly/3T9s3gZ. Acesso em: 10 jun. 2017.

organizados em uma coletânea do século IX. Seguidores da *Sunna* de Maomé acreditavam que a liderança de uma comunidade deixava de ser uma questão humana para ser de vontade divina unificadora e guia da comunidade. Diferenciaram-se dos xiitas por recusarem a liderança dos *Imanes* e adotaram a *Sunna* de Maomé e seus companheiros, por isso são denominados de Sunitas a partir do século X. O sunismo seria o movimento daqueles que se chamam de o povo da tradição profética e a comunidade muçulmana (CAMPO, 2009) – A maioria da população da África do Norte segue esse movimento. Graças à conversão dos turcos da Ásia Central e dos berberes da África do Norte, a partir da metade do século XI, os Sunitas derrotaram os Xiitas, os cruzados cristãos na Palestina e os reconquistadores da Espanha.

Após a morte de Maomé em 632, uma parte da comunidade islâmica, *shiatu Ali*, seguidores de Ali, escolheu como sucessor Ali Ibn Talib como o descendente direto de Maomé (primo e genro de Maomé, casado com a filha de Maomé, Fátima). Quando Ali Ibn Talib morre, muitos líderes influentes da comunidade islâmica preferiram escolher o sucessor de Maomé pela reputação e consenso dos líderes. Essa ação elegeu o primeiro califa, Abu Bakr (632-633).

Segundo Campo (2009), podemos subdividir o Xiismo conforme o reconhecimento de seu principal *Imane*.

Quadro 1 – Tipos de Xiismo

Subtipo	Imane legítimo
Xiismo de Doze Imanes	Musa Al-Kazim, filho Jaafar
Xiismo Ismaeli	Ismail, primogênito de Jaafar
Xiismo Zaydi	Zaydi Ibn Ali, o bisneto de Hasayn Ibn Ali

Fonte: Elaboração do autor.

O movimento *Sufi* surgiu por volta do século VII e VIII contra a orientação que teve a expansão islâmica no Oriente Médio, por causa de uma política violenta e da corrupção de seus dirigentes. A origem *Sufi* teria sido a convergência de esquemas místicos cristãos, hindus e budistas. Pelos caminhos das caravanas, eles introduziram o islamismo em muitas regiões asiáticas e africanas e se autodenominaram de *abid* (escravo, devoto), *zahid* (ascético), *dervish* ou *faqir* (ascético empobrecido), *arif* (conhecedor da verdade espiritual) e *ashiq* (amante). Campo (2009) considera sua origem no Irã e Iraque, entre os séculos VIII e IX, depois se estruturou nos séculos posteriores em grupos de mestres e seguidores. Constituíram centros de retiro nos quais as tumbas dos mestres tornaram-se atrações de peregrinação de fieis que buscavam bênçãos (*baraka*). No entanto, esse movimento passou a ser encarado pelos intelectuais islâmicos como um desvio da verdade do Corão e foram alvos de várias perseguições por líderes islâmicos. Os grupos reconhecidos pela linhagem direta de Maomé, por Ali e Fátima, são denominados de Alawiyya, derivados de Alawi ou Ali: *xii, sharif* e *sayyid*. Por isso, para muitos *Sufi*, sua origem espiritual estava vinculada à interpretação esotérica do Corão por Ali Ibn Abi Talib (662). Outros *Sufi* filiaram-se às ordens de Bakri, epônimo do primeiro califa, Abu Bakr (634). Para os sunitas, algumas ordens Alaiwyya – a de Hadhramut e Darqawi da Argélia (ambas do século XX) – são consideradas heréticas por acreditar que Ali, mais do que uma figura histórica, é uma manifestação cósmica da divindade.

A partir do século XII, esse movimento conquistou vários adeptos por sua tolerância às crenças e costumes locais em conjunto com a adoção do islamismo. Contrastivamente, o movimento *Wahhabi* se opunha às crenças locais e perseguia o movimento *Sufi* por aceitá-las. Outro traço para identificar a presença muçulmana e árabe pelas buscas arqueológicas era se as populações locais aderiram a algum tipo de ordem *Sufi*. Em sua tradição, os *Sufi* construíam tumbas mortuárias cravadas com inscrições sobre sua filiação espiritual, como demonstrado na Foto 9.

Outro movimento significativo para a história do islamismo e da África fora o movimento *Wahhabi*,[31] epônimo de seu fundador, Muhammad Ibn Abd al-Wahhab (1792), que promoveu diversas ações de reformas no islamismo pelo uso da força aliada a líderes como sheik Muhammad Ibn Saud (1765). Essa aliança, *Saudi-Wahhabi*, gerou o domínio de várias regiões, de Medina, Meca e mesmo entre os sultões de Zanzibar. Em sua proposta de reforma, opunha-se às práticas locais de Medicina tradicional, Xiismo, culto aos santos e seus santuários, ações feitas pelos *Sufi* e Xiitas, e contrário à interseção dirigida aos santos *Imanes* xiitas. *Al-Wahhabi* baseava-se na leitura literal do Corão e *hadith* (coletânea de textos, narrativas, histórias sobre as ações de Maomé, que circularam no islamismo em seu primeiro século de criação), aderia à *Sunna* e agia pelos princípios básicos do islamismo (oração, atos de caridade, jejum e peregrinação). Seus seguidores destruíram santuários e praticavam a pena de morte aos pecadores. A força desse movimento possibilitou a unificação, pela submissão, de várias tribos árabes, que formaram o estado da Arábia Saudita.

A respeito da difusão do islamismo, duas características nos chamam a atenção.. Comparativamente, entre o 1400 e 1800, houve diminuição considerável da porcentagem de adeptos ao Islã na região da Europa Oriental e regiões adjacentes aos países da futura URSS no século XX. A principal causa se deve às guerras Otomanas durante esse período, com seu declínio expressivo no início do século XIX. Mas lembramos que alguns movimentos islâmicos e berberes conseguiram dominar vários territórios entre o Norte – inclusive Magrebe, Saara, Sahel e savanas – e regiões da Península Ibérica, Andaluzia. Esse foi o caso do movimento puritano *Sufi* Almorávido (1070-1147) – período de Al-Idrisi, Ibn-Tufayl, Ibn-Rushd (Averróis) e Aibn-Zuhr – e sobrepujado por outro movimento berbere *Sufi*, o Almôada (1128-1269).

---

31 Entre as formas atuais do movimento *Wahhabi*, podemos citar o salafismo, que por sua junção com a Irmandade Muçulmana e organizações radicais de *jihhad* engendrou ações de Osama Bin Laden e da Al-Qaeda (CAMPO, 2009).

Em 1800, o Islã já havia ocupado quase a totalidade do Magrebe, Saara e Sahel. Também ocuparam a costa leste do Chifre da África até a fronteira com Moçambique, quando, depois de avanços e retrocessos em disputas com a coroa portuguesa, perderam o território do atual Moçambique.

Outra disputa decorreu do comércio no Oceano Índico em decorrência da aliança firmada por Vasco da Gama com o rei de Malindi, em 1498, Mombasa. Nesse local, seria construído em 1593 o Forte Jesus, por onde os portugueses se abrigariam e escoariam os produtos do interior africano para o Império, inclusive escravizados (POUWELS, 2002).

Essa expansão ilustra a configuração dos califados e sultanatos ao longo da História Islâmica e Árabe. Podemos, assim, mencionar que os primeiros quatro califas foram denominados de companheiros do profeta Maomé, Califado Rashidun. Em seguida, tivemos o Califado de Umayyad (661-750), que tinha no poder militar sua força inspiradora mais do que a moral e autoridade religiosa, como feita pelos primeiros. A tensão entre a força religiosa e militar fez com que no século VIII o Califado de Umayyad fosse suplantado pelo Abbassid (750-1258). Esse segundo momento floresceu o movimento islâmico e, por isso, foi considerada a Idade do Ouro da civilização islâmica, ocorrendo a unificação da comunidade islâmica (umma). Com a necessidade do poderio militar para apoiar o poder e a manutenção do islamismo, no século X, os comandantes militares tornaram-se sultões.

Mesmo com o apoio dos sultões, em 1258 os mongóis conseguiram destruir Bagdá e o Califado Abbasid. Por meio dos sultões Mamluks do Cairo, a capital do califado foi transferida para lá, mas sem garantir sua sobrevivência militar ou religiosa. Os turcos otomanos derrotaram os Sultões Mamluks, pondo fim à mais longa dinastia do período medieval, 1250 a 1517.

Escolas do pensamento islâmico

As madrasas eram escolas que tinham como propósito primeiro o ensino da lei islâmica (Sharia). Nesses locais é que encontramos as correntes Sunitas do pensamento jurídico islâmico para o ensino da Sharia. Nas regiões do Norte áfrico, a lei islâmica era ensinada desde o século IX. Apresentaremos as escolas por ordem cronológica de criação e você poderá observar a diversidade de lideranças e opiniões sobre jurisprudência islâmica. É interessante lembrarmos que no mundo ocidental as primeiras universidades, similares às madrasas, somente começaram a existir, no século XIII, em torno de catedrais. As instituições religiosas em ambos os universos simbólicos consideravam o ensino como necessário para o desenvolvimento da ordem social.

Apresentaremos, a seguir, o nome do pensamento ou escola (não da estrutura física) e, entre parênteses, o nome do fundador, ano de instalação de seu pensamento, em seguida a cidade e o país.

- *Hanafismo* – (Abu Hanifa, 767) Kufa, Iraque

Incorporou os costumes da região Sul do Iraque, a mais cosmopolita das regiões da Península Arábica, além de estar presente no Império Otomano. Foi a primeira Escola de Direito islâmico, em 767. O sistema legal estava baseado na opinião de um competente jurista e na concordância com os textos do Corão e no *haddith* (relatos, histórias e tradições a respeito de Maomé que, confeccionadas como referências, no século X foram coletadas em livros). As autoridades da Hanafi eram conhecidas como "Profetas de Opinião".

- *Maliquismo* (Maliki Ibn Anas, 795)

Incorporou os costumes de Medina pré-islâmicos. Considerada a mais liberal por permitir que a mulher requisitasse o divórcio por maus-tratos, crueldade, deserção ou contração de doenças que lhe pudesse causar algum mal.

HISTÓRIA E CULTURA AFRICANA E AFRO-BRASILEIRA

Vale ressaltar que, graças à força do Califado Almorávido, a jurisprudência Maliki foi instituída como dogma nas regiões onde dominava. Com efeito, conforme o historiador Ibn Khadun, esse movimento foi responsável por desestruturar o Reino de Gana. Depois na Dinastia ortodoxa de Marinida (1196-1559), a Escola de Direito Maliki continuou a prevalecer no Norte da África e a partir do século XIII no Oeste africano e foi responsável pela instalação de Universidades-mesquitas em: Zaituna, Tunis, Qarawiyin, Fez, Yusufiya, Marraquexe.

Esse movimento foi apoiado pelo Sultanato de Funj, que governou o Alto Nilo, no Sudão, de 1504 a 1821, além de rotas de caravanas e relações comerciais com o Egito e o extenso Império Otomano.

- *Shafi'i* (Al-Shafi'i, 820) Fustat, Egito

O fundador desta escola havia estudado nas escolas de Maliki e Hanafi Baseou-se em aspectos das duas escolas para ponderar a jurisprudência e evitar as decisões arbitrárias, além de limitar a sobreposição entre tradições (Sunna) do próprio Maomé. Tornou-se predominante na costa oriental africana e aceita no reino Otomano.

- *Hanbalismo* (Ahmad Ibn Hanbal, 855)

Menor das escolas Sunitas, considerada mais tradicionalista do que propriamente jurista. Seu maior trabalho, Musnad, é uma coletânea de tradições. Tem uma postura rigorosa sobre a tradição de dogmas e cultos, porém foi liberal quanto ao comércio e aos contratos.

A expansão árabe foi o principal meio pelo qual o islamismo e suas diferentes escolas e movimentos puderam ser transmitidos pelas regiões do Mar Mediterrâneo, nas regiões costeiras africanas e asiáticas. Dessa forma, à medida que exploramos a História Árabe, poderemos acompanhar suas mudanças locais e globais ao colaborar com os processos históricos da humanidade pela transmissão de conhecimentos e práticas sociais.

Síntese

Embora haja diferença entre atributos árabe e muçulmano, devemos lembrar que foi a unificação dos muçulmanos em um Império Religioso, califado, que as populações da Península Arábica se expandiram para costa Leste africana, África ocidental e Península Ibérica. Suas rotas comerciais escoavam produtos pelo Mediterrâneo, Saara, Oceano Atlântico, Índico e no interior da África subsaariana. Entre os produtos apreciados por esse comércio estavam ouro, marfim e contas de vidro. A dimensão e o processo histórico de longa duração do islamismo orquestraram o surgimento de movimentos e escolas religiosas distintas, principalmente na região Norte e Oeste da África.

Sugestão de *sites* e blog

http://www.hottopos.com/cear.htm | Centro de Estudos Árabes da USP

Site de conteúdo universitário do Centro de estudos vinculados à graduação e pós-graduação do Departamento de Línguas Orientais da USP. Oferece cursos de extensão e publicações sobre a relação Oriente/Ocidente. Tem parceria com a Universidad Autónoma de Madrid e Universidade do Porto. O site oferece acesso um banco de revistas digitais, tais como, Mirandum, Notandum, Revista Internacional de Humanitas, International Studies of Law and Education, Collatio entre outras.

http://www.orientaiseeslavas.letras.ufrj.br/?page_id=283 / | Setor de Estudos Árabes da UFRJ

Site de conteúdo universitário vinculado ao Departamento de Letras Orientais e Eslavas da UFRJ – criado em 1969. Este setor foi responsável pelo primeiro dicionário Árabe/Português/Árabe, traduções de artigos antigos e contemporâneos além de discutir sobre métodos de ensino. Também colabora com o Ministério de Relações Exteriores e de Educação sobre o tema bem como com a aproximação entre populações lusófonas e arabófonas.

HISTÓRIA E CULTURA AFRICANA E AFRO-BRASILEIRA

http://www.aljazeera.com/ | Al-Jazeera em inglês

Canal internacional de notícias árabes patrocinado pelo governo de Qatar, sediado em Doha. O site mantém a versão inglês e em árabe. Oferece notícias, documentários, lives, fóruns sobre todos os continentes. Como outra visão de mundo, o site é um importante recurso para debater eventos passados e contemporâneos em contraposição às agências ocidentais, bem como outras perspectivas arábicas predominantes.

https://www.facebook.com/mesquitadobrasil.sbm/ | Sociedade Beneficente Muçulmana

Página do Facebook da Sociedade Beneficiente Muçulmana, que também mantém página no Instagram. É a página da primeira mesquita da América Latina construída em 1929 em São Paulo, capital, no Bairro do Cambuci. Uma das ações que atualmente ela tem se empenhado é no acolhimento de sírios no Brasil.

Atividade de autoavaliação

1. Aponte três pensadores árabes e sua contribuição histórica para o Mercantilismo europeu.

2. Por que podemos afirmar que a expansão árabe favoreceu um novo tipo de escravidão dos africanos?

3. Qual a importância da interdisciplinaridade para compreender o período medieval árabe e o islamismo em África?

4. Coloque verdadeiro (V) ou falso (F) para as questões a seguir:

   a. Os árabes são povos que surgiram com o islamismo.

   b. A expansão arábica pode ser observada pelos relatos de viagens de exploradores árabes.

   c. O cristianismo fez uso de textos aristotélicos baseados nos escritos arábicos e muçulmanos

d. Os movimentos muçulmanos podem ser classificados, majoritariamente, em: califados, sultanatos, jihad e Xiitas.

e. A costa Leste africana foi a região onde houve a maior concentração de árabes *Hadhrami*.

Atividades de aplicação

a. Baseados no que estudamos sobre os movimentos muçulmanos e suas escolas, peça à sua turma para pesquisar em um dos *sites* anteriores, ou fazer uma entrevista com algum muçulmano na cidade, a respeito da escola de sua tradição religiosa. Depois cada um deverá expor sua pesquisa ou entrevista em sala.

b. Peça à turma para pesquisar, individualmente, na internet em *blogs*, revistas ou *sites* a ação das Sociedades Beneficientes Muçulmanas no Brasil. Essa atividade tem o intuito de romper a generalização de que qualquer segmento muçulmano tem vínculo com atos classificados como terroristas.

Respostas

1. 3 – Apresentamos relatos de viagens e cartas cartográficas para explicar a importância dos árabes em África.

2. A Geografia traçou rotas políticas, comerciais e religiosas da expansão arábica, além disso, evidenciou as diferentes capacidades técnicas e de adaptação da humanidade no Saara, nas regiões costeiras e nos mares, como já havia apontado Molefi Keti Asante.

3. A relevância da teologia islâmica para a formação de escolas filosóficas e jurídicas.

4. a. F; b. V; c. V; d. F; e. V.

Referências

AL JAZEERA. *The crusades: an Arab perspective*. Disponível em: http://www.aljazeera.com/programmes/the-crusades-an-arab-perspective/. Acesso em: 10 mar. 2023.

ASANTE, Molefi Keti. *The history of Africa: the quest for eternal harmony*. 2. ed. New York/London: Routledge, 2015.

BISSO, Beatriz. *Percepções do espaço no medievo islâmico (séc. XIV): o exemplo de Ibn Jaldún e Ibn Battuta*. Tese (Doutorado) – Universidade Federal Fluminense, Niterói, 2007.

CAMPO, Juan E. *Encyclopedia of Islam*. 2a. ed. New York: Facts On File, 2009. Disponível em: https://referenceworks.brillonline.com/browse/encyclopaedia-of-islam-2. Acesso em: 10 mar. 2023.

CHAMI, Felix; LE GUENNEC-COPPENS, Françoise; MERY, Sophie. East Africa and the Middle East relationship from the first millennium BC to about 1500 AD. *Journal des Africanistes*, v. 72, n. 2, Jan. 2002. p.21-37

DUMOND, Don E. A Reexamination of Eskimo-Aleut Prehistory. *American Anthropologist*, v. 89, n. 1, p. 32-56, 1987. Disponível em: https://www.jstor.org/stable/678747. Acesso em : 10 mar. 2023.

ETHNOLOGUE. *Macrolangue of Saudi Arabia*. Disponível em: https://www.ethnologue.com/language/ara. Acesso em: 10 mar. 2023.

ETHEREDGE, Laura. *Islamic history*. London: Britannica Educational Publishing, 2010.

GRAY, Richard; BIRMINGHAM, David (Eds.). *Pre-Colonial African trade: essays on trade in Central and Eastern Africa before 1900*. London: Oxford University Press, 1970.

KEANEY, Heather. In: CAMPO, Juan (Ed.). Encyclopedia of Islam. New York: Facts On File, 2009. Disponível em: https://sanipanhwar.com/Encyclopedia%20of%20Islam%20by%20Juan%20E.%20Campo.pdf. Acesso em: 10 mar. 2023.

HUNWICK, John. *Timbuktu and the Songhay Empire: Al-As'di's Ta'rikh al-Sudan Down to 1613, and other Contemporary Documents*. Leiden: Brill, 2003.

MALKKI, Liisa. National Geographic: the rooting of peoples and the territorialization of national identity among scholars and refugees. *Cultural Anthropology*, v. 7, n. 1, Space, Identity, and the Politics of Difference, p. 24-44, Feb. 1992. Disponível em: https://www.jstor.org/stable/656519. Acesso em: 10 mar. 2023.

MAPA DE AL-IDRISI (TÁBULA ROGERIANA 1154). Disponível em: http:// igeo.ufrgs.br/museudetopografia/index.php/mapas/243-muhammad. Acesso em: 10 mar. 2023.

MARTIN, B. Gilbert. Arab migrations to East Africa in medieval times. *The International Journal of African Historical Studies*, Boston, v. 7, n. 3, p. 367-390, 1974. Disponível em: https://www.jstor.org/stable/217250. Acesso em: 10 mar. 2023.

NEWITT, Malyn D. D. Angoche, the slave trade and the Portuguese, c. I844-1910. *Journal of African History,* v. XIII, n. 4, p. 659-672, 1972. Disponível em: https://www.jstor.org/stable/180760. Acesso em: 10 mar. 2023.

NURSE, Derek; SPEAR, Thomas. The origins and development of Swahili: reconstructing the history of an African language and people. *The Mankind Quarterly*, v. 25, n. 4, p. 353-370, 1985. Disponível em: https://mankindquarterly.org/archive/issue/25-4/2. Acesso em: 10 mar. 2023.

OLIVER, Roland; ATMORE, Anthony. *Medieval Africa, 1250-1800*. New York: Cambridge University Press, 2001.

PAGE, Willie (Ed.). *Encyclopedia of African History and Culture: African Kingdoms (500 to 1500)*. New York: Facts On File, 2005b. v. II.

PEW RESEARCH CENTER. The future of the global Muslim population. Projections for 2010-2030. *Population Space and Place*, v. 13, n. 1, p. 1-221, 2011. Disponível em: https://www.pewforum.org/2011/01/27/the-future-of-the-global-muslim-population/. Acesso em: 10 mar. 2023.

POUWELS, Randall L. The medieval foundations of East African Islam. *The International Journal of African Historical Studies*, v. 11, n. 2, p. 201-226, 1978. Disponível em: http://www.jstor.org/stable/pdf/217437.pdf. Acesso em: 10 mar. 2023.

POUWELS, Randall L. Eastern Africa and the Indian Ocean to 1800: reviewing relations in historical perspective. *The International Journal of African Historical Studies*, v. 35, n 2/3, p. 385-425, 2002. Disponível em: www.jstor.org/stable/3097619. Acesso em: 10 mar. 2023.

SAUNDERS, John Joseph. *A history of medieval Islam*. London, New York: Taylor & Francis e-Library, 2002.

SILVA, Jefferson Olivatto da. *O catolicismo na Bembalândia*. Curitiba: Primas, 2015.

SILVA, Lorena Silveira da. *Rotas marítimas conforme as monções no Oceano Índico (1250-1400)*. Londrina: [s.n], 2023.

Capítulo 5
A Escravidão Negra

Introdução

Vimos que o interior da África tinha rotas que escoavam os produtos dos reinos (Congo, Lunda e Grande Zimbábue) até a costa e os árabes adotaram rotas no Saara e no Oceano Índico. Veremos como o mercado de seres humanos gerido pelos árabes abastecia em grande medida os interesses dos Califados (domesticidade, militar e capital açucareiro). Buscaremos explicar a amplitude da escravidão negra em África e de que maneira esse comércio alicerçou o desprezo à humanidade do negro, diferentemente de como acontecia no Egito faraônico. Para tanto, explanaremos como o comércio foi legitimado na estreita relação entre Economia, Política e Religião (muçulmana e cristã). Por fim, apontaremos algumas das revoltas negras que responderam por práticas culturais de longa duração diante de condições subumanas impostas aos negros.

Revisitando o Egito faraônico

Ao longo dos capítulos, você já estudou sobre perspectivas historiográficas (Joseph Ki-Zerbo, Elikia M'Bokolo e Mosefi Asante), a ênfase com que a Educação Étnico-Racial se desdobra contra o racismo (Lei nº 10.639/2003, Parecer nº 003/2004 e DCNERER/2004), os reinos da África Austral (Luba, Lunda, Congo, Grande Zimbábue e Monomotapa) e, por último, a expansão árabe e islâmica na Idade Média. Pôde acompanhar a complexidade e a amplitude mediante as quais os africanos foram atores de sua história e cultura e desenvolveram ciência e tecnologia para seu bem-estar, além de apresentarem estruturas políticas e comerciais pelo interior do continente e pelo Oceano Índico. Como vimos, isso nos apresenta o protagonismo africano – ou, em outras palavras, a história contada pela própria atuação africana.

No entanto, estamos cientes de que o estranhamento causado pela falta de familiaridade com o tema advém da ênfase histórica mais recorrente sobre os negros: a escravidão. O colonialismo que explicaremos no Capítulo 5 orquestrou modelos europeus interpretativos, quase que homogêneos, sobre os povos africanos e seu contexto histórico e cultural. Assim, esses parâmetros reducionistas, e alguns equivocados, reproduziram narrativas da inferioridade africana em jornais, revistas, documentários ou novelas sob o viés de ajuda humanitária.[32] Diferente de negar a ajuda necessária, precisamos compreender a estratégia de universalização de uma atitude de imposição de auxílio com efeito de obstruir os responsáveis – o que tende a perpetuar os condicionantes históricos em gerações futuras. Por isso, o estudo sobre a escravidão negra precisa desvelar suas diferenças históricas, bem como a manutenção ideológica do racismo.

Vamos reproduzir um excerto da obra de M'Bokolo (2009, p. 209), para considerar o quanto é importante a continuidade de pesquisas e questionamentos de nossas fontes:

> Se a escravatura foi uma prática de todas as sociedades humanas num momento ou outro da sua história, nenhum continente conheceu, durante um período tão longo (séculos VII-XIX), uma sangria tão contínua e tão sistemática como o continente africano. Porque aquilo que torna

---

32 O cuidado que devemos ter em relação ao tema da ajuda humanitária é compreender a história social dessa demanda. Por exemplo, a invasão italiana na Etiópia, sendo ridicularizados os apelos de socorro do imperador Haile Selassie, Ras Tafari, para a Liga das Nações, na década de 1930, da austeridade deste imperador na década de 1970, seguido pela austeridade de Mengistu Haile Marian contra os opositores e da seca de 1983-85, cerca de 400.000 pessoas morreram na Etiópia. Ironicamente, em termos históricos, os EUA se negaram a tomar partido, quer da Liga das Nações, quer do apoio ao rei etíope, mas artistas estadunidenses lideraram uma campanha denominada de USA for Africa em 1985, que tinha como música *We are the world*, escrita por Michael Jackson e Lionel Richie.

HISTÓRIA E CULTURA AFRICANA E AFRO-BRASILEIRA

a África específica é, ainda mais do que a escravatura, o tráfico de escravos, quer dizer o comércio regular dos seres humanos reduzidos à escravatura para serem vendidos, realizando-se o conjunto da operação por meio do recurso a uma violência sem precedentes. É evidentemente por razões erradas que se reduz o tráfico de africanos apenas ao tráfico transatlântico levado a cabo pelos europeus. Essa redução deve muito, não tanto como se diz com demasiada frequência, à maior disponibilidade das fontes, mas muito provavelmente ao trabalho insidioso da memória entre os africanos, vítimas do tráfico, como entre os povos da Europa e da Ásia que o iniciaram.

Podemos relembrar que a História dos Impérios Egípcios, desde a unificação de Kemet por meio da conquista da coroa branca do Alto Kemet e em seguida da coroa vermelha do Baixo Kemet, Narmer, o *Per-aa*, a Grande Casa ou faraó, em 3400 a.C., tem sido alterada de acordo com as pesquisas arqueológicas (ASANTE, 2015).[33] Esses achados podem dar suporte ou alterar interpretações e mesmo modelos historiográficos. Por isso, a pesquisa interdisciplinar na historiografia nos auxilia a confirmar ou contestar determinadas interpretações a respeito da escravidão.

Sugerimos a você que nesse capítulo leia os temas apresentados se questionando sobre: Quando a escravidão no Egito faraônico é retratada em filmes, está baseada em pesquisas arqueológicas (quiçá atualizadas)? Houve diferenças no comércio de seres humanos ao longo da História Africana? Qual foi o papel dos árabes na escravidão? Acredito que você já deve ter ouvido falar sobre contos árabes, como *Mil e uma noites*. Já observou como esses contos reproduziram uma visão depreciativa do negro? Se as práticas religiosas acompanham o seu tempo, como o islamismo e o cristianismo se posicionavam frente ao comércio de seres humanos?

---

33 O rio Nilo tem sua desembocadura no Mediterrâneo, o sul corresponde ao Baixo Kemet e o norte ao Alto Kemet.

Um tema que gera um pouco de distorção sobre a África é a ênfase no comércio de seres humanos. A referência histórica repetida no ocidente sobre a escravidão em África é a menção a Ramsés II (1298-1232 a.C.), da décima nona dinastia dos faraós. Bem, o que se repetiu a partir dele distanciou-se da história das outras seis dinastias, segundo Abdel Moneim Abu Bakr (2010), mas foi difundida por meio do Velho Testamento dos hebreus, seguida por cristãos e muçulmanos.

Muito provavelmente você já ouviu trechos bíblicos sobre a libertação dos escravizados por Moisés, assim como já viu filmes ou comentários sobre *Os Dez Mandamentos*, interpretados em diferentes versões[34] e esses temas reproduzidos em outros filmes, seriados e novelas. O que precisamos frisar aqui, como já apontamos, é que a interpretação do passado tem como fontes documentos, arquivos e pesquisas arqueológicas – e, como frisamos, a natureza e o foco das pesquisas compõem o quadro de problemáticas dos Estudos Africanos. Aliada a essa barreira, a História Judaica acabou por se tornar a interpretação isolada e acessível para a historiografia ocidental.

Até podemos mencionar, como retratou Costa e Silva (2002) em *A manilha e o libambo*, as descrições dos primeiros achados nas pirâmides egípcias; quando George Andrew Reisner, afirmando ter encontrado um esqueleto com as mãos no pescoço, deu a entender que a pessoa teria sido enterrada com o faraó. Com essa informação, mais a de que os faraós enterravam seus pertences para o *post-mortem*, in-

---

34 A primeira versão estadunidense de *The Ten Commandments*, produzida, dirigida e narrada por Cecil DeMille, foi estreada em 1923, ainda silenciosa. Em 1956, Cecil DeMille refaz sua obra, alcançando o sucesso e sendo aclamada pela crítica. Porém, é fundamental você se atentar para o efeito pedagógico, isto é, imagens, falas e visões de mundo, que o filme desenvolveu na sociedade ocidental. Além da exaltação do monoteísmo hebreu característico da propagação religiosa, prosseguiu com a visão estereotipada e depreciativa sobre as populações africanas, ainda mais se considerarmos o racismo acentuado nos EUA da década de 1950. Nesses termos, tanto nas versões de Cecil DeMille como na novela e filme *Os Dez Mandamentos*, sendo esse último dirigido por Alexandre Avancini, a civilização egípcia é deslocada de sua experiência concreta africana. O apelo ao narcisismo ocidental (M'BOKOLO, 2011) impede que haja protagonismo de negros africanos como faraó, rainha, sacerdotes ou nobres.

ferimos durante o século XX que os escravizados eram mortos com o fechamento da pirâmide para servirem o faraó no além. Bem, observe que hoje sabemos que existem mais de 200 pirâmides no Egito e que somente esse arqueólogo encontrou um esqueleto em uma das tumbas. Por isso, podemos deduzir que essa prática era incomum nos funerais faraônicos e sem relevância.

Pela continuidade das pesquisas arqueológicas desenvolvidas nas duas últimas décadas, destacamos a do grupo do egiptólogo Mark Lehner, do The American Research Center in Egypt (ARCE), diretor do Projeto de Mapeamento do Platô de Giza. Suas pesquisas apontaram sobre os sítios arqueológicos encontrados próximos às pirâmides durante 20 anos de pesquisa, para que refutasse, em 2011, a ideia de que o trabalho de construção teria sido fruto da mão de obra escrava. Considere os dados do ARCE: as residências dos construtores eram espaçosas e provavelmente abrigavam suas famílias e os locais onde os trabalhadores se alimentavam revelaram ossadas de grande quantidade de bovinos. Com efeito, a equipe de Mark Lehner confirmou ser a prática de construção para as dinastias egípcias, bem como em grande parte do continente, conduzida por súditos como pagamento de tributo; muito embora esse trabalho tenha sido hercúleo, Lehner e sua equipe avaliam ser um tipo de investimento político da população egípcia em prol de seu Império.

Essas informações passam a nos auxiliar a ter outras conclusões sobre a leitura feita sobre o período faraônico no Egito. Mas então qual era o fim do comércio de humanos? Em grande medida para a composição de haréns, trabalhos domésticos e força militar. Podemos apontar que de acordo com a habilidade dos escravizados eles poderiam ocupar posições de destaque, como comando do exército, finanças, forja de metais, esposa favorita dos governantes e até conselheiros na corte.

Uma característica distinta desse comércio era seu destino geográfico voltado para o perímetro do Oceano Índico, conforme relatos de viagens, comerciantes e historiadores cópticos, axumitas, árabes, malaias, hindi, entre outros. Você se lembra de quando no Capítulo 4 explicamos sobre as monções de inverno e verão no Oceano Índico, de acordo com o Mapa 1 - Rotas marítimas conforme as monções no Oceano Índico (1250-1400)? Então, no inverno as embarcações partiam da costa leste africana para o oriente, pois as monções de verão oportunizavam o trajeto de retorno. Tal conhecimento geoespacial e climático era comum às populações costeiras, como pré-Swahili, reinos africanos, arábicos e asiáticos, por   esse motivo o comércio pelo oceano fluiu muito antes da chegada dos europeus.[35]

O Saara era outra região onde os interesses que regiam o Magrebe, Sahel e Península Ibérica exerciam um comércio fluente. Assim, pessoas foram comercializadas, juntamente com outros produtos, como sal, marfim, elefantes, ouro, prata, tecidos e madeira.

As guerras impulsionaram a prática da escravidão. O povo conquistado era condicionado à escravidão e muitas vezes vendido conforme o interesse dos líderes vencedores, como acontecia nas guerras entre a Arábia e o Chifre da África – Abissínia. O interessante é observarmos o quanto as narrativas com o propósito colonial cristalizaram a noção do escravizado como um ser abjeto em essência. Todavia, versões como do cristianismo cóptico da Etiópia revelam que havia o reconhecimento do escravizado como ser humano pleno. Por exemplo, o rei axumita Ezana (320-360 – reinado), que constituiu um Império Cristão, foi convertido ao cristianismo na infância por dois escravizados vendidos à corte de seu pai, Ella Amida, o rei Ousanas (Wazana). Esses escravizados eram Eusébio e Fromêncio, dois cristãos convertidos, capturados em uma embarcação que atravessava o Mar Vermelho. Devido ao reconhecimento da formação intelectual desses escravizados, conviveram na corte com nobres e o rei. Em 315,

---

35 Da mesma forma que os indonésios ocuparam a ilha de Madagascar, devemos afirmar ser provável que a navegação da costa africana e da península arábica tenha feito o mesmo na direção contrária. Igualmente, você deve se recordar do Périplo do Mar Eritreu, quando relacionamos as contas de vidro de Chaul, Índia, com os reinos do interior africano.

HISTÓRIA E CULTURA AFRICANA E AFRO-BRASILEIRA

Fromêncio, na condição de bispo cristão, converteu o futuro rei.

Em outro relato, Abraha – que antes tinha sido escravizado por um comerciante romano na cidade axumita de Adulis – fora posto para governar a Arábia do Sul, quando o rei axumita Ella-Ashaba derrotou o rei árabe Dhu-Nuvas em 525. Porém a situação se reverteu e em 572 os persas tomaram de volta o reino e escravizaram os abissínios. Por conseguinte, os africanos passaram a ser denominados de abissínios, desde o Chifre da África até Senegal e ao sul, onde havia populações conhecidas antes da expansão dos escritos coloniais do século XVI.

A escravidão e sua dimensão global

As diferentes justificativas em favor da escravidão imbricaram-se no anseio comercial da expansão árabe e no do colonialismo americano. Embora nos faltem registros, os que possuímos nos fornecem uma noção da amplitude comercial de Portugal até países nórdicos como Dinamarca e Finlândia. Outrossim, esses anseios comerciais tinham como fortes aliadas as instituições religiosas muçulmanas e cristãs. Você poderá entender que, muito embora tenha havido discursos de humanização contra a escravidão ou como tratar razoavelmente bem os escravizados, faltava um empenho institucional e religioso em criminalizá-la.

Visto assim, a lucratividade proporcionada pela escravidão prosseguiu até metade do século XIX e, no caso do Brasil, até 1888. Em contrapartida, os escravizados e seus descendentes foram subtraídos do ressarcimento por essa injustiça na proporção do enriquecimento das nações europeias, arábicas ou americanas.

Um último ponto que gostaríamos de destacar foi a dimensão da escravidão entre os árabes, principalmente, do século X até o XV. Essa atuação entre o Oceano Índico e o Saara transformou a escravidão da Antiguidade na dimensão global que chegaria à Idade Moderna e Contemporânea com os europeus.

O comércio de seres humanos entre os povos arábico--muçulmanos

Pela tradição da literatura árabe, os africanos e seus descendentes são retratados como negros (sudan), zandj e abissínios (ahbashan). É interessante considerar como escravizados e negros livres eram observados por meio de sua força e proeza militar. Esse atributo de força e tolerância às situações adversas acompanhou a posterior História da Escravidão. Assim é que os abissínios eram desejados nas batalhas ao lado do profeta Maomé ou nos exércitos árabes. Na tradição do Islã, seus primeiros convertidos abissínios escravizados foram Bilal Ibn Rabah e Abu Bakr, cunhado de Maomé.

Com a força do islamismo no mundo árabe e pela expansão de ambos a partir do Califado, a escravidão teve um novo rumo na História da África. As guerras passaram a ser revestidas pela noção de jihad, ou guerra santa. Cada vez mais, com essa expansão o contingente escravizado aumentava como importante mercadoria dentro dos territórios árabes e em seus acordos comerciais com outras regiões. Até impostos e tributos foram requeridos em escravizados. Com efeito, os negros eram rebaixados socialmente. Mesmo os eunucos passaram a ser classificados segundo a cor da pele: brancos eram chamados de gafanhotos e negros de corvos no Califado de Al-Amin (809-813). Atente-se para esse fator, pois a cor da pele determinou quem teria direito pleno à humanidade, conforme estudamos na História da Escravidão no Ocidente.

Podemos assim afirmar, de acordo com M'Bokolo (2009), que havia três eixos de trocas comerciais, a costa leste africana, ou o "país dos zandj" (Bilad al-Zandj), entre o Egito e Núbia e as rotas transaarianas. A generalização de país dos zandj referia-se, como vimos, aos abissínios, isto é, ao país da Azânia onde estavam os povos bantos. Já vimos os diferentes motivos para a expansão arábica nessa região a partir de Hadharmaut e a tradição árabe acrescentou algumas cismas religiosas a partir do século VII e mais tarde no século X.

Como segundo eixo de troca, os muçulmanos atravessaram a Ifriqiyya (Egito) e chegaram até Núbia, impondo um acordo de paz. Em tal ajuste, além de auxílio e proteção aos muçulmanos que atravessassem seu território e de adesão ao islamismo, deveriam pagar um tributo anual de 360 escravizados, homens, mulheres e crianças, jovens, adultos e sem enfermidades. Eles receberiam em troca mercadorias como cavalos, cereais, vinho e tecidos. Vemos que há uma intensificação à captura de pessoas nesses comércios por meio dos que tinham maior fragilidade militar. Assim, o intuito era a composição de harém e de força bélica.

O terceiro eixo compunha-se pelas rotas transaarianas entre Ifriqiyya, Magrebe e Sudão central e ocidental. Enquanto a expansão árabe avançava no Magrebe para tornar as populações berberes em reservatórios de escravos, a conversão às doutrinas ibadistas afirmavam as populações igualitárias na comunidade muçulmana – o que não gerou desinteresse pelo comércio de escravizados. Mesmo os ibadistas passaram a empenhar-se no abastecimento dessa troca por meio das populações negras; assim, graças à comunidade de fé muçulmana (umma), as competências comerciais desenvolvidas pelos ibadistas e os saberes que os capacitavam pela travessia do deserto, houve um aumento no comércio negreiro via Saara. Com efeito, a partir do início do século IX, os muçulmanos do oriente demandavam um comércio negreiro regular, deixando para trás o rapto devido a seu ganho esporádico.

Em contrapartida, nas plantações açucareiras no baixo Iraque e Marrocos, os escravizados submetidos à árdua exploração responderam com ações de revolta, embora tenha sido minimizada pela historiografia da Idade Média. Ao nos lembrarmos do argumento de *A invenção das tradições*, de Hobsbawan e Ranger (2008), conforme os meios disponíveis aos grupos, eles recriam suas histórias para enaltecer os feitos de seus dirigentes, e a brutalidade de suas conquistas se transformam em revolução e heroísmos.

Se de um lado há uma supervalorização do corpo do homem negro e sua força, por outro, a tradição árabe foi exímia em apresentá-lo em suas histórias como um ser abjeto, voltado à fornicação. Podemos recordar as narrativas das *Mil e uma noites*, cujos primeiros escritos são atribuídos ao século IX, com elementos socioculturais da expansão árabe e muçulmana na Arábia Saudita e na Índia. Podemos constatar na versão brasileira, como na das outras línguas, a insistência em apresentar o negro ou abissínio como um ser possuidor de uma atitude imoral e desrespeitosa.

Trazemos um excerto da história de Kafur, o negro, em que a depreciação é central na narrativa:

> Meu amo lançou-se sobre mim, berrando:
> "Escravo miserável, imundo, negro azarento, filho de uma prostituta e de um milhar de cachorros, amaldiçoado filho de uma raça maldita. Por que nos mergulhaste a todos nessa terrível aflição? Por Alá, vou separar tua pele de tua carne e tua carne de teus ossos."
> [...]
> "Bastardo, filho de uma cachorra", gritou e levou-me ao uáli. Lá deram-me inumeráveis chicotadas até que perdi os sentidos. Enquanto estava inconsciente, chamaram um barbeiro que me castrou completamente. Acordei um eunuco de verdade, e ouvi meu amo dizer: "Destruíste coisas que me eram muito caras, e eu destruí coisas que te eram muito caras." Depois, levou-me ao mercado e vendeu-me por um preço superior ao que tinha pago por mim porque eu já era um eunuco. Continuei a causar danos com minhas mentiras anuais. Mas sinto-me bastante enfraquecido desde que perdi meus testículos.

Em outro conto do livro, Uardan, o açougueiro e a filha do Vizir, observe como o negro é apresentado como aquele que domina a arte da fornicação:

> Mas, um dia, um escravo preto ensinou-me aquilo que tinha que aprender de alguma forma e tomou de mim aquilo que tinha para dar. Talvez saibas que não existe nada

igual a um negro para inflamar o interior de uma mulher, especialmente quando esse esterco preto é o primeiro que o jardim recebe. Meu jardim tornou-se tão esfomeado que precisava do preto para alimentá-lo a todo momento.

Além dessas narrativas, Al-Mutanabbi, poeta que viveu no Califado Abassid, assevera ter o negro a qualidade "em seus testículos mal cheirosos e nos seus dentes".

A seguir trazemos um excerto da obra de Marcel L. Devic (1883), traduzida por Elikia M'Bokolo (2009):

> Galiano, dito Kazuine, atribui aos zendjs dez características especiais: tez negra, cabelos encarapinhados, nariz achatado, lábios grossos, gracilidade das mãos e dos pés, odor fétido, inteligência limitada, extrema petulância, hábitos antropofágicos. O cosmógrafo árabe explica a qualidade que nós traduzimos como sendo petulância acrescentando que não se vê nunca um zendj preocupado; incapazes de conservar uma impressão duradoura de desgosto, todos se abandonam à alegria. É, dizem os médicos, devido ao equilíbrio do coração, ou na opinião de outros, porque a estrela Sohéil [Canopeia] se eleva todas as noites por cima de suas cabeças, e que este astro gozava do privilégio de provocar alegria (Devic *apud* M'BOKOLO, 2009, p. 216).

Atente-se que de um lado, conforme a demanda, o negro teve capacidades de combate e trabalhos quase que sobre-humanos, mas, por outro lado, sua presença nas narrativas árabes o inferiorizou como animais. E pelo comércio índico, as histórias de africanos aparecem na de governadores na Índia, os habashi, no Ceilão, bem como o comércio de marfim e porcelana entre África e China, sem esquecermos o Japão.

Quanto aos dados do comércio de negros entre os comerciantes árabes ou muçulmanos, M'Bokolo (2009) traz duas estimativas apresentadas por Austen baseadas em dados esparsos.

Tabela 1 – Estimativas do comércio de escravizados em países muçulmanos

Vias	Período	Número	Média Anual
Mar Vermelho	650-1920	4.100.000	3.200
Costa Suaíli	650-1920	3.900.000	3.100
Atlântico	1450-1900	11.700.000	26.000
Total estimado	-	19.700.000	-

Fonte: Adaptado de AUSTEN apud M'BOKOLO, 2009, p. 223.

Entre o século VIII e XVI, que marca o início do colonialismo na costa africana, houve uma estimativa de 4.820.000 escravizados comercializados. Essas estimativas dos países muçulmanos e anteriores aos europeus, aquém da precisão social devida, apontam para o esforço ideológico global – políticos, comerciais e religiosos – de sua continuidade lucrativa.

Sem a aprovação de reinos e as rotas comerciais árabes, marítimas e terrestres, o comércio escravista teria muitas barreiras. Por outro lado, como produto comercial de exportação, respondeu por retirar da África parte significativa da força de trabalho e alterou relações sociais, como vínculos familiares, políticos, econômicos e religiosos.

De forma geral, a amplitude desse comércio na organização social africana convergiu para o Atlântico. Embora distante de exatidão, podemos acompanhar alguns dados:

- Christophe Radziwill – 1582-1584: seus relatos serviram para as estimativas dos africanistas poloneses Marion Malowist e Tadeusz Lewicki, ambos na década de 1960. Aquele estimou que Mauny equivocou-se ao colocar no mesmo plano o tráfico de escravizados pelos árabes e os desenvolvidos pelos europeus, pois o plantio das colônias exigia cifras superiores a 2.000.000.000 por século. Por outro lado, T. Lewicki considerou que o número teria sido muito superior ao de Mauny, haja vista que só no comércio do Cairo, no século XVI, teria passado entre 12 a 19 milhões de escravizados. Esse número superaria, a seu turno, os três séculos do tráfico transatlântico, que apontou entre 5.000.000 e 14.000.000;

- Raymond Mauny, século XIX: 20.000 negros exportados por ano, estimando-se 20.000.000 por século;

- Ralph Austen: por meio do comércio muçulmano, suas estimativas apontam para o período de 1450-1900, no Atlântico, com uma média anual de 26.000. Por outro lado, no comércio transaariano, do século VII ao XVI, o período mais intenso teria sido entre o século X-XI, com 1.740.000, e século XI-XIV, com um total de 1.650.000.

Para a historiografia, os documentos e relatos de viajantes e autoridades apoiam-se em uma burocracia com fins econômicos e políticos e não sociais. Porém o que sabemos é que o efeito desse comércio sobre o equilíbrio ecológico e humano impactou nas sociedades africanas.

Os portugueses, a escravidão e o catolicismo

Enquanto os árabes dominavam o Mediterrâneo entre Magrebe e a Península Ibérica, o contingente de escravizados para fins militares e domésticos foi maior na Espanha do que em Portugal. Pelo atributo de sarracenos ou etíopes, no fim da Idade Média, com a Reconquista, a Espanha continuou o comércio de escravizados engendrado pelos árabes no intuito de fornecer para diferentes regiões da França e Itália.

Se de início o comércio de humanos resistiu à intermediação de portugueses durante o século XV, no século posterior floresceu vertiginosamente. O interesse pelo domínio da navegação fazia uso das cartas árabes do comércio de longa duração e de longa distância. Enquanto isso as narrativas lusas recriavam sua história ao omitir a importância das cartas de navegação árabes, como lemos nas Crônicas de Guiné, escrita por Gomes de Eanes Azurara, 1453, sob direção do Infante D. Henrique, para enaltecer a corte portuguesa no domínio do Atlântico.

A complexidade do comércio no fim do século XV aponta os anseios para as regiões dos negros, Bilal es-Sudan, e a fome de açúcar a ser cultivada na ilha da Madeira, Canárias, Açores até ao sul em São Tomé. A chegada dos lusos no reino do Congo continuou o comércio de escravizados para fins domésticos e produção agrícola – como explicamos no Capítulo 2. Porém, de início, a dificuldade da coroa portuguesa era comprar humanos dos árabes, pois em grande medida os obtinha por meio de rapto e captura. Contudo era um comércio arriscado. Os africanos resistiram e combateram para defender essas incursões.

A seguir exporemos a relação religiosa e a escravidão com o objetivo de sermos mais didáticos para evidenciar a implicação do lucro desse comércio nas instituições sociais. Com efeito, você poderá vislumbrar a dimensão dos efeitos históricos da escravidão, que fomos levados a aceitar, como uma crueldade inerente a algumas populações e com o auxílio de preceitos religiosos.

Durante a escravidão de ameríndios, africanos e descendentes de ambos, as igrejas cristãs eram aliadas aos poderes imperiais, que lucraram sobremaneira com esse comércio. É preciso contextualizar esse vínculo sem ignorar os efeitos com os quais a atualidade ainda justifica a escravidão em discursos pretensamente religiosos e como se inexistisse a responsabilidade estatal.

Em 1537 foi promulgada a bula *Veritas ipsa*, pelo Papa Paulo III, para proibir a escravidão dos ameríndios pelo Império Português, em 1566, mas sem autoridade suficiente, nem interesse nas colônias, nem no que de fato acontecesse . Com efeito, intensificou a importação de africanos considerados mais aptos, como ocorreu na tradição árabe escravocrata. Houve o combate de jesuítas contra o impedimento da escravidão promulgada pelo superior geral da Companhia de Jesus em 1590. Em Angola, os jesuítas responderam que o pagamento

HISTÓRIA E CULTURA AFRICANA E AFRO-BRASILEIRA

em escravizados era a moeda corrente, que deveria ser aceita assim como o ouro e prata em Europa (BERKENBROCK, 1997).

Assim é que D. João III recebera do papa em 1551 o título hereditário de Grão-Mestre da Ordem de Cristo, com isso se responsabilizava pela expansão da fé, nomeando autoridades e administradores eclesiásticos e instituindo o padroado na África e Ásia. Desde o século XVI, D. João III impôs, como determinação no comércio de escravizados em Angola, a marcação a ferro de uma cruz no peito desses humanos como sinal do pagamento de imposto (20%) e do batismo, depois substituída por uma argola no pescoço. Por isso o capelão era figura necessária e se tornou obrigatório nas embarcações a partir de 1756, mas sem resultar em tratamento humanitário por serem somente peças comercializadas.

A seguir a descrição do que seria o tumbeiro para atestarmos a complexidade desse contexto histórico, que posicionava, de um lado, o lucro e seu respaldo cristão e, de outro, a ausência do reconhecimento dos africanos como seres humanos.

> Nenhum lugar na Terra, observou um escritor da época, concentrou tanta miséria quanto o porão do navio negreiro. Duas vezes por dia, às nove e às quatro horas, eles recebiam a comida. Para os traficantes de escravos, eram artigos de comércio e nada mais. Um capitão, que havia sido apanhado pela calmaria, ou por ventos adversos, ficou conhecido por ter envenenado a sua carga. Um outro matou uma parte de seus escravos para alimentar com a carne deles a outra parte. Morriam não apenas por causa do tratamento, mas também de mágoa, de raiva e de desespero. Faziam longas greves de forme; desatavam as suas cadeias e se atiravam sobre a tripulação numa tentativa inútil de revolta. O que poderiam fazer esses homens de remotas tribos do interior, no mar aberto, dentro de um barco tão complexo? Para avivar-lhes os ânimos, tornou-se costume leva-los ao tombadilho uma vez por dia e obrigá-los a dançar. Alguns aproveitavam a oportunidade para pular ao mar gritando em triunfo enquanto se afastavam do navio e desapareciam sob a superfície (JAMES, 2000, p. 23).

Durante o papado de Júlio III, incidiu a controvérsia entre o dominicano Bartolomeu de Las Casas e o teólogo Juan Gines de Sepúlveda sobre a validade eclesiástica da escravidão dos indígenas no Colégio São Gregório de Valladoid, em 1550-1. Las Casas apoiou-se em Tomás de Aquino diante dos abusos e genocídios promovidos pelos espanhóis na América, segundo o qual uma sociedade é dotada de natureza, de igualdade de direito e, por isso, nenhuma sociedade pagã é menos digna do que uma cristã. Com isso faltaria o direito que assegurasse a conversão pela força, ao que Sepúlveda argumentou, baseado em Aristóteles, que os indígenas eram possuidores de uma natureza servil, por isso deveriam estar sob a tutela dos espanhóis, na medida em que era a natureza selvagem que os conduzia ao sacrifício humano. Por sua vez, Las Casas demonstrou a grandiosidade da civilização asteca, afirmando que seus costumes eram semelhantes aos romanos e aos do passado espanhol. Mais do que um dever de combater os sacrifícios humanos, esse era um direito ameríndio.

Por outro lado, esse debate teve mais repercussão no cenário eclesiástico do que no comércio escravo. Mesmo Las Casas disse de início que eles eram mais apropriados ao trabalho escravo – embora depois tenha mudado de opinião. Observamos que quando os jesuítas foram expulsos do Brasil, em 1759, na Fazenda Santa Cruz, Rio de Janeiro, de propriedade deles, contavam 1.205 escravizados, que passaram para o Império.

O teólogo Volney Berkenbrock, em 1997, em *Um estudo sobre a experiência religiosa do Candomblé*, discorreu sobre três teses bíblicas que reforçavam o sofrimento negro pela escravidão. A seguir, apresentamos essas teses e os trechos bíblicos, conforme a versão *online* da Bíblia Católica Ave-Maria.[36]

- Gênesis 3, 17-19: a escravidão representaria para o mundo cristão a condenação divina para a humanidade tirar seu sustento do trabalho

---

36 Versão Online. Disponível em: https://bibliacatolicaonline.net/biblia-online-ave-maria/. Acesso em: 13 jul. 2017.

17. E disse em seguida ao homem: "Porque ouviste a voz de tua mulher e comeste do fruto da árvore que eu te havia proibido comer, maldita seja a terra por tua causa. Tirarás dela com trabalhos penosos o teu sustento todos os dias de tua vida.

18. Ela te produzirá espinhos e abrolhos, e tu comerás a erva da terra.

19. Comerás o teu pão com o suor do teu rosto, até que voltes à terra de que foste tirado; porque és pó, e pó te hás de tornar."

- Gênesis 4, 8-16: a descendência dos escravizados estaria em Caim, o assassino de Abel, que Deus teria colocado uma marca nele e em seus descendentes (a cútis preta).

8. Caim disse então a Abel, seu irmão: "Vamos ao campo." Logo que chegaram ao campo, Caim atirou-se sobre seu irmão e matou-o.

9. O senhor disse a Caim: "Onde está seu irmão Abel?" – Caim respondeu: "Não sei! Sou porventura eu o guarda do meu irmão?"

10. O Senhor disse-lhe: "Que fizeste! Eis que a voz do sangue do teu irmão clama por mim desde a terra.

11. De ora em diante, serás maldito e expulso da terra, que abriu sua boca para beber de tua mão o sangue do teu irmão.

12. Quando a cultivares, ela te negará os seus frutos. E tu serás peregrino e errante sobre a terra."

13. Caim disse ao Senhor: "Meu castigo é grande demais para que eu o possa suportar.

14. Eis que me expulsais agora deste lugar, e eu devo ocultar-me longe de vossa face, tornando-me um peregrino errante sobre a terra. O primeiro que me encontrar, matar-me-á."

15. E o Senhor respondeu-lhe: "Não! Mas aquele que matar Caim será punido sete vezes." O Senhor pôs em Caim um sinal, para que, se alguém o encontrasse, não o matasse.

16. Caim retirou-se da presença do Senhor, e foi habitar na região de Nod, ao oriente do Éden.

- Gênesis 9,18-22: a descendência estaria em Cam por esse ter sido amaldiçoado por Noé, seu pai, após ter visto sua nudez, a ser escravo de seus irmãos.

> 18. Noé saiu com seus filhos, sua mulher e as mulheres de seus filhos.
> 19. Todos os animais selvagens, todos os répteis, todas as aves, todos os seres que se movem, sobre a terra saíram da arca segundo suas espécies.
> 20. E Noé levantou um altar ao Senhor: tomou de todos os animais puros e de todas as aves puras, e ofereceu-os em holocausto ao Senhor sobre o altar.
> 21. O Senhor respirou um agradável odor, e disse em seu coração: "Doravante, não mais amaldiçoarei a terra por causa do homem porque os pensamentos do seu coração são maus desde a sua juventude, e não ferirei mais todos os seres vivos, como o fiz.
> 22. Enquanto durar a terra, não mais cessarão a sementeira e a colheita, o frio e o calor, o verão e o inverno, o dia e a noite."

Nesses termos, a condição de ser negro está vinculada às maldições divinas – conveniente para os impérios, se bem que a implicação de clérigos contra a escravidão despontou na segunda metade do século XIX, quando já havia no Ocidente uma onda contrária ao tráfico até mesmo pelos filhos de liberais ingleses, que tiveram na origem de suas riquezas a escravidão nas Índias ocidentais (Antilhas) e orientais. Seguindo o contexto dos impérios, a igreja católica publicou encíclicas, *In Plurimus*, 1888, pelo papado de Leão XIII, que se opunham ao comércio, com foco na abolição da escravatura e aos bispos do Brasil; e *Catholic Ecclesiae*, 1890, que asseverava a condenação católica da escravidão no interior da África, denunciada por missionários católicos e protestantes (SILVA, 2015a).

A escravidão e o protestatismo

A escravidão era um comércio lucrativo cujo produto, o gado humano – termo utilizado para especificar o comércio internacional de humanos –, era comprado pronto. Esse lucro foi o motor para envolver diferentes nações europeias nas transações, mas algo que chama a atenção é a proporção do tráfico entre as nações.

Observe a seguir o quadro que extraímos de M'Bokolo, com referência no levantamento feito por Philip D. Curtin, sobre o período de 1701-1810.

Tabela 2 – Comércio de escravizados e origens

Regiões	Escravos exportados	%
África Ocidental	3.233.800	58,90*
Inglaterra	2.009.700	36,59
França	613.100	11,16
Portugal	611.000	11,12
África Central e Oriental	2.227.600	40,60*
Portugal	1.414.500	25,75
Inglaterra	457.100	8,32
França	356.000	6,48
Origens desconhecidas	29.800	0,50
Total	5.491.200	100

Fonte: Baseado em CURTIN, 1969.

* As somas das porcentagens foram obtidas pela soma das respectivas regiões, conforme apresentado no livro de M'Bokolo (2009, p. 279). Porém, onde se lê 58,90 seria 58,87, e onde se lê 40,60 seria 41,05. Mesmo assim a soma total seria de 99,93. De qualquer maneira, isso não nos desvia do foco da pesquisa, que é a estimativa comercial e seus efeitos históricos e culturais para as populações africanas.

Se considerarmos ainda esse período do século XVIII, Roger Anstey (1975) destacou a primeira posição da Inglaterra e a segunda de Portugal, por meio de outros métodos, apresentando dados quantitativos diferentes; Todavia, o interesse é termos outras nações envolvidas, como as 13 colônias (EUA quando se incluía a Geórgia) com 294.900, Holanda com 116.416 e Dinamarca com 59.896. Tais cifras correspondem à origem de navios exportando da África quase na mesma proporção de escravizados por navios para a América.

Nesse período, Portugal tinha como propósito o abastecimento de mão de obra para a produção de açúcar e o início da prospecção de minérios. Tenha em mente o sentido social do lucro que acercou esse comércio em contraposição aos efeitos históricos do desastre social ocasionado entre as populações africanas.

Como já apontamos, a respeito da escravidão perpetrada pelos árabes e muçulmanos, trataremos a seguir o que as igrejas reformadas afirmaram e como apoiaram a escravidão. Embora possamos de início mencionar a ruptura de Martinho Lutero (1483-1546), João Calvino (1509-1564) e João Knox (1513-1572) com o papado, o desdobramento sobre a escravidão até 1800 seguirá os mesmos interesses lucrativos dos impérios católicos. Entendemos a estreita relação entre as justificativas cristãs para a manutenção desse comércio ao lembrarmos o papel que a Inglaterra desempenhou no comércio escravista, a ponto de superar a exportação e importação portuguesa.

Do mesmo modo, houve poucos rumores antagônicos a esse lucro, ao contrário, os escritos bíblicos justificaram a prática. Martinho Lutero, em *Alegado contra los turcos* (Apelo contra os turcos), 1529, asseverava a servidão e a escravidão, a exemplo dos escritos do apóstolo Paulo:[37]

- na carta aos Efésios 6, 5: "5 Vós, servos, obedecei a vossos senhores segundo a carne, com temor e tremor, na sinceridade de vosso coração, como a Cristo".

- em Colossenses 3, 22-25:

-

---

37 Nesse caso usaremos a Bíblia Online, segundo a versão Almeida, corrigida e revisada. Disponível em: https://www.bibliaonline.com.br/acf. Acesso em: 14 jul. 2017.

> 22 Vós, servos, obedecei em tudo a vossos senhores segundo a carne, não servindo só na aparência, como para agradar aos homens, mas em simplicidade de coração, temendo a Deus.
> 23 E tudo quanto fizerdes, fazei-o de todo o coração, como ao Senhor, e não aos homens,
> 24 Sabendo que recebereis do Senhor o galardão da herança, porque a Cristo, o Senhor, servis.
> 25 Mas quem fizer agravo receberá o agravo que fizer; pois não há acepção de pessoas.

Além, é claro, do Velho Testamento: Gênesis 29, 28; 39, 23; Êxodos 1, 11; Deuteronômio 1, 5s. Martinho Lutero atestou as qualidades bíblicas que o escravizado/servo deveria ter em relação a seu senhor: obediência, fidelidade, humildade, honradez e diligência.

Podemos lembrar com James (2000) essa relação estreita entre o cristianismo e o capitalismo britânico, nas condições de transporte dos escravizados.

> Os africanos desmaiavam e se recuperam ou, então, desmaiavam e morriam; a mortalidade naqueles "depósitos" era maior do que vinte por cento. Do lado de fora, no porto, esperando para esvaziar os "depósitos" assim que eles enchiam, ficava o capitão do navio negreiro, com a consciência tão limpa que um deles, enquanto enriquecia o capitalismo britânico com os lucros de uma outra remessa, enriquecia também a religião britânica ao compor o hino "Como soa doce o nome de Jesus"[38] (JAMES, 2000, p. 22).

Sobre a história das igrejas cristãs americanas a respeito da escravidão, Gerard de Jong (1971) contextualiza como a postura da igreja reformada neerlandesa assegurou sua posição social, quer na Europa, quer nos EUA, Jamaica, Suriname e Brasil – lembrando que

---

38 John Newton (1725-1807), autor do hino "Quão doce o nome de Jesus", também compôs o hino "Amazing Grace". Ele foi filho de capitão de navio negreiro e seguiu o mesmo caminho. Depois de uma tempestade com seu navio negreiro, teria abandonado a profissão e se tornado pastor anglicano.

essa igreja cultivou sua dependência com a matriz na Holanda até 1867, por isso, seus ministros vinham da Holanda ou se formavam lá. Qualquer postura afirmada nas colônias por seus ministros tinha em grande medida o aval e a observância neerlandesa.

Houve, por outro lado, desde o século XVIII, ministros dessa igreja contra a escravidão: Godefridus Udemans (1580-1640), Jacobus Hondius (1629-1691) e Jan Willem Kals (1702-1777). Udemans, na Holanda, apontava a necessidade de um tratamento mais complacente com os escravizados e, depois da conversão deles, que pudessem ser alforriados. O mais crítico era Jacobus Hondius, que admoestava seus fiéis ser o comércio de escravizados o maior pecado de sua época, logo os fiéis deveriam se abster, por serem cristãos. Por fim, Jan Kals seguiu uma lógica de advocar um tratamento plausível e desincentivava a alforria depois da conversão.

Contudo, essas vozes eram isoladas. Muitos fiéis reformados e ministros eram donos de escravizados, além de a Holanda ter participado com suas companhias de navegação das Índias ocidentais (América) e orientais no transporte e na comercialização de escravizados em África e Ásia.

Na mesma direção, o reverendo Jacob Elisa Johannes Capitein (1717-1747), de ascendência negra, foi ordenado para um ministério protestante na Holanda – sua dissertação teológica demonstrou a validade cristã da escravidão, tendo como principal tese a II carta de Paulo aos Coríntios 3:17: "Ora, o Senhor é o Espírito; e onde está o Espírito do Senhor, aí há liberdade." Assim reafirmava no cenário escravocrata do qual as companhias de navegação neerlandesas lideram no comércio transatlântico e índico, e, muito provavelmente, com o apoio de seus mentores, que a vida cristã se referia à liberdade espiritual do pecado e não à material, isto é, da pessoa concreta.

Não obstante, Capitein se apoiava nos escritos de João Calvino para configurar que mesmo na servidão civil e secular há liberdade do espírito; ele chega até a afirmar a lógica escravocrata de a escravidão

HISTÓRIA E CULTURA AFRICANA E AFRO-BRASILEIRA

ser uma ação abençoada para civilizar os negros. Por meio da mesma citação bíblica, João Calvino, em *As Institutas*, de 1536, menciona no segundo capítulo do Segundo Livro que "O homem está agora privado de liberdade da vontade e reduzido a mísera servidão", quando trata sobre o homem ser restrito de seu livre-arbítrio e por isso se encontrar escravizado. Como já dissemos, Calvino evitou fazer menção direta sobre a escravidão ao usar alusões para igualar a liberdade de espírito à liberdade socioeconômica – porém, o paralelismo da vontade de espírito ou liberdade de escolha implicavam condições concretas distintas das do escravizado. Com efeito, Calvino (1536, p. 43) reafirmou seu discurso sobre a questão espiritual.

> Dir-se-á que o homem é dotado de livre-arbítrio: não porque tenha livre escolha do bem e do mal, igualmente; ao contrário, porque age mal por vontade, não por efeito de coação. Por certo que isto soa muito bem. Mas, a que servia etiquetar com título tão pomposo coisa de tão reduzida importância? Excelente liberdade, sem dúvida, seria se com efeito o homem não fosse compelido pelo pecado a servi-lo; se, no entanto, é [...] [escravo por querer; escravo por vontade], de sorte que a vontade lhe é mantida amarrada pelas peias do pecado!

Foram tais posturas calvinistas adotadas pelos bôeres holandeses que responderam, até a década de 1990, pelo *Apartheid* na África do Sul.

O protagonismo negro

Se, de um lado, a escravidão levou a termo o uso e o abuso extremo da vida humana de populações, de outro, a passividade dos escravizados representou pouco em suas vidas. Além do mais, como o comportamento dos negros e seus filhos e netos eram desprezados e vigiados, desenvolveram comportamentos organizativos ignorados por seus senhores. Porém precisamos prestar mais atenção às informações que temos fácil acesso pela mídia, pois a aparente passividade do negro durante a escravidão com ações de revoltas esporádicas é um equívoco em nossa História.

A história do negro no Brasil precisa ser medida pela dinâmica social à qual estava inserido. Uma vez que a escravidão durou como instituição socioeconômica até 1888, ela delimitou o parâmetro social para definir a qual relação a humanidade do negro era subsumida: escravizado, alforriado ou liberto.

Nesse sentido, precisamos entender a dimensão da presença negra no Brasil para que consigamos desvelar o quão nosso pensar, nosso falar e nosso agir dependeram dos africanos e seus descendentes. Ilustrativamente, em 1835 Salvador tinha uma população aproximada de 65.000 habitantes; destes, 42% era de escravizados, e mesmo entre os não escravizados a maioria era de africanos e seus descendentes. Quanto à população escravizada, 63% era africana, sendo que no Recôncavo chegava a 80%; já a população branca era no máximo 22% (REIS, 2003). Esses dados apresentam um retrato das consequências da escravidão em nossa História, visto como manutenção do parâmetro como o negro é ainda vinculado à escravidão, porém ainda sendo o maior grupo da população brasileira no último censo publicado pelo IBGE (2023): 55,7%. Comparativamente, podemos observar a configuração entre os dados de 2010 e 2022 do IBGE:

> Verifica-se a ampliação do peso da população de cor ou raça parda, passando de 43,1%, em 2010, para 45,3%, em 2022; da população de cor ou raça preta, de 7,6%, em 2010, para 10,2%, em 2022; e da população de cor ou raça indígena, de 0,4%, em 2010, para 0,6%, em 2022. Por outro lado, a diminuição do peso das categorias de cor ou raça branca ou amarela também se confirma nos dados censitários: a primeira passando de 47,7% para 43,5%, e a segunda, de 1,1% para 0,4% no período considerado. (IBGE, 2023, p. 07).

Já a população indígena saltou de 0,5% em 2010 para 0,8% em 2023 em um total de 1.694.836 pessoas.

Por outro lado, nossa identidade nacional está para além do etnocentrismo de nossa população, uma vez que a herança do negro está amplamente incorporada, independentemente de nossa aceitação.

Tendo em vista o reconhecimento da capacidade dos africanos, alguns foram escolhidos por seus conhecimentos técnicos de extração de minérios e forja. Além disso, alforriados ou não, desempenhavam outras funções, como a de cura de enfermidades nas comunidades brasileiras, juntamente com os indígenas, que conheciam a flora local, e como barbeiros nos tumbeiros portugueses – esse nome era atribuído pela alta taxa de mortalidade dos escravizados (denominados como peças). A presença de cirurgiões era incomum, mas existia. Por outro lado, devido ao tipo de conhecimento, origem e pagamento, os barbeiros e os sangradores tinham origem africana, libertos ou não, mas no caso dos navios lusitanos os cirurgiões eram predominantemente portugueses. Como relata Rodrigues (2005, p. 278):

> O predomínio de negros mina em profissões como barbeiro e sangradores pode ser um indicador de que sobre homens dessa etnia (libertos ou escravos) recaíam as preferências dos traficantes, talvez reconhecendo neles um talento especial para as artes de curar. Também não é improvável que, sob a designação oficial de barbeiro e sangrador, se ocultassem práticas da medicina africana.

Dessa maneira, podemos evidenciar que as práticas culturais africanas, até mesmo pelo anseio de salvar o carregamento de escravizados, eram bem quistas pela tripulação dos navios; além de haver perda da carga, que podia variar de 20% a 50%, devido à disenteria, ao escorbuto e à varíola (SLAVES VOYAGES, 2021). O físico-mor José Pinto de Azeredo constatou que negros e brancos aderiam à virtude da Medicina Africana no século XVIII em Angola:

> A gente preta, não obstante viver com os brancos, aprender os seus costumes, observar a sua religião e falar a sua língua, nunca esquece dos ritos, dos prejuízos e das superstições gentílicas. Nas suas moléstias não querem professores nem tomam remédios de boitica; porque só têm fé nos seus medicamentos a que chamam *milongos*, e estes

devem ser administrados pelos *feiticeiros* ou curadores. Mas é de lamentar que muitos brancos filhos do país e ainda alguns europeus acreditam na virtude de tais remédios e ocultamente se sujeitam a semelhantes remédios (RODRIGUES, 2005, p. 281-2).

Outras ações foram registradas conforme o lugar e a dimensão e a quem ou a qual instituição tinham como objeto. Dessa forma, podemos pensar alguns comportamentos de resistência de acordo com as situações sociais depreciativas e/ou cruéis:

- individuais ou isoladamente: fugas, desde as que sucediam em morte inevitável, como pular dos navios em mar aberto, recusa em se alimentar, ingerir objetos para se suicidar e o estado de banzo, em que o escravizado, por saudade de sua terra, perdia o sentido de viver. Veja o anúncio a seguir de *O velho brado do Amazonas*, n. 127, de 23 de maio de 1852.

Fugiu ao Cirurgião-mor Francisco de Paula Cavalcanti de Albuquerque o seu escravo mulato de nome Florentino de idade de 20 a 22 anos com os seguintes sinais: mulato um pouco escuro, cabelos crespos e ruivos nas pontas, os dentes da frente podres, ambas as orelhas foram furadas dias antes da sua fuga, o que deve apresentar vestígios, caso se tenha tapado, tem marcas de surra na bunda, tem uma cicatriz de golpe ao longo do pescoço, e é quebrado de uma das virilhas. Este mulato já andou fugido há tempo, e andava embarcado em uma embarcação do Xalupa de Óbidos com o nome de Antonio Macapá, foi capturado de Luís Martins de Alenquer aonde passava como fôrro e sempre com o nome de Antonio Macapá. A pessoa que o capturar e o apresentá-lo (sic) nesta cidade ao Sr. Joaquim Antônio Rola receberá imediatamente 100$000 réis de gratificação, e o protesta-se com todo rigor da Lei contra quem lhe der couto (GOULART, 1972, p. 33, nota 23). Os exemplos fornecidos pela Bahia, sobre estatísticas de suicídios, são significativos: dos 33 suicídios ocorridos em 1848, 2 foram de crioulos e 26 de africanos, todos escravos, conforme está no relatório do Chefe da Polícia de então. E, segundo o Presidente da mesma província, Antônio da Costa Pinto, em seu relatório de 1º de março de

1861, dos 43 suicídios que aponta, 13 foram praticados por escravos, sendo a maior parte destes africanos, o que de certa modo confirma nossas assertivas iniciais, notadamente com relação ao banzo.

[...]

Para matar-se, o escravo valia-se dos mais variados processos, sendo talvez o mais curioso aquele de engolir a própria língua, obstruindo a glote e provocando asfixia: "Mais trágico e mais belo, entretanto, pelo heroísmo que o desespero acordava na alma desses párias rebelados", exaltava João Dornas Filho, "era o suicídio pela autoasfixia, que eles provocavam engolindo a língua, obturando com ela a passagem do ar até que sobreviesse a morte." Baleavam-se, esfaqueavam-se, enforcavam-se, afogavam-se, envenenavam-se, degolavam-se, estrangulavam-se, inclusive suicidavam-se comendo terra, empanzinando-se de barro (GOULART, 1972, p. 125, grifo do autor).

- coletivas e ocasionais: sublevações durante a captura, nos navios ou no cativeiro por conta dos maus-tratos e do aprisionamento. Podemos frisar que foram numerosas ações como essas, por questões pontuais, e que sua importância foi acentuada à medida que fugia ao controle de autores locais, e que computadas nas ilhas e nas colônias causavam um grande incômodo e preocupação socioeconômica e política:

Judgero Gonçalves da Silva, chefe de polícia da Corte, no seu relatório de 21 de março de 1872, anexo ao relatório de 14 de maio do mesmo ano, do ministro da justiça Manoel Antônio Duarte de Azevedo, conta que: "Em 17 de março, 37 escravos que se achavam em consignação na casa de José Moreira Veludo na rua dos Ourives nº 221, sublevaram-se contra este na ocasião em que curava o pé de um seu escravo, e, armados de acha de lenha, o espancaram gravemente, e feriram a Justo José Gonçalves Pereira da Silva, caixeiro de Veludo, que acudira a seus gritos" (GOULART, 1972, p. 181).

- coletivas e amplas: sublevações com maior proporcionalidade de efeitos contra os maus-tratos ou a escravidão por organizações mais amplas. Essas revoltas podem ser caracterizadas como os levantes de São Domingos, guiados por Toussant L'Overture, colônia francesa depois da queda da Bastilha, e contava com quase 85% da população negra da ilha. Nesses termos, o Quilombo dos Palmares, liderado por Ganga Zumba, Zumbi e Dandara (1597-1716); no século XVIII, o Quilombo na região central, liderado por José Piolho e Tereza de Benguela; a denominada Revolta dos Carrancas em Minas Gerais, em 1833; Revolta dos Malês, Salvador, em 1835, apontado por João José dos Reis (2003) como "o levante de escravos urbanos mais sério das Américas".

O *Code Noir*, Código Negro, que delineava 60 artigos no governo de Luiz XV, 1685, ordenava a vida entre senhores e escravizados nas Antilhas. Porém, como apontou Silvia Hunold Lara (2000), existia uma tradição legal que cumpria esse papel no Brasil Colonial para apaziguar as rebeliões, sistematizada por Agostinho Marques Perdigão Malheiro (1866-7), que foi utilizada por juristas abolicionistas contra a escravidão no Império.

Visto assim, diante da violência para o controle social, africanos, indígenas e descendentes desenvolveram práticas culturais para alçar sua humanidade. Práticas religiosas, de cura, danças, ritmos e linguagem oral e corporal propagaram diferentes prismas das resistências. A vivacidade apontada desde Al-Masudi (896-956) e a sagacidade de ritmos e símbolos desenvolveram ações traduzidas como ginga e malandragem por sua esquiva aos parâmetros eurocêntricos.

Portanto, os efeitos da crueldade da escravidão nas relações cotidianas brasileiras, do século XVI ao XIX, foram o sustentáculo econômico e político de nossas instituições. Ou melhor, a importância do estudo sobre a escravidão revela-se como fundamento para que consigamos desconstruir as bases culturais e históricas dessa crueldade em nossa sociedade, evitando que artifícios sedutores ou equivocados ocultem das gerações futuras a importância da História e Cultura Africana e Afro-Brasileira.

Síntese

A ruptura do desprezo à humanidade do negro foi resultante de um processo que teve início com o comércio de longa distância árabe e muçulmano. Com maior intensidade, os impérios cristãos, católicos e protestantes, utilizaram-se de argumentos bíblicos para amenizar a falácia. Houve reações cristãs contrárias à escravidão, mas foi determinante a força político-econômica para interromper o comércio. Os negros restabeleceram vínculos entre si e desenvolveram estratégias organizativas e políticas para reagir contra esse comércio. A escravidão foi responsável por trazê-los para o Brasil e, se restringirmos nossa compreensão pelo efeito etnocêntrico que inferioriza a população negra, perderemos a capacidade de perceber que a complexidade da História e Cultura Africana e Afro-Brasileira responde por nossa identidade nacional.

Sugestões culturais

Literatura

COSTA E SILVA, Alberto. *A manilha e o libambo*: a África e a escravidão de 1500 a 1700. Rio de Janeiro: Fronteira, 2002.

O autor, diplomata que viveu em África por 15 anos, teve como intuito fazer um esboço da História da África subsaariana com escopo na escravidão e seu comércio, por meio de arquivos de viajantes, exploradores, autoridades coloniais e missionários.

REIS, João José. *A rebelião escrava no Brasil*: a história do levante dos Malês em 1835. São Paulo: Cia das Letras, 2003.

Esse livro foi editado pela primeira vez em 1986. Em 2017, foi ampliado e reeditado e ganhou o prêmio Machado de Assis pela comemoração dos 120 anos da Academia Brasileira de Letras. Essa revolta, em 1835, contou com a participação de aproximadamente 600 pessoas, com duração de poucas horas. No entanto, sua repercussão foi nacional e internacional e a pena dos revoltosos muçulmanos foi a chibata, prisão, morte e até deportação para África. Embora a grande parcela fosse escrava, pelo menos 40% eram de negros libertos.

LUCHESI, Dante. *Língua e sociedade partidas*: a polarização sociolinguística do Brasil. São Paulo: Contexto, 2015.

O autor pretende interpretar o português brasileiro a partir de sua análise Sociolinguística com uma divisão Sociolinguística que denomina de *apartheid* social brasileiro. De um lado a língua culta e de outro a fala popular. Essa divisão teria tido no projeto colonial, baseado na escravidão, um fosso linguístico entre os poucos colonos portugueses e uma variada massa de línguas faladas por indígenas e africanos. Nesses termos, aponta Luchesi, a dialética da escravidão conjugou a violência física e simbólica para criar o racismo, ainda presente, na prática social e concepções discriminatórias em um ponto relevante da cultura: a língua.

PRANDI, Reginaldo. *Mitologia dos orixás*. São Paulo: Cia das Letras, 2001.

O livro de Reginaldo Prandi é rico em detalhes, fotos e contos sobre os orixás presentes no Brasil, bem como em Cuba. Conta com um total de 301 mitos colhidos em primeira mão, 106 em África, 126 no Brasil e 69 em Cuba. Ao encerrar cada mito, há um número que corresponde à sua origem no fim do livro. Para cada conjunto de mito de um orixá, há uma prancheta com seu desenho. Também há um glossário que auxilia na leitura.

CAPONE, Stephanie. *A busca da África no Candomblé*. 2ª. Ed. Rio de Janeiro: Pallas 2020.

Stephanie Capone teceu importante interpretação sobre o universo da criolização dos movimentos religiosos e do sagrado em vista por meu de uma etnografia refinada. Investiga o Exu-Legba passando por Benin e Nigeria até sua apreensão nos cultos de Salvador e nos terreiros do Rio de Janeiro.

Sites

http://www.liverpoolmuseums.org.uk/ism/index.aspx | International Slavery Museum

Você pode encontrar informações e exibições sobre diferentes aspectos da escravidão, inclusive a entrevista com a bisneta de Alice Seely Harris e John Harris, missionários cristãos que retrataram as atrocidades cometidas pelo Império do rei belga Leopoldo II. Os comentários que dispusemos neste capítulo referem-se a de autoria de Alice Seely Harris. É possível ler e escutar (em inglês) debates e aulas do museu.

http://www.liverpoolmuseums.org.uk/ism/slavery/slave-stories/index.aspx

Conta histórias sobre a vida de quatro escravizados da África Ocidental por volta de 1870. Procura mostrar ao público como era a vida dessas pessoas em suas comunidades, o que produziam e quem eram seus parentes. Depois a captura até os portos e de lá nos navios que cruzavam o Atlântico.

http://www.slavevoyages.org/ – também em português | Banco de dados sobre o tráfico transatlântico

Criado em 1993 por meio de financiamento da National Endownment for the Humanities e Mellon Foundation. Conta com arquivos de diferentes fontes na África, (Luanda), Brasil (Rio de Janeiro e Bahia), Caribe (Havana) e Europa (Lisboa, Madri, Sevilha, Amsterdã, Midelburgo, Copenhague e Londres), além dos que se encontram nas bibliotecas Bodleian e Britânica referentes ao século XVIII. O *site* foi construído por meio de um prêmio ganho em 2006 pela Emory University, EUA.

Filme

GANGA Zumba. Direção: Carlos (Cacá) Diegues. Roteiro: Carlos Diegues, Leopoldo Serran, Rubem Rocha Filho. Brasil: [s.n], 1963. Preto e branco. Drama histórico. 1'30"

Filme de narrativa simples que procura retratar momento histórico brasileiro. Neto de Zambi, líder dos Palmares, Ganga Zumba estava escravizado em uma fazenda de cana-de-açúcar. Quando sabe que seu avô estava doente, Ganga Zumba se junta ao Quilombo dos Palmares e se torna seu líder.

Atividade de autoavaliação

1. Considere os dois excertos a seguir:

    a. Mas, quando a carga era rebelde ou o tempo estava ruim, eles permaneciam no porão por semanas. A proximidade de tantos corpos humanos nus com a pele machucada e supurada, o ar fétido, a disenteria generalizada e a acumulação de pestades, os alçapões eram pregados com tábuas e naquela fechada e repugnante escuridão eles eram arremessados de um lado a outro pelo balanço do navio (JAMES, 2000, p. 23).

    b. Era um sonho dantesco... o tombadilho
    Que das luzernas avermelha o brilho.
    Em sangue a se banhar.
    Tinir de ferros... estalar de açoite...
    Legiões de homens negros como a noite,
    Horrendos a dançar

HISTÓRIA E CULTURA AFRICANA E AFRO-BRASILEIRA

Negras mulheres, suspendendo às tetas
Magras crianças, cujas bocas pretas
Rega o sangue das mães:
Outras moças, mas nuas e espantadas,
No turbilhão de espectros arrastadas,
Em ânsia e mágoa vãs!

E ri-se a orquestra irônica, estridente...
E da ronda fantástica a serpente
Faz doudas espirais...
Se o velho arqueja, se no chão resvala,
Ouvem-se gritos... o chicote estala.
E voam mais e mais...

Presa nos elos de uma só cadeia,
A multidão faminta cambaleia,
E chora e dança ali!
Um de raiva delira, outro enlouquece,
Outro, que martírios embrutece,
Cantando, geme e ri!

Castro Alves, "O navio negreiro", 1868.

Baseado nos dois excertos e nas informações do capítulo que estudamos, assinale as duas questões **incorretas**:

a. A escravidão foi uma prática de muitas sociedades humanas. No entanto, há diferenças cruciais com o que aconteceu no continente africano, desde o século VII ao XIX. No início desse período, a grande influência foi o comércio árabe com as sociedades do Oceano Índico e depois pelo Saara. A outra mudança forjada pelos árabes e muçulmanos foi a de aplicar o trabalho escravizado nas plantações de cana-de-açúcar.

b. Independente dos achados históricos, a escravidão sempre foi uma prática aceita pelo cristianismo, católico e protestante. O que causou estranhamento foi o fato de as pesquisas arqueológicas nas escavações do Egito apontarem que a escravidão dos hebreus teve outra função: associar a construção das pirâmides às construções de Ramsés II (1298-1232). Ademais, mesmo nos livros bíblicos do Antigo Testamento, é ausente qualquer menção de construção de pirâmides ou de que as pessoas fossem mortas com o faraó para servi-lo no *post-mortem*.

c. A escravidão africana foi pouco provável e cruel contra as pessoas e a organização social dos reinos africanos. Os impérios cristãos se interessaram por esse comércio depois de sua dimensão global arábico-muçulmano que o transformaram em um item disputado e ansiado para as fazendas americanas. Por outro lado, a preocupação com os lucros fez com que essas peças fossem cuidadosamente alimentadas, vestidas e protegidas. De tal modo que as perdas desses navios quase eram de 10%, mesmo na presença das intempéries do mar.

d. Segundo as estimativas da escravidão em países muçulmanos, que adaptamos de M'Bokolo (Austen *apud* M'BOKOLO, 2009), podemos afirmar que essas regiões forneceram escravizados de várias partes do continente. Todavia, quando os europeus procuraram adentrar o continente para explorá-lo sem a intermediação arábico-muçulmana, precisaram utilizar as rotas de caravanas comerciais destes. Houve assim uma cumplicidade entre árabes muçulmanos e europeus cristãos para destituir a humanidade dos negros no período de 1450 a 1900.

e. Os relatos de Radziwill entre os anos de 1582 a 1584 serviram para as estimativas de Malowist e Lewicki em 1960, que discordam das de Mauny por este considerar um valor estimado de 20.000.000 de escravizados comercializados por século.

f. Os papados católicos proibiram a escravidão desde 1537, iniciada a interdição por Paulo III. Assim, por Portugal manter estreita relação com Roma e usar de sua influência para o desenvolvimento de nomeações de bispos nos seus territórios africanos, o comércio de escravizados somente poderia acontecer se estes fossem convertidos por meio do batismo e de uma cruz marcada no peito dessas peças.

2. Assinale Verdadeiro (V) e Falso (F) para as questões a seguir:

a. A controvérsia de Valladoid em 1550-1 discutiu a validade eclesiástica de escravidão de indígenas e africanos, devido à descrição de Las Casas sobre os relatos de violência nas colônias americanas.

b. Foram produzidos novos documentos eclesiásticos contra a escravidão negra no fim do século XIX. As igrejas protestantes já eram ferrenhas no combate à escravidão e às falácias comerciais cultivadas pelos liberais desde o século XV.

c. A Inglaterra foi o país que mais comercializou escravizados no Atlântico na África Ocidental. Se somarmos com a África Central e Oriental, ainda assim Portugal não atinge as mesmas cifras. Houve também comerciantes das 13 colônias, Holanda e Dinamarca. Desta feita, o protestantismo teve em seu bojo ministros de ascendência negra, que perpetuaram a escravidão em sua condição material, na medida em que o discurso moral era estritamente relativo ao espiritual, às empresas de comercialização tanto na África quanto na Ásia.

d. As *Mil e uma noites* retratam expectativas árabes e muçulmanas de suas sociedades desde o século IX. Nesse sentido, a visão depreciativa dos negros levados para as plantações de cana-de-açúcar estavam ausentes em seus contos. Com efeito, à medida que a ênfase dada ao negro era sobre sua constituição física, o mundo foi alimentado com imagens, pensamentos e falas que inviabilizou o reconhecimento do negro como ser humano pleno.

e. Nenhuma alternativa é verdadeira.

3. Assinale Verdadeiro (V) e Falso (F) para as questões a seguir.

a. Os escravizados vinham de diferentes regiões do continente e eram maltratados nos tumbeiros. Havia práticas diferentes no carregamento, alguns, pelo receio ou intenção de punição, fechavam os porões para impedirem que os negros saíssem; em outros navios, faziam-nos subirem para limparem os porões ou para se divertirem, forçando-os a dançarem a base de chicotada e abusavam de mulheres e meninas. Independente das práticas, podemos considerar que o trajeto era realmente traumático, sem haver uma instituição que reconhecesse tal produção de sofrimento.

b. A vida do escravizado retratada por Castro Alves e Ceryl James durante a travessia dos navios negreiros era "um sonho dantesco", o comparativo mais próximo em um universo cristão com o Inferno de Dante, salvo os negros que trabalhavam como barbeiros. Mesmo ao chegar a seu destino final, outras formas traumáticas de tratamento eram costumeiras, visto que as revoltas negras, mesmo sem serem comumente divulgadas, denotaram as resistências desse ambiente de barbárie.

c. As relações humanas que se produziram na escravidão foram simples e homogêneas. De um lado estava o colono ou o comerciante branco e de outro o negro. Dessa forma, para qualquer efeito, o negro era desprezado e admirado apenas por sua força física.

d. Podemos classificar os diferentes tipos de comportamento do negro durante a escravidão em: individual, por aceitar as situações; pontuais, quando havia a convocação para um evento específico de revolta; e amplas, quando as sublevações ampliavam as reações contrárias aos maus-tratos.

e. Todas as respostas são verdadeiras.

Atividade de aplicação

Distribua para a turma o poema *Navio Negreiro*, de Castro Alves (1868), e a letra da música *A vida é desafio*, dos Racionais MC's (2002). Peça para os estudantes apontarem:

a. como o negro é retratado no poema e na música;

b. quais semelhanças na situação do negro continuaram historicamente,

c. as medidas possíveis serem tomadas para superar a exclusão social do negro

Respostas

1. e; f.

2. a), F; b) F; c) V; d) V; e) F.

3. a) V; b) V, c) F, d) F; e) F.

Referências

ANSTEY, Roger. *The volume and profitability of the british slave trade 1761-1807. Race and slavery in the Western Hemisphere: quantitative studies.* Princeton: Princeton University Press, 1975.

ARCE – *The American Research Center in Egypt.* Disponível em: http://www.arce.org/. Acesso em: 10 mar. 2023.

ABU BAKR, Abdel Moneim. O Egito faraônico. In: MOGHTAR, Gamal (ed.). *História Geral da África: África antiga.* Vol II. 2. ed. rev. Brasília: UNESCO, 2010. p. 37-67.

ASANTE, Molefi Keti. The *history of Africa: the quest for eternal harmony.* 2. ed. New York/London: Routledge, 2015.

BERKENBROCK, Volney. *A experiência dos orixás.* Petrópolis: Vozes, 1997.

BÍBLIA CATÓLICA. *Ave-Maria* https://bibliacatolicaonline.net/biblia-online--ave-maria/. Acesso em: 10 mar. 2023.

BÍBLIA ONLINE, *segundo a versão Almeida, corrigida e revisada.* Disponível em: https://www.bibliacatolica.com.br/biblia-ave-maria/. Acesso em: 10 mar. 2023.

BRASIL. *Lei nº 10.639 de 10 de janeiro de 2003.* Altera a Lei nº 9.394, de 20 de dezembro de 1996, que estabelece as diretrizes e bases da educação nacional, para incluir no currículo oficial da Rede de Ensino a obrigatoriedade da temática "História e Cultura Afro-Brasileira", e dá outras providências. Diário Oficial da União, Brasília, 10 jan. 2003. Disponível em: https://www.planalto.gov.br/ccivil_03/Leis/2003/L10.639.htm. Acesso em: 10 mar. 2023.

BRASIL. *Parecer CNE/CP 003/2004.* Diretrizes Curriculares Nacionais para a Educação das Relações Étnico-Raciais e para o Ensino de História e Cultura Afro-Brasileira e Africana Aprovado em 10/3/2004. Diário Oficial da União, Brasília, 19 maio 2004. Disponível em: http://portal.mec.gov.br/dmdocuments/cnecp_003.pdf. Acesso em: 10 mar. 2023.

BRASIL. *Resolução 1 de 17 de junho de 2004.* Institui Diretrizes Curriculares Nacionais para a Educação das Relações Étnico-Raciais e para o Ensino de História e Cultura Afro-Brasileira e Africana. Diário Oficial da União, Brasília, 22 jun. 2004, Seção 1, p. 11. Disponível em: https://abmes.org.br/legislacoes/detalhe/583/resolucao-cne-cp-n-1. Acesso em: 10 mar. 2023.

CAPONE, Stephanie. *A busca da África no Candomblé.* 2ª. Ed. Rio de Janeiro: Pallas 2020.

COSTA E SILVA, Alberto da. *A manilha e o Libambo: a África e a escravidão de 1500 a 1700.* Rio de Janeiro: Nova Fronteira, 2002.

DE JONG, Gerard. The Dutch Reformed Church and negro slavery in colonial America. *Church History*, v. 40, n. 4, p. 423-436, Dec. 1971. Disponível em: https://www.cambridge.org/core/journals/church-history/article/abs/dutch-reformed-church-and-negro-slavery-in-colonial-america/E2AA799486D-01DC0D948D898B7179CB7. Acesso em: 10 mar. 2023.

GOULART, Jose Alípio. *Da fuga ao suicídio: aspectos de rebeldia de escravos no Brasil*. Rio de Janeiro: Conquista, 1972.

HOBSBAWN, Eric; RANGER, Terence. *A invenção das tradições*. 6. ed. Rio de Janeiro: Paz e Terra, 2008.

IBGE – Instituto Brasileiro de Geografia e Estatística. *Censo Demográfico 2022*

Identificação étnico-racial da população, por sexo e idade- Brasil – 2023. Disponível em: https://biblioteca.ibge.gov.br/visualizacao/periodicos/3105/cd_2022_etnico_racial.pdf. Acesso em: 10 jan. 2023.

JAMES, Cery Lionel. *Os jabobinos negros: Toussaint L'Ouverture e a revolução de São Domingos*. São Paulo: Boitempo, 2000.

M'BOKOLO, Elikia. *África negra: história e civilizações.* Salvador: EDUFBA; São Paulo: Casa das Áfricas, 2009. t. I (até o século XVIII).

PRANDI, Reginaldo. *Mitologia dos orixás*. São Paulo: Cia das Letras, 2001.

REIS, João José. *A rebelião escrava no Brasil: a história do levante dos Malês em 1835*. São Paulo: Companhia das Letras, 2003.

RODRIGUES, Jaime. *De costa a costa: escravos, marinheiros e intermediários do tráfico negreiro de Angola ao Rio de Janeiro (1780-1860)*. São Paulo: Companhia das Letras, 2005.

Capítulo 6
A África explorada e construída pela Europa: séculos XV à XVIII

Introdução

Nesse momento observaremos a introdução das políticas estrangeiras na África. Para esse fim, foram desenvolvidas estratégias, nomeadas de Engenharia Social, para configurar a construção de visões sobre suas populações como seres dependentes das ciências e tecnologias ocidentais. Discutiremos sobre a representação cartográfica da África para evidenciar como nesses séculos havia pouco conhecimento estrangeiro sobre o interior; apesar disso, como apontamos desde os reinos africanos (Capítulo 3 – A Escravidão Negra), as populações locais dominavam práticas políticas, comerciais, religiosas e de saúde para o bem-estar comunitário, além de rotas de caravanas entre reinos, para a costa e desta até os reinos no Oceano Índico. Vimos como os exploradores, missionários e militares articularam a dependência, à medida que investiam na exploração das riquezas minerais, no plantio de grãos e na extração vegetal pelo uso da mão de obra local articulado com discursos morais e religiosos. Os impérios incentivaram a ida de colonos europeus e de médicos para amenizar a taxa de mortalidade de colonos e dos trabalhadores africanos (na função de mão de obra). Devido à exploração estrangeira, centros urbanos existentes e os que surgiram por aglomerações humanas deram início a um processo gradativo de condições precárias de vida social: dietas insuficientes, baixos salários, sem saneamento básico e o estresse sob o julgo colonial.

Com efeito, os centros urbanos próximos às minas de prospecção e as cidades portuárias tornaram-se focos epidêmicos. Além de os médicos desconhecerem os patógenos tropicais, as condições de vida das populações e dos colonos propiciaram crescentes taxas de mortalidade. Portanto, veremos novamente que a ênfase na ajuda humanitária externa, iniciada pelos supostos apelos de Leopoldo II perante a Associação Internacional Africana, reforçou a dependência estrangeira e encobriu o empobrecimento e adoecimento de populações africanas em face dos interesses coloniais (vide Capítulo 2 - Estudos Africanos: Problemáticas e Resoluções).

A expansão do domínio ocidental

Vimos a imbricação de nações, interesses e relações externas entre populações e reinos: a expansão banta pela África Meridional e Austral; reinos comercializando entre si, com regiões costeiras e com reinos ao longo do Oceano Índico; a expansão árabe desde a região setentrional africana até a Andaluzia e ao longo da costa índica; e a chegada dos europeus pelo Oceano Atlântico por intermédio da cartografia desenvolvida pelos árabes.

Para acompanhar este capítulo, você pode seguir a leitura com estas questões: Quais foram os propósitos da exploração da África a partir dos interesses europeus? As potências europeias conheciam o interior africano ou repetiram a imagem estereotipada de lugares selvagens, conforme os escritos dos exploradores? Quais foram as estratégias de ocupação do interior africano? Por que era importante para as potências e para os empresários enfatizarem as riquezas da África? Qual foi o quarto poder ocidental entre os povos africanos para combater a natureza africana selvagem? Quais medidas preventivas foram desenvolvidas pela Medicina Tropical? Por que a ajuda humanitária se torna impositiva ou inócua se desconhecemos a historicidade das demandas criadas em África?

Você se recorda dos três Ms expostos pelo historiador Joseph Ki-Zerbo (2010) e que nós acrescentamos mais um M no Capítulo 2 - Estudos Africanos: Problemáticas e Resoluções? Os mercadores que buscavam o enriquecimento pessoal e de investidores; os militares ou milícias que protegiam os investimentos e impunham o trabalho forçado ou compulsório; os missionários cristãos que se empenhavam a apaziguar os africanos sob as vistas das políticas coloniais; e os médicos que tinham a função de tratar das patologias tropicais e amenizar a mortalidade de colonos e trabalhadores.

Esses atores coloniais foram responsáveis por instituir no imaginário das populações africanas novas fronteiras simbólicas por categorias eurocêntricas relativas à dependência e subserviência a poderes estrangeiros distantes. Você se recorda quando estudamos a expansão banta e apresentamos dados da Linguística, Antropologia Cultural, Arqueologia e Geografia para explicar o processo de mobilidade humana subsaariana? Com efeito, essas partilhas continuaram e atravessaram o Atlântico e o Índico, fato que ficou conhecido como Diáspora Africana.

Neste capítulo frisaremos quais foram os interesses que guiaram a fixação de europeus na costa africana, de Marrocos até Moçambique, sem esquecer que ao estudar sobre os árabes já mencionamos as disputas que surgiram entre califados e a ocupação europeia. Chama muito a atenção que ao longo dos séculos XV a XIX a cartografia africana irá ser alterada, com maior ênfase no século XVIII e XIX. Esse período correspondeu à alteração nos planos das coroas europeias em ocupar a região central africana ao longo da bacia do Congo, Zambeze e os grandes lagos no Vale do Rift (Turkana/Etiópia, Victoria/Uganda, Tanganica/Tanzânia-RDC-Zâmbia e Malauí ou Niassa/Malauí-Moçambique) – conforme Mapa 2 – África: Hidrográfico, Capítulo 3). A confecção dos mapas nos auxilia a acompanhar a dinâmica de interesses econômicos e políticos sobre o continente, contrastando com a importância histórica e cultura dos geradores ecológicos explicados por Molefi Keti Asante (2015) no Capítulo 2 - Estudos Africanos: Problemáticas e Resoluções.

A cartografia colonial pode ser consultada em vários *sites*, entre eles destacamos o David Rumsey Historical Map Collection,[39] com mais de 30.000 mapas em seu acervo digital de alta resolução. O *site* é expressivo e é possível fazer comparações entre mapas e impérios em períodos variados e de diferentes cartógrafos.

Mesmo ao comparar mapas de 1500 e 1600, ainda prevalecia o desconhecimento das regiões interioranas. Tem-se conhecimento da existência de reinos, no entanto sem saber sua localização geográfica, por isso repete-se o nome Monomotapa no interior sem sua localização, conforme apontamos no Capítulo 2 sobre os reinos africanos. Há a menção de cidades portuárias como Sofala e Quiloa, mas situadas no interior do continente.

As descrições sobre a costa africana pairavam no imaginário europeu desde o século XIII pelas viagens dos árabes, como expusemos no Capítulo 4 – A África e o Islã Medieval. Por meio de várias incursões pela costa africana e em torno de toda sua extensão – Mediterrânea, Atlântica e Índica –, o mapa de 1799 representa as dimensões e contornos do continente. Há inclusive menção a regiões do reino do Congo e do Monomotapa.

Tais representações do continente demonstram a incompreensão estrangeira da complexidade social, histórica e regional que o colonialismo iria enfrentar a seu modo, isto é, se basear nos relatos de estrangeiros. Contudo, podemos notar que em 1799 alguns reinos do interior, como Congo e Monomotapa, estavam com extensões que demonstravam sua importância econômica aos anseios dos impérios.

Vimos nos Capítulos 3 (Reinos Africanos) e 5 (A escravidão negra) como os portugueses atuaram no Reino do Congo ao converter nobres e os ordenar bispos. E no século XVIII, o comércio português passou a ser um importante pivô, juntamente com a Inglaterra, ao tomarem a frente do comércio de humanos a partir das rotas árabes – ou pelo

---

39 Disponível em: https://www.davidrumsey.com/.

menos das estratégias árabes – e enfatizar a visão negativa do negro, como bestial, lascivo, preguiçoso e com muita resistência corporal.

Com efeito, é preciso que você entenda que a ocupação africana foi feita por colonos europeus, e aqui devemos relembrar que entre eles estavam missionários, autoridades coloniais, fazendeiros, coletores de impostos e suas famílias. Por isso, os benefícios europeus se diferenciavam entre colonos, empresas e impérios.

Podemos considerar, assim, os poderes simbólicos por meio de formas distintas. De um lado, embora heterogêneo, forças exógenas dominaram populações africanas para replicar as estruturas europeias; por outro lado, comunidades e populações heterogêneas interagiram a favor e contra essas posturas.

Como o historiador Osterhammel (2009) afirma em seu livro *Colonialism: a theoretical overview*, a ocupação da África, como de outras regiões do planeta que se tornariam colônias, dependiam do interesse dos impérios. O mesmo império explorava suas colônias conforme o interesse para cada região, por isso havia desmembramos políticos em decorrência de: produtos que a colônia podia oferecer, a quantidade de colonos europeus na colônia, a ameaça de outros impérios ocuparem seus territórios etc. Essa distinção se acentua se apontarmos o período ao qual a influência se refere e se alteravam o posto comercial, de extração de riquezas ou de efetiva ocupação quando havia a disputa entre outras coroas interessadas na região, como foi o caso de São Tomé e Príncipe pelos portugueses e a Indonésia pelos holandeses.

De outro modo, Veracini (2010), em *Settler colonialism: a theoretical overview*, objetivou o dinamismo a partir dos colonos. As reações africanas, a seu turno, correspondem à historiografia de múltiplas resistências de diferentes aspectos, que apareceram ao longo desse encontro. Por conseguinte, resultaram ações contra as populações locais relativas à escravidão, extermínio, exploração, aprisionamento e a assimilação seletiva de indivíduos e/ou grupos para trabalhos domésticos, como catequistas cristãos ou soldados (*askari*).

Por isso, a análise desloca a interpretação das dinâmicas das comunidades e populações africanas como uma entidade reduzida à vitimização. O esforço é demonstrar que enquanto a força exógena exercia-se sobre o cotidiano africano, as populações conseguiram reagir e se sobrepor em diferentes situações – como retomaremos no Capítulo 7 sobre o protagonismo negro na África e no Brasil.

Diante das vicissitudes que apresentamos, o recorte temporal, mesmo o moderno, já carrega muita diversidade de efeitos e produções difíceis de serem assimiladas em tal categoria (salvo se tomássemos uma visão reducionista). Ademais, seria problemático agrupar a História da África em termos de potências europeias: francês, português, inglês, holandês. Do mesmo modo, houve muitas diferenças entre as colônias e os interesses exploratórios. Por isso, fazemos valer a proposta historiográfica que adotamos (Joseph Ki-Zerbo, 2010, Elikia M'Bokolo, 2009, 2011 e Molefi Keti Asante, 2015) para considerar a perspectiva da ação dos negros africanos e da diáspora enquanto protagonismo negro.

Estratégias de ocupação exógena

Relembrando: alguns acordos entre a coroa portuguesa e os papados davam àqueles o direito à exploração da África e de escravizar os árabes (sarracenos). São as bulas publicadas pelo Papa Nicolau V (pontificiado: 1447-1455) *Dum Diversas* (1452) e *Romanus Pontifices* (1454). Além destas, houve a bula *In supreminenti*, publicada pelo Papa Inocente X (pontificado: 1644-1655), que tinha como intuito outorgar a Portugal a jurisdição espiritual do bispo de Beira, Moçambique, do território de Shiré e seu interior.

A referida bula foi chamada à mesa de negociação por Portugal como tentativa de impor e barrar os interesses da Inglaterra sobre a região do Shire, a sul do lago Malauí. Essa região foi anexada aos interesses portugueses, representado pela extensão do território da costa atlântica à índica, entre Angola e Moçambique, denominado na literatura por Mapa Cor-de-Rosa – sem uma ocupação de fato (vide abaixo).

O efeito rosa foi ocasionado pela pintura em aquarela. Quanto à disputa que perdurou depois da Conferência de Berlim, resultou no *ultimatum* britânico para que os lusos abandonassem a região em 1890. Para evitar a guerra anunciada por Lorde Salisbury de que os navios britânicos estariam em toda a costa de Moçambique, as tropas portuguesas deixadas por Serpa Pinto desistiram da região a leste do Shire.

Observem que o Mapa 2 representa o mapa-logotipo como artifício para os impérios reclamarem o domínio ou pretensão deste sobre territórios. Como Anderson (2005) caracterizou em *Comunidades imaginadas*, era uma tática política, para além da mera diferenciação cartográfica:

> [...] Nasceu de uma forma bastante inocente – pela prática de os Estados imperiais pintarem as suas colónias (sic) nos mapas com cores imperiais. Nos mapas imperiais de Londres, as colónias britânicas eram geralmente vermelho-rosa, as francesas azul-roxo, as holandesas castanho-amarelo, e por aí fora. Pintada desta maneira, cada colónia parecia ser uma peça separada de um *puzzle*. À medida que este efeito de *puzzle* se tornava normal, cada "peça" podia ser inteiramente destacada do seu contexto geográfico. Na sua forma final, era possível retirar por completo todas as indicações explicativas: as linhas de latitude e longitude, os topónimos, a sinalização dos rios, dos mares e das montanhas, *os vizinhos* [...] (ANDERSON, 2005, p. 233-234, grifo do autor).

Mapa 2 – Mapa Cor-de-Rosa de 1890.

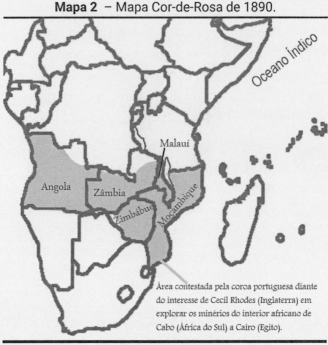

Área contestada pela coroa portuguesa diante do interesse de Cecil Rhodes (Inglaterra) em explorar os minérios do interior africano de Cabo (África do Sul) a Cairo (Egito).

Fonte: SILVA, L. 2023.

Protetorado e Zona de influência

Há dois conceitos explicativos das relações internacionais importantes para nosso trabalho sobre a forma de governo das potências coloniais: o protetorado e a zona ou esfera de influência.

Primeiro, o protetorado foi um instrumento utilizado pela Inglaterra, durante o impedimento etário, quando os legítimos reis estavam impedidos de assumir a coroa. Esse termo se tornou legal na corte inglesa quando o Duque de Gloucester, Humphrey, irmão do falecido Rei Henri V, foi escolhido pelo Parlamento Inglês, no período de 1422 a 1427, *Lord Protector of the Realm* (Protetor e Defensor da Realeza), juntamente com John, Duque de Bedford, até que Henry VI atingisse a maioridade. Destarte, Edward Seymour, primeiro duque de Somerset, foi escolhido *Lord Protector of the Realm* durante os primeiros anos de realeza de Edward IV, de 1547 a 1549.

Por outro lado, o protetorado, em sua concepção sobre o domínio de diferentes territórios dominados, teve seu marco depois da execução de Charles I, que declarou a Inglaterra uma comunidade, em 1649, sobre o governo do Parlamento; depois da dissolução dos parlamentos de *Rump* (remanescentes do Long Parliament) e *Barebones* (Nomitated Assembly) por Oliver Cromwell, em 1653, que foi declarado *Lord Protector* da Comunidade da Inglaterra, Escócia e Irlanda. O Regime foi continuado por seu filho Richard, durante um curto período, entre 1668 e 1669, quando, depois de renunciar devido às pressões da nobreza, foi restituído o Parlamento de *Rump* e Charles II assumiu a coroa.

Depois do governo de Oliver Cromwell, em 1657, no período colonial, designar uma região africana em termos de protetorado exprimia o interesse de um império expandir seu poder, por uma questão de emergência de delimitação ou ocupação contra outras potências (WOODFORD, 2007). Em *The Oxford English Dictionary*, o verbete de protetorado expressa a mudança político-jurídica para o poder sobre territórios dominados: "A relação de um poder europeu com um território habitado por grupos tribais que não apresentam organização política, e não classificado entre as nações como um estado" (tradução nossa). E, "Um estado ou território ocupado ou colocado sobre a proteção de um poder superior; esp. um território habitado por populações tribais" (1989, v. XII, p. 680, tradução nossa). Essa delimitação, embora superficial, baseava-se nos conhecimentos comuns a respeito da costa africana e uma cartografia pouco realista sobre o interior. Com efeito, o império se comprometia a ocupar a região em um prazo, que poderia variar de 20 a 30 anos.

Diferentes tratados de 1800, sobre a África e Ásia, traziam explícitos os termos de interesse. Segundo o *The Oxford English Dictionary* (p. 206), no verbete *sphere of action, influence, or interest,* encontramos:

> Esfera de ação, influência ou interesse, uma região ou território (orig. esp. na África ou Ásia) dentro do qual uma nação particular declara, ou é admitida, ter um interesse especial para propósitos políticos ou econômicos. Em 1885, Conde Granville, na obra de [Sir Edward] Hertslet, *Map of Africa by Treaty*, de 1894, volume II, página 596. Um Memorando de Acordo para separar e definir as esferas de ação da Grã-Bretanha e da Alemanha naquelas partes da África onde interesses coloniais de dois países possam apresentar conflitos.

Outro instrumento diplomático era a Carta Régia, como a que a *British South Africa Company* (BSAC ou BSACo), presidida por Cecil Rhodes, 1889, recebeu pela coroa britânica para explorar a região da África Central. A Carta Régia era um documento real de garantia de privilégios que concedia direito e poder a um indivíduo, certas classes ou corporações coletivas, hoje substituída pelo registro de patente e de sociedades de responsabilidade limitadas (THE OXFORD ENGLISH DICTIONARY, 1989, v. III, p. 48).

A divisão do território africano nos bastidores europeus

Alguns aspectos são interessantes para entendermos esse momento histórico com base na interpretação de Brunschwig (2006), em *A partilha da África negra*. A apresentação dos documentos diplomáticos que o autor utiliza já está disponível na internet, referente aos tratados britânicos na coleção do *Foreign Office* de Sir Edward Hertslet (2001 [1896]), *The map of Africa by Treaty*, digitalizado pela Universidade de Toronto, Canadá.

Primeiro, a Conferência de Berlim significou uma disputa entre impérios para assegurar possíveis riquezas e territórios estratégicos. Segundo, o conhecimento mais detalhado era a respeito das costas africanas, exclusivamente, por isso os parâmetros utilizados para a divisão na costa se diferenciada dos do interior. Basta recordarmos que havia disputas pela colonização africana a partir das regiões costeiras desde a última década do século XV. Terceiro, a efetivação dos acordos que se propuseram pela Ata da Conferência de Berlim ocorreu entre 1890 e 1904, pois a pressa era para a expansão além-mar. Outro fator era a necessidade de aceleração desse processo imperial, consequente ao processo de industrialização europeia. Daí vemos a necessidade de construções de linhas férreas, como os franceses fizeram na linha transaariana entre Níger e Chade e a pretensão entre o Cabo e o Cairo, que nunca chegou a acontecer. Perante essa demanda por ocupação de territórios, a preocupação diplomática precisava definir melhor a noção de esfera ou zona de influência, visto que colônia e protetorado eram secundários às negociações e concessões de exploração.

Com base no número de acordos firmados pela coroa inglesa com os chefes africanos desde 1819 até 1890, houve um contingente de trezentos e quarenta e quatro. Já a *Compagnie Royale du Niger* somou entre 1884 e 1892 um total de trezentos e oitenta e nove. Devemos imaginar o quanto esses acordos eram moeda de troca para exploradores e coroa, sem seguirem os protocolos válidos na diplomacia inglesa – desde ausência de formulários específicos para esses fins e a linguagem e a compreensão, que deveria ser mútua. Para os chefes africanos, a noção correspondente desses acordos deixava de contemplar um acordo apropriado. Se de um lado para o chefe local o acordo pudesse representar a estratégia de manutenção de seu poder ou clã em relação a seus vizinhos, para a potência europeia era a legitimidade diplomática de seu domínio no referido território.

Sem haver essa clara distinção conceitual sobre esfera de influência, mesmo que fosse um instrumento usado com frequência pelas potências e literatura, podemos observar a seguir como ela se impunha sobre o domínio local. No art. I a respeito da esfera de influência germânica entre a Alemanha e a Inglaterra sobre a África e a Heligolândia (pequeno arquipélago no Mar o Norte) de 1º de julho de 1890, o tratado assim diz sobre o norte do rio Umba até o lago Victoria Nyanza.

1. Ao norte pela linha que começa à margem norte da nascente do rio Umba (ou Wanga), dirige-se diretamente até o lago Jipé; passa ao longo do lado leste e contorna o lado norte do lago e cruza o rio Lumé; depois que passa a meio caminho entre o território de Taveita e Chagga, sombreia base norte do monte Kilimanjaro e segue direto até o ponto em que encontra o lado leste do lago Victoria Nyanza, interseccionado pelo primeiro paralelo de latitude sul; assim, cruzando o lago nesse paralelo, segue o paralelo até a fronteira do Estado Independente do Congo, quando ele termina. (GRUNSCHWIG, 2006, p. 92, tradução nossa).

Contrariamente, a assinatura do acordo poderia ser entendida pela população local e seus subchefes como uma mera subserviência de um rei enfraquecido, como se evidenciava a *pax britannica* nos seus protetorados austrais. Sobre esse aspecto, há uma divergência entre a historiografia tradicional e a proposta por Jürgen Osterhammel (2005). Para a primeira se fala em governo indireto, porque se cultivava a posição de chefes locais sobre a jurisdição britânica, por pagar salários a alguns régulos. Lembramos que para os Bemba que foram resistentes ao domínio britânico, depois de sua submissão intermediada por missionários católicos no início de 1890, que seu chefe se tornou para os subchefes um mero subordinado aos ingleses e perdeu a legitimidade de líder para sua comunidade (ROBERTS, 1973).

Para Jürgen Osterhammel (2005), devemos mencionar que a sucessão dependia dos interesses da coroa, sem que correspondesse a ordem interna de sucessão de acordo com o período e o interesse da coroa. Por mais que desse a impressão de neutralidade, a coroa britânica sabia fazer uma política de aparência pela intervenção de promessas de recompensa na escolha de novos reis pelos conselhos. Apesar disso, em quais condições esses régulos estavam instrumentalizados para intervir em negociações entre coroa britânica e industriais a respeito da exploração de suas regiões? Ainda mais que, por vezes, como acabamos de ver no início deste capítulo, para a prospecção de minérios e a composição de exércitos imperiais os régulos deveriam fornecer o contingente desejado pelas autoridades exógenas – mesmo que isso tenha implicado em uma nova onda de desestruturação social depois do período da escravização.

As negociações entre as potências iniciaram antes da Conferência de Berlim. Com isso, governos e industriais subornavam exploradores, viajantes e aventureiros, que, às vezes, faziam o papel de agente duplo. Como Hochschild (1999), em *King Leopold's Ghost* [O fantasma do Rei Leopoldo II], apresenta a figura do correspondente e explorador Henry Stanley, do *The New York Herald*. Com a pretensão de encontrar o explorador e missionário David Livingstone nas regiões centrais do continente, teria repassado informações para a decisão de o rei belga negociar a instalação do que ficou conhecido como Estado Independente do Congo. Até Henry Stanley aproveitou sua viagem para escrever um livro em que descrevia o encontro com David Livingstone, *Sir Livingstone, I presume?* (Sr. Livingstone, Eu suspeito?). Sem a possibilidade de confirmação por outras fontes, houve circunstâncias que puderam reforçar o quanto a descrição desse suposto encontro justificaria a verba para sua missão e o lucro pela venda daquele que teria sido o último relato sobre o renomado médico, missionário e explorador escocês.

Além disso, como mencionamos, as disputas e as negociações de territórios acercavam os bastidores da Conferência de Berlim, regiões onde se presumia ter minérios ou garantia de colônias. Se olharmos para o mapa dessa primeira divisão do continente, observaremos que em alguns pontos as fronteiras seguiram os acidentes geográficos e em outras menos – pela aceleração dessa divisão poucos geógrafos e exploradores foram enviados para cobrir a totalidade da extensão territorial do continente. Outros territórios apresentavam desenhos retilíneos ou até contornos, no mínimo curiosos, como no território da atual Namíbia e da República Democrática do Congo. Ambas possuem em seus territórios desde 1895 a mesma configuração de fronteiras atuais. A fronteira da Namíbia, antiga Colônia Oriental Alemã, no extremo nordeste, aponta onde há prospecção de minérios na região denominada de Faixa de Caprivi, que faz fronteira com a Angola e a região sul do Reino de Barotse. Já ao sul da República Democrática do Congo, na fronteira com o norte da Zâmbia, está o Cinturão de Cobre, onde há prospecção desse minério.

Mapa 3 – A exploração colonial entre 1919-1939

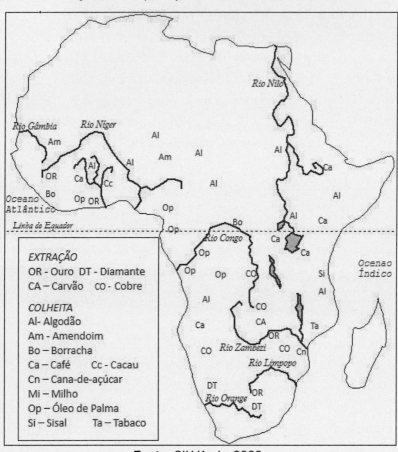

Fonte: SILVA, J., 2023.

Nota: Minérios e Metais (: carvão, diamantes, cobre e ouro; Produtos lucrativos: cacau, borracha, café, sisal, algodão, açúcar, amendoim, tabaco e óleo de palmeira.

A prospecção de minério já era intencional para os propósitos de comerciantes e exploradores desde o século XVI, como o ouro do reino de Mapungubue e Monomopata pelos Shona e nas minas de ouro de Katanga dominada pelos árabes Yeke desde 1850 – vide o comércio do interior africano no Oceano Índico antes do século XV, Capítulo 3 – Reinos Africanos. Porém ela necessitou de mão de obra e ocasionou a convocação compulsória e o deslocamento de populações para as minas a partir da primeira dezena de 1900 (MWANZI, 2010).

Invenções sobre a África

As expedições levaram para os institutos europeus novas espécies de fauna e flora representantes de regiões africanas. Coletando espécies para museus particulares ou para cientistas, havia um desdobramento de informações consideradas confiáveis, mas que poderiam apontar locais de lucratividade incerta. Os espécimes poderiam ser adquiridos em feiras ou de outros viajantes com explicações compradas sobre o produto.

Teorias científicas racistas

Entre as teorias concorrentes do século XIX, o monogenismo preconizava que os seres humanos tiveram uma origem comum; o poligenismo preconizava que as raças provinham de origens distintas (Julien-Joseph Virey e Jean-Baptiste Bory de Saint Vicent), o que fez surgir em Paris em 1839 a Sociedade Etnológica, alimentando a viés racista nas ciências, sob a influência da Biologia, Antropologia Física e darwinismo.

Veja a seguir os autores, datas e obras de difusão científica com fins racistas.

- Julien de Virey: publicou em 1800 *Historie naturelle du genre humain*, divulgado nos EUA em excertos com o título

History of the Negro Race, 1837.

- Joseph Arthur Gobineau: publicou entre 1853-1855 *Essai sur l'inegalité des races humaines*.

- Pierre Broca: auxilia a fundação da *Société d'Anthropologie de Paris* em 1859.

- James Hunt: *Anthropological Society of London* em 1863.

Podemos ilustrar o quanto essas concepções foram depreciativas e o Brasil transformado em um tipo-ideal. Joseph Arthur Gobineau foi embaixador francês no Brasil por 15 meses em 1986. Segundo ele, o país era uma prova contundente de seu ensaio racista. Em uma pirâmide sociorracial, a nobreza estaria no topo devido a sua ascendência ariana; logo abaixo a burguesia originária da miscigenação, porém com traços fortes; e por último os escravos de origem semítica e negra. Nesses termos, o Brasil era composto por uma civilização degenerada e manchada pela promiscuidade racial, o que levaria a população a um estado de degeneração física e mental (SKIDMORE, 1976).

As sociedades ocidentais encorajavam a exploração da África. Em Paris, Adolphe Bertillon debateu os relatos do explorador David Livingstone por meio da tese poligenista. Nesse debate houve um consenso científico sobre as teses racistas por meio de temas como cruzamento étnico e perfectibilidade das raças. Em pouco tempo, tanto o monogenismo quanto o poligenismo aliaram-se na inferiorização dos povos negros para explicar as práticas humanitárias de civilizar e cristianizar os povos por meio da colonização.

A invenção da África

Assim, a invenção das tradições tribais e a medição de crânios e membros africanos modelavam o imaginário ocidental; porém, sem esquecer que missionários pronunciavam a concordância com o funcionamento do projeto colonial. Muito embora houvesse uma ênfase em afirmar no púlpito que eram missionários, para um efeito de maior

HISTÓRIA E CULTURA AFRICANA E AFRO-BRASILEIRA

proximidade com a população, suas ações eram exógenas, assim como o capital que o reafirmava na posição de força estrangeira. Assim foi que Iliffe (1969, p. 260) afirmou:

> Os britânicos acreditavam erroneamente que os nativos de Tanganica vinham de tribos; os nativos criaram tribos destinadas a funcionar dentro do contexto colonial... (a) nova geografia política... seria transitória, se não coincidisse com tendências semelhantes entre os africanos. Eles também tinham de viver numa complexidade social estonteante, que organizavam com bases no parentesco e amparavam com história inventada.

> Durante os vinte anos após 1925, Tanganica passou por uma vasta reorganização social na qual os europeus e africanos uniram-se para criar uma nova ordem política baseada na história mítica... Analisando o sistema (de governo indireto), um oficial concluiu que seus principais partidários eram os chefes progressistas... Naturalmente, eles eram as figuras centrais do governo indireto, cuja atitude maior era dar-lhes liberdade de ação. As administrações nativas empregavam muitos membros da elite local... Até mesmo homens que haviam recebido educação, mas sem postos de administração nativa, geralmente reconheciam a autoridade hereditária... Em compensação, muitos chefes recebiam com simpatia os conselhos daqueles homens. (ILIFFE, 1969, p. 259)

Nesse sentido, vale frisar sobre como a África foi inventada, nas palavras de Valentin-Yves Mudimbe (1988). Sem nos esquecermos de considerar o que se assemelha à concepção de Hobsbawn e Ranger (2008) no livro *A invenção das tradições*. A princípio podemos mencionar que para os últimos a tradição refere-se ao que os colonos que estavam no poder, por exemplo, entre as populações centrais, Uganda e Zimbábue, desejavam e conseguiam recriar de práticas europeias. Inventaram rituais de honra para os colonos governantes e impediram os trabalhadores africanos de participarem dos sindicatos e remodelaram as elites locais. Um dos séquitos de suas escolas militares foi oficial militar e terceiro presidente e ditador de Uganda, Idi Amin Dada

(1971-1979), que impôs um regime de terror a seus compatriotas à luz dos ensinamentos militares britânicos. Nas palavras de Hobsbawn e Ranger (2008, p. 234-235), podemos acompanhar esse processo:

> As tradições inventadas europeias foram importantes para os africanos numa série de fases superpostas. A neo-tradição militar, com demarcações hierárquicas claramente visíveis, e obviamente indispensável ao funcionamento do colonialismo primitivo, foi a primeira influência poderosa. Seu impacto atingiu um clímax – particularmente na África Oriental – com as campanhas da I Guerra Mundial. Daí por diante, principalmente na África britânica, a presença militar diminuiu. A modalidade militar teve sua influência diminuída em relação às modalidades de integração missionária ou a formação burocrática dos africanos nos empregos do governo ou do empresariado [...]

> As tradições inventadas europeias ofereceram aos africanos uma série de pontos definidos de entrada no mundo colonial, embora na maioria dos casos tenha sido uma entrada na situação subordinada em relação ao superior.

Logo, poderíamos agregar alguns dos atributos inventados para os africanos e que ainda são reproduzidos para uma África idílica, homogênea e exótica:

- exotismo ou pitoresco: vida selvagem e cultura colorida com máscaras, homens com lanças e mulheres com argola no pescoço ou nos lábios;

- selvagens: guerras, genocídios, canibalismo, falta de inteligência, línguas do início da vida humana na terra, cidades desorganizadas, corrupção, doenças e crianças desnutridas;

- ajuda humanitária: ONGs, astros e estrelas do cinema e da música e missionários cristãos a se sacrificarem em nome do povo africano.

Você pode observar que qualquer um desses agrupamentos levará a atitudes para escalonar seus povos abaixo e as potências europeias acima. A questão é que, primeiro, muitas regiões do planeta, com o advento da expansão europeia na forma de colonialismo, estavam no século XIX em estado de miséria, que impulsionou ondas imigratórias para a América; segundo, a tendência em apenas enfatizar alguns atributos (agrupamentos) por décadas delineia a percepção sobre a região tão somente pelo modelo veiculado; terceiro, esses modelos vincularam-se à ânsia de dominar as regiões africanas, simbolicamente para gerar a dependência à civilização ocidental e cristã e materialmente para explorar suas riquezas.

Esses agrupamentos podem ser mesclados entre si, desde que permaneça a crença em estereótipos que os inferiorize. Essa produção foi muito explorada durante a época colonial nas potências e nos países aliados por meio de panfletos, romances e histórias em quadrinho.

Os quadrinhos foram utilizados para cristalizar na sociedade a superioridade dos valores ocidentais em contraposição às colônias. É fácil encontrar na web essas publicações, até mesmo as que eram consideradas para crianças, como os desenhos do Boney Tones e Jerry Melodies e *As Aventuras de Tintim*.

O objetivo era reafirmar o benefício da colonização belga na República Democrática do Congo: benfeitorias que o território privado de Leopoldo II construiu e os heróis ocidentais no desenvolvimento da mentalidade infantil dos congoleses. O criador belga George Prosper Remi, conhecido como Hergé, em visita ao Museu Real da África Central (*Royal Museum of Central Africa* – africamuseum.be) em Tervueren, Bélgica, procurou conhecer o Congo. Chegando até a incluir a fantasiosa história do manequim do homem-leopardo exposto no museu. Hergé fez uso de dois livros *Le Congo belga* e *Le miroir du Congo belge*. Em termos globais, essa mídia fazia alusão ao esforço em demonstrar de que maneira o capitalismo era melhor para o mundo em direção oposta à do socialismo da antiga URSS.

Outro exemplo de política colonial foi a dos alemães. Eles utilizavam os atributos racistas para a instalação de sua exploração e campanhas de ocupação na África. Com o uso de estatísticas comparativas entre a Alemanha e as outras potências, o Reich estimulava a imigração para as colônias africanas.

Com efeito, a política colonial alemã ratificou o uso da violência e da propaganda racista. Mas havia problemas financeiros para dar suporte às suas colônias. Se de um lado o ímpeto dos jovens exploradores enaltecia conquistas, por outro, os financiamentos podiam ser reduzidos. No caso da Alemanha, Carl Peters (1856-1918) insistia na grandiosidade do Império Alemão, desde o rio Zambeze até o Cairo, para sobrepor conquistas britânicas e no Congo de Leopoldo II (PERRAS, 2004; KRACHENSKI, 2022).

Lembramos que a esfera de influência estava presente nos acordos. A maioria das regiões que estariam dentro desses territórios diplomáticos estava alheia à ocupação colonial alemã até meados de 1880. Nas expedições pelo interior até a costa, foi comum o surgimento de maus-tratos a carregadores e trabalhadores dos postos do interior. O cônsul em Zanzibar, Michahelles, reconhecia esses frequentes abusos por figuras consideradas heroicas para Bismarck, como Bernhard von Bülow, que foi chanceler do Império Alemão de 1900 a 1909. Quando lhe foi recusado o recrutamento de trabalhadores nos postos administrativos devido aos constantes abusos de punições físicas, entrou em batalha contra um chefe próximo a Usuangula, Tanzânia, por três dias. Além do desastre causado contra os vilarejos, ele ordenou que fosse incendiado o vilarejo para demonstrar seu poder. Outro exemplo de brutalidade era Friedrich Schroeder, em Kurogwe, Vale do rio Pangani, Tanzânia. Sua constância nos maus-tratos foi denunciada por um explorador, Hans Meyer, ao cônsul em Zanzibar. Segundo os registros apresentados por Arne Perras (2004), Schroeder sofria de insônia e acordava seus trabalhadores com espancamentos e os pendurava pelas mãos atadas às costas, ou espancava os trabalhadores a ponto de fraturar seus membros. Com efeito, sob essas circunstâncias e por um baixo salário, os africanos eram considerados preguiçosos; por isso precisariam ser educados por meio da chibata.

Se as populações da costa leste representassem pouca resistência à colonização, qual era o motivo de tanta brutalidade por parte das autoridades alemãs da DOAG (Deutsch-Ostafrikanische Gesellschaft)? Para os seguidores de Carl Peters, era parte fundante da identidade de colonizadores o culto à violência. Ele chegou a instituir um ditado entre os membros da DOAG: "Você ainda não atirou em um negro?" Essa concepção de brutalidade reforçava a noção europeia da selvageria africana, segundo a qual os povos das colônias deveriam ser tratados. Assim, a cultura da violência colonial se tornou privilégio cultural: a brutalidade se tornou a própria prática colonial como efetivação da ideologia alemã.

A disputa por territórios com a Inglaterra incomodava Bismarck, mas a descrença na política colonial diante das disputas no Império o fazia vacilar nessa implementação. Todavia, foi a ideologia do pangermanismo que auxiliou Carl Peters em suas expedições por campanhas para o recrutamento de jovens empreendedores e aventureiros para consolidar o projeto (PERRAS, 2004).

Devemos entender que com a Segunda Grande Guerra Mundial os territórios africanos sob o domínio alemão se tornaram alvo de disputas entre as potências. Os territórios foram distribuídos entre franceses e britânicos pela divisão da colônia do leste e do oeste (Togo e Camarões), enquanto a atual Namíbia esteve sob o julgo da União Sul Africana, governo bôer. Mas nessa disputa a Itália (Líbia e territórios da Eritrea e Somália) e a Bélgica (Ruanda e Burundi) conseguiram concessões e territórios.

Em decorrência do regime de exploração alemão, os povos africanos aprenderam novas táticas e estratégias de guerra, instrumentalizados pelos acordos diplomáticos e pelo uso de armas para se oporem às autoridades coloniais. Esses desdobramentos iriam se intensificar com a Segunda Grande Guerra Mundial e pelo enfraquecimento das potências europeias e os levantes africanos intensificaram sua busca de autogoverno.

A Medicina em África

Os médicos manobraram a quarta força do colonialismo, somada à dos missionários, mercadores e militares. A Medicina tinha o objetivo de civilizar os corpos africanos de sua natureza inferior e selvagem, de acordo com Megan Vaughan (1991). A exploração africana precisava de sua mão de obra para expandir a viabilidade, isto é, lucratividade desses territórios negociados entre as outras potências. Algumas empresas europeias haviam se deparado com epidemias nas costas que diminuíram seus lucros no comércio de seres humanos até o fim de 1800. Mas no início de 1900, com a efetiva ocupação do interior do continente, empresas estrangeiras, como a inglesa BSAC, perceberam o alerta sobre seus lucros na presença de novos surtos epidêmicos.

Vale a pena apontar que a escravidão, até o fim de 1800, e o colonialismo, inserindo o trabalho forçado, orquestraram a Engenharia Social para a África. Entre seus efeitos podemos levar em conta a disseminação da varíola, narrada por Lépine (2000), que eclodiu no Golfo do Benin, no século XVII, devido a condições sociais propícias: densidade demográfica, núcleos urbanos, contato com povos contaminados pelo tráfico negreiro, guerras, comércio com europeus, falta de higiene, além da fome e da seca. E, muito provável, o patógeno encontrou algumas dessas condições nos grandes centros urbanos europeus: surtos epidêmicos de varíola foram registrados entre 1710 na Inglaterra até 1789 na Holanda.

No fim do século XIX a África começava a expandir a prospecção mineral por meio de trabalho compulsório e a concentração de africanos dos vilarejos em busca de salários. Nesses termos, as minas de ouro da África do Sul, Zimbábue e Gana, o cobre na RDC e na Zâmbia (região conhecida como Cinturão do Cobre),[40] e estanho na

---

40 A Zâmbia teve um crescimento econômico considerável depois da II Grande Guerra Mundial, comparando com as outras regiões com empresas de prospecção. Entre as décadas de 1960 e 1970, devido à industrialização e urbanização, a renda per capita de US$ 431 era próxima à de Portugal, US$ 568, sendo um dos países líderes na extração e venda de cobre (WORLD BANK, 1979).

Nigéria. Com efeito, os nascentes centros urbanos reproduziram condições propícias a outros patógenos, inclusive as cidades portuárias para o escoamento de minerais e da produção agrícola.

Se entendermos o desequilíbrio que a política externa causou no continente, podemos inferir motivos similares para que a tuberculose na África do Sul, segundo Randall Packward (1989), tivesse seu início em 1870, uma vez que as minas de ouro e diamante atraíram um crescente fluxo migratório da população do campo. Outro fluxo se dirigia para as cidades portuárias: Cidade do Cabo, Londres do Leste, Porto Elizabeth e Durban. No Senegal, Echenberg (2002) relatou sobre a peste bubônica, que surgiu em razão de condições urbanas precárias entre 1914 e 1945.

Mesmo em regiões do campo, a presença de patógenos endêmicos associada ao estresse social da exploração colonial causaram surtos epidêmicos elevados. No caso da doença do sono, que se debruçou sobre Lyons (1992) entre 1905 e 1920, morreram cerca de 250.000 na região central africana. Diferentemente da tuberculose e varíola, as doenças tropicais – como doença do sono (tripanossomíase humana africana), malária, dengue, febre amarela, entre outras – constituíram uma barreira para a colonização. Você precisa saber que a compreensão científica da doença, de acordo com Rosenberg (1992), está condicionada ao reconhecimento ou descoberta do patógeno, seu tratamento e a cura. Esse seria o modelo padrão para a concepção social sobre as doenças. Acontece que na primeira dezena de 1900 a Medicina Ocidental desconhecia as referidas doenças. Logo, à vista de surtos epidêmicos que atingiram autoridades coloniais e trabalhadores, as medidas adotadas amplificaram o desastre no bem-estar comunitário das populações. Foram utilizadas medidas preventivas ineficazes, porém de forma traumática, entre elas emitiram-se restrições à mobilidade das pessoas por passaportes, deslocaram pessoas infectadas ou com suspeita de contágio para centros de isolamento, conduziram uma campanha de matança de grandes animais e extenso desmatamento de fronteiras para conter a transmissão do patógeno da doença do sono.

O médico português Ayres Kopke em 1906 manipulou o arsênio como forma de tratamento pelo Atoxyl, depois da descoberta do protozoário tripanossoma. Devido à toxicidade para o organismo humano, os efeitos colaterais variavam entre cegueira, enxaquecas ou mortes (SILVA, 2015b). Além da coroa portuguesa, a Medicina Tropical em África contava com David Bruce da Inglaterra e Robert Koch da Alemanha, que foi o responsável por descobrir o causador da tuberculose em 1883.

A Medicina Tropical configurou-se como um suporte para a exploração africana. A seguir descrevemos as medidas adotadas pelos impérios em algumas colônias e seus respectivos anos.

Quadro 2 – Medidas preventivas adotadas pelos impérios

Impérios	Ano	Colônias	Medidas preventivas
Reino Unido	1900-1910 1920 1930	Uganda, Zâmbia, Zimbábue, Natal e Malauí Tanganika Nigéria, Gana e Sudão	Exames médicos, tratamento com drogas, desmatamento e certa limitação de realocação.
França	1906 1913 1930	África Equatorial Francesa (Congo) Gabão Burkina Faso, Costa do Marfim, Benin, Senegal, Guinea, Camarões e Congo Francês	Exames médicos, tratamento com drogas, passaportes de saúde ao longo dos rios, desmatamento próximos às ocupações coloniais, tratamentos profiláticos para os trabalhadores empregados nas empresas coloniais e administrativas. Hospital para o tratamento das vítimas.

HISTÓRIA E CULTURA AFRICANA E AFRO-BRASILEIRA

Bélgica	1906 1920-1923 1930	Congo	Cordão sanitário (campos de isolamento), controle de mobilidade social entre regiões infectadas e não infectadas.
Portugal	1911-1914	Ilha de Príncipe	Desmatamento, exames médicos, tratamentos com drogas, matança de cachorros, porcos e gatos silvestres.
Alemanha	1903	Togo, Camarões e África Alemã do Leste	Isolamento e tratamento dos doentes. Controle de mobilidade social em suas fronteiras e desmatamento ao longo de regiões consideradas lócus.

Fonte: Autor 2023.

Vale dizer que a coroa portuguesa, depois de perder o Shiré para o Reino Unido, como discutimos quando falamos sobre o Mapa Cor-de-Rosa, desejava recuperar seu orgulho pelo tratamento da doença do sono. Embora tenha inserido a população africana na Ilha de Príncipe infestada com o tripanossoma para usar como mão de obra em suas plantações, foi o único país que conseguiu erradicar a doença do sono, segundo Amaral (2012) e Correa (2020) Comparativamente, para você ter uma proporção do investimento na descoberta do tratamento da doença do sono, Lyons (1992) atestou que se gastou, proporcional ao valor da época, o mesmo montante para as pesquisas no HIV entre 1980 e 1990. Todavia, vale frisar que é necessário um exame cuidadoso do contexto socioeconômico e político que envolve uma doença epidêmica, considerando a constante batalha entre a humanidade e seus patogênicos.

Invariavelmente, as medidas preventivas em África contribuíram para a falácia de um continente que precisa da contínua ajuda humanitária e heróis estrangeiros, ao ofuscar os contextos históricos sobre as políticas internacionais de exploração no continente.

Síntese

Observamos neste capítulo, que até 1799 o interior africano era pouco conhecido, embora a coroa portuguesa tivesse um melhor conhecimento da bacia do Rio Congo e Zambeze. No entanto, os interesses externos pela exploração das riquezas africanas, a partir do século XV, produziriam ações ao longo dos séculos que iriam desestruturar os vínculos culturais africanos, bem como o equilíbrio ecológico. As propagandas imperiais anunciavam riquezas para atrair colonos, mas escondiam seu desconhecimento pelas doenças tropicais, como explicamos sobre a doença do sono. Assim, a exploração estrangeira sustentava a falácia humanitária em civilizar, cristianizar e curar os africanos de sua natureza selvagem.

Sugestões culturais

Literatura

MACHADO, Emilia et al. *Da* África *e sobre a* África – textos de lá e de cá. São Paulo: Cortez, 2012.

O texto procura ser inédito e voltado para a desconstrução de olhares eurocêntricos sobre a África, percorrendo a produção ficcional infantil até ilustrações rupestres em Argélia. Nesse diálogo entre autores e obras de referências africanas e brasileiras avança pela iniciação literária até desnudar as reflexões da temática literária.

CABAÇO, José Luís. *Moçambique*: identidade, colonialismo e libertação. São Paulo: Editora Unesp, 2008.

A obra contempla a pesquisa de José Cabaço ao indagar sobre as políticas de identidade como projeto político de poder hegemônico. Todavia, demonstra o caráter dualista estrutural da realidade de Moçambique como ex-colônia, onde a relação colono-colonizado perpetuou o racismo da missão evangelizadora que traduziu essa relação como superior-inferior.

Sites

www.davidrumsey.com | David Rumsey Collection

Esse *site* propicia ao internauta, além de conhecer cartas de navegação e mapas de diferentes períodos históricos, descobrir detalhes sobre a produção de seus cartógrafos.

http://www.msf.org.br/ | Médicos Sem Fronteira

ONG internacional, o MSF foi criado em 1971 pelo medico francês Bernard Kouchner e teve sua primeira ação em 1972, na Nicarágua. Difere-se da Cruz Vermelha por considerar fundamental aliar ajuda humanitária a estratégias midiáticas de sensibilização para a população e as instituições sociais. No *site* você tem acesso ao diário de campo de profissionais que atuarem nas ações, como os que permanecem desenvolvendo suas ações.

http://biton.uspnet.usp.br/imprensanegra/ | Imprensa Negra Paulista – USP

Repositório da Imprensa Negra Paulista com 26 jornais (A Liberdade, Chibate, Elite, O Clarim, Senzala, entre outros). O *site* possibilita ao internauta acessar e ler notícias das primeiras décadas de 1900 relacionadas ao pensamento de intelectuais, políticos e militantes negros e negras a respeito do Brasil e de países africanos.

Filme

JARDINEIRO Fiel. Direção: Fernando Meirelles. Roteiro: Jeffrey Caine. Produção: Simon Channing Williams. 2005. Filme de ficção e drama.

O drama procura demonstrar a atuação de governos e da indústria farmacêutica para atuar no desenvolvimento de medicamentos experimentais nas comunidades africanas. Enfatiza a falta de fiscalização e de controle em seus experimentos.

http://notaterapia.com.br/2016/05/13/10-filmes-sobre-racismo-e-escravidao-no-brasil/_

Indicações sobre 10 filmes e documentários a respeito da escravidão e do negro brasileiro.

Atividades de autoavaliação

1. Assinale a questão **incorreta** e corrija-a.

    a. Os comentários de mapas deste capítulo retratam o continente africano, conforme as descobertas de exploradores, por isso auxiliaram na visão positiva que o colonialismo produziria no século XIX para a África.

    b. Segundo Jürgen Osterhammel (2009), as ações coloniais distinguiam-se para cada região e período e conforme o interesse político e econômico desmembrava-se na especificidade de cada colônia.

    c. O protetorado e a Zona de influência foram estratégias diplomáticas de negociação entre as potências europeias, podendo ocasionar disputas como a do Shiré, em que a Inglaterra ameaçou entrar em Guerra contra Portugal em 1890.

    d. O Mapa Cor-de-Rosa de Portugal foi uma estratégia política de convencer as potências, durante a Conferência de Berlim em 1884-5, de que as regiões entre Moçambique e Angola lhe pertenciam desde 1624, segundo os interesses acordados entre a coroa portuguesa e o Papa Inocente X.

2. Observe as duas imagens de Cecil Rhodes

Cecil Rhodes (1853-1902) desejava criar um espaço colonial britânico de Cairo, Egito, a Cidade do Cabo, África do Sul e estava à frente da British South Africa Company (BSAC), segundo o que explicamos pela pretensão da coroa lusa por meio do Mapa 2 – Mapa Cor-de-rosa. Em 9 de março de 2015, na África do Sul, foi iniciada uma campanha pública pelos estudantes da Universidade da Cidade do Cabo para que fosse retirada sua estátua do campus. Depois da resolução do conselho uni-

HISTÓRIA E CULTURA AFRICANA E AFRO-BRASILEIRA

versitário para discutir sobre a ambiguidade entre a fortuna que o colonialismo inglês retirou da África e o pouco retorno que significaram as doações humanitárias, a estátua foi retirada em 19 de abril de 2015.

Conforme discutimos nesses dois últimos capítulos (5 – A Escravidão Negra - e 6 - A África Explorada e Construída pela Europa: séculos XV a XVIII), assinale V para Verdadeiro e F para Falso para as questões que apontam a complexidade da ajuda humanitária e as atrocidades sociais causadas pelo colonialismo.

a. O colonialismo africano teve com o intuito civilizar, cristianizar e curar os povos africanos de sua natureza selvagem. Por isso ainda é fundamental ajudar a África em sua natureza contínua e indomável.

b. A AIA foi criada pelo rei Leopoldo II para encobrir as atrocidades que ele executou em África na extração do látex. Dessa forma, missionários, filantropos e empresários foram ludibriados e ignoravam seu intuito.

c. A ciência a partir de 1800 comprovava a inferioridade dos negros aliada às teses monogenistas e poligenistas. Com efeito, a sociedade ocidental desenvolveu ações humanitárias, como o Movimento da Reforma do Congo e o envio de médicos para auxiliar as populações africanas suportar a natureza cruel do continente.

d. John Illife apresentou a tese que corroborou a de Hobsbawn e Ranger. As tribos eram uma invenção europeia, a partir do que os estrangeiros consideravam ser o estágio do evolucionismo humano. Os ocidentais ignoraram, todavia, que essa invenção, assim como as próprias tradições ocidentais, baseou-se em interesses de grupos, podendo ser de sobrevivência, exploratórios e de domínio estrangeiro.

e. A ação dos estudantes da Universidade da Cidade do Cabo revelou que o argumento da solidariedade em África por agentes estrangeiros teve um alto custo social para suas populações. As representações de Cecil Rhodes em bustos e estátuas, nesses termos, representaram as contradições da atuação estrangeira, criando sofrimentos, desenvolvendo tratamentos e exercendo a dependência econômica e política estrangeira.

Atividade de aplicação

1. Imprima ou peça aos estudantes acessarem o jornal negro *Hífen*,[41] Campinas, janeiro de 1967, ano III, nº 27, e dissertarem de que maneira as matérias:

a. retratam personalidades negras brasileiras;

b. retratam a situação dos países africanos;

c. denunciam o racismo brasileiro.

A mesma atividade poderia utilizar outros jornais do repositório da USP, conforme o link apresentado anteriormente.

Respostas

1. a) Os mapas demonstraram a visão ocidental sobre o continente africano, no entanto, ocorreu a distorção no século XVII da representação da realidade ecológica e das populações africanas, que posicionou reinos de forma imprecisa e reproduziu estereótipos de selvageria e bestialidade com seres monóculos.

2. a) F; b) F; c) F; d) V; e) V.

---

41 Disponível em: http://biton.uspnet.usp.br/imprensanegra/index.php/hifen/hifen-011962/. Acesso em: 11 out. 2017.

Referências

AMARAL, Isabel. Bactéria ou parasita? A controvérsia sobre a etiologia da doença do sono e a participação portuguesa, 1898-1904. *História, Ciências, Saúde-Manguinhos*, v. 19, n. 4, p. 1275-1300, 2012. Disponível em: https://bit.ly/3TtWcJp. Acesso em: 10 mar. 2023.

ANDERSON, Benedict. *Comunidades imaginadas*. Lisboa: Edições 70, 2005.

ASANTE, Molefi Keti. *The history of Africa: the quest for eternal harmony*. 2. ed. New York/London: Routledge, 2015.

CORREA, Sílvio Marcus de Souza. "Hipnóticos" na metrópole: africanos no Hospital Colonial de Lisboa nas primeiras décadas do século XX. *História, ciência e Saúde-Manguinhos*. 2020, v. 27, n. 4. p. 1125-1147.

DIARIO MISSIONÁRIOS DA ÁFRICA. *Alfred Diban e Joseph Ki-Zerbo*. Disponível em: https://www.peresblancs.org/archivesdocgb.htm. Acesso em: 10 mar. 2023.

ECHENBERG, Myron. *Black death, white medicine: bubonic plague and the politics of public health in colonial Senegal, 1914-1945*. Heinemann: Boydell & Brewer, 2002.

GRUNSCHWIG, Henri. *A partilha da África negra*. Campinas: Perspectiva, 2006.

HERTSLET, Edward. *Map of Africa by Treaty*. 1896. 2a. ed., v. II: https://bit.ly/48PYUgD. Acesso em: 10 mar. 2023.

HOBSBAWN, Eric; RANGER, Terence. *A invenção das tradições*. 6. ed. Rio de Janeiro: Paz e Terra, 2008.

HOCHSCHILD, Adam. *King Leopold's ghost: a story of greed, terror and heroism in colonial Africa*. New York: Houghton Mifflin Company, 1999.

KRACHENSKI, Naiara. *Dominar, colonizar, classificar: colonialismo alemão, fotografia e racismo (1884-1943)*. São Paulo: Dialética, 2022.

ILIFFE, John. *Tanganyika Under German Rule 1905-1912*. Cambridge: Cambridge University Press, 1969.

LÉPINE, Claude. *Os dois reis do Danxome: varíola e monarquia na África Ocidental, 1650-1800*. Marília: Cultura Acadêmica Editora, 2000. Disponível em: https://ebooks.marilia.unesp.br/index.php/lab_editorial/catalog/book/137. Acesso em: 10 mar. 2023.

M'BOKOLO, Elikia. *África negra: história e civilizações*. Salvador: EDUFBA; São Paulo: Casa das Áfricas, 2009. t. I (até o século XVIII).

M'BOKOLO, Elikia. *África negra: história e civilizações do século XIX aos nossos dias*. 2. ed. Lisboa: Edições Colibri, 2011. t. II.

MUDIMBE, Valetin-Yves. *The invention of Africa: gnosis, philosophy and the order of knowledge*. London: James Currey, 1988.

MWANZI, Henry. Iniciativas e resistências africanas na África oriental, 1880-1914. In: BOAHEN, Adu A (Ed.). História geral da África: África sob dominação colonial, 1880-1935. Vol, VII. Brasília: UNESCO, 2010.:. p. 167-190. Disponível em: https://unesdoc.unesco.org/ark:/48223/pf0000190255. Acesso em: 10 mar. 2023.

KI-ZERBO, Joseph. Introdução geral. In: KI-ZERBO, Joseph (ed.). *História geral da África: Metodologia e pré-história da África*. Vol. I. 2.ed. rev. Brasília: UNESCO, 2010. p. XXXI-LVII. Disponível em: https://unesdoc.unesco.org/ark:/48223/pf0000190249. Acesso em: 10 mar. 2023.

OSTERHAMMEL, Jürgen. *Colonialism: a theoretical overview*. 2. ed. Princeton: Markus Wiener Publication, 2005.

PERRAS, Arne. *Carl Peters and German Imperialism 1856-1918: a political biography*. New York: Oxford University Press, 2004.

ROBERTS, Audrey. *A history of the Bemba: political growth and change in North-Eastern Zambia before 1900*. London: Longman, 1973.

ROSENBERG, Charles E. Explaining Epidemics and other Studies in the History of Medicine. Cambridge: Cambridge University Press, 1992.

SKIDMORE, Thomas E. *Preto no branco: raça e nacionalidade no pensamento brasileiro*. Rio de Janeiro: Paz e Terra, 1976.

SELASSIE, Haile. *Discurso de Haile Selassie I em Genebra*. Disponível em: https://rl.talis.com/3/aber/items/909EAA45-3BB5-2CB0-5C4D-7B2E4EE-BA2F7.html. Acesso em: 10 mar. 2023.

SILVA, Jefferson Olivatto da. As resistências africanas diante das medidas preventivas coloniais contra a doença do sono na Zâmbia (1890-1920). *História, Questões & Debates*, n. 61, n. 1, p. 73-105, jan./jun. 2015b. Disponível em: https://revistas.ufpr.br/historia/article/view/44148. Acesso em: 10 mar. 2023.

SILVA, Lorena Silveira da. *Mapa Cor-de-rosa de 1890*. Londrina: [s.n], 2023.

SILVA, Jefferson Olivatto da. *A exploração colonial entre 1919-1939*. Londrina: [s.n], 2023.

THE OXFORD ENGLISH DICTIONARY. 20 volumes. Oxford: Clarendon Press, 1989. Disponível em: http://www.oed.com/. Acesso em: 11 mai. 2022.

VAUGHAN, Megan. *Curing their ills: colonial power and African illness*. Stanford: Stanford University Press, 1991.

VERACINI, Lorenzo. *Settler colonialism: a theoretical overview*. London: Palgrave Macmillan, 2010.

WORLD BANK. *World Development Report 1979*. New York: Oxford University Press, 1979. Disponível em: https://bit.ly/49ORN9z. Acesso em: 10 mar. 2023.

Capítulo 7
Movimentos de resistência africana e afro-brasileira

Introdução

A partir da ação dos africanos diante da colonização, podemos corroborar a proposta historiográfica de que "a África tem história!", como afirmou Joseph Ki-Zerbo (2010). Se de um lado observamos os 4 Ms atuarem conforme as políticas estrangeiras, de outro os negros africanos e da diáspora souberam, com criatividade, remodelar essas aprendizagens pela busca por libertação e afirmação de sua humanidade plena, por meio de Congressos, ao se tornarem líderes religiosos carismáticos, utilizarem o armamento estrangeiro e até organizarem-se contra recrutamentos para as guerras. A busca por autogoverno persistia na intencionalidade da população negra. A Etiópia sustentou-se independente, mesmo perdendo algumas regiões para a Itália, e a Libéria reorganizava-se como país à medida que recebia negros alforriados e livres da América. A resistência negra pôde ser implicada e metabolizada no cotidiano brasileiro por características que Cheik Anta Diop (2014) denominou de berço africano do matriarcado. Com efeito, como ele havia apontado, a capacidade organizativa familiar, a experiência coletiva e compartilhada traduziu-se no que iremos apresentar da intelectualidade, espiritualidade e militância das mulheres negras brasileiras em busca do reconhecimento pleno da humanidade do negro.

O caminho contra o esquecimento dos processos históricos

Chegamos ao último Capítulo de nossa trajetória. Imagino que você tenha se deparado com nomes de personalidades, lugares e eventos sociais que, talvez, lhe fossem desconhecidos. Isso não é ruim. Ao contrário, estimula seu imaginário e pensamento a respeito de questões sociais, políticas, comerciais e religiosas. Mas a trajetória continua.

Há uma frase que ressoa na resistência zambiana, título de um livro de um de seus líderes, Simon Mwansa Kapwepwe (1922-1980): "Podemos até perdoar, mas não podemos esquecer" (em Bemba *Afrika kuti twabelela uluse lelo tekuti tulabe,* 1970*).* O título traduz o esforço que fizemos na confecção do livro, nas escolhas de temas, lugares, personalidades e contextos históricos. A História é uma ciência fundamental para compreendermos o processo de exploração colonial que foi metabolizado e percebermos que nesses quase 500 anos os afro-brasileiros foram excluídos de suas riquezas – inclusive das discussões sobre a complexidade do continente africano de acordo com as discussões do Capítulos 1 - Educação para as Relações Étnico-Raciais - e Capítulo 2 - Estudos Africanos: Problemáticas e Resoluções.

Nesse sentido, agora você poderá se perguntar: Todos os países africanos foram colonizados? Quais os diferentes tipos de resistências existiram? Como os negros africanos e da diáspora se organizaram no século XX? Houve nesse período mudança de pensamento intelectual entre os negros? Quais foram as estratégias de organização? Quais foram os desenvolvimentos intelectuais e políticos que o Pan-Africanismo orquestrou? Qual a importância dos movimentos de resistências contra o colonialismo na África e no Brasil? Você conhece a contribuição do papel das mulheres negras em busca de liberdade e de uma sociedade africana e brasileira democrática?

Podemos mencionar que as reações africanas aos árabes e muçulmanos foram silenciadas antes de 1100, sem apresentar vestígios da

HISTÓRIA E CULTURA AFRICANA E AFRO-BRASILEIRA

construção de mesquitas nas principais cidades portuárias: Mogadicio, Sofala, Mombasa e nos arquipélagos de Lamu, Zanzibar, Comoros ou Quiloa. Há uma variação de tema em comum das histórias resgatadas por Derek Nurse e Thomas Spear (1985) em torno da integração, cujo fator dominante seria a conquista violenta sobre o casamento inter- -racial pacificador. Assim foi que, por exemplo, o primeiro Shirazi,[42] Ali bin Hussain (ou Muli), teria trazido presentes para o rei e casou-se com mulheres locais. Mas em seguida criou barreiras ao poder local, pedindo ao rei para sair da região costeira; porém seus filhos consegui- ram integrar-se aos reinos costeiros e aos das regiões do interior onde seu avô teria se fixado. E como os relatos que obtivemos foram de viajantes e exploradores árabes a partir do século XI, Al-Idrisi (1150) e posteriores (como no século XIV, Ibn Battuta, Ibn Khaldun), as histó- rias orais foram agregadas em torno do domínio árabe (vide Capítulo 4 – A África e o Islã Medieval).

Em razão da sobreposição de poderes e ideologias, as reações contrárias à chegada dos europeus podem ser caracterizadas em conse- quência da manutenção de vínculos comunitários: autogoverno local em virtude dos primeiros impactos do colonialismo de exploração e de ocupação; submissão aos poderes coloniais por conta da Primeira Guerra Mundial em África; e utilização pelos povos africanos de sinais diacríticos cristãos ou traços culturais determinantes para o naciona- lismo nascente.

Procurando o retorno ao autogoverno, houve na região austral três tipos de reações no fim de 1800: 1. Confronto contra os coloni- zadores pelos Zulus, ao sul de Limpopo; Ndebele, entre Limpopo e Zambeze; Bemba, na Zâmbia; Yao, ao sul e norte do Malauí; e Angoni

---

42 O povo Shirazi teria se expandido da Somália para as regiões costeiras ao sul. Em- bora haja certa descontinuidade histórica desde sua origem, atribuída em 2000 a.C., na região sul da Pérsia, as referidas cidades portuárias passaram a ser dominadas por esse povo. Assim, pelo reconhecimento de sua importância comercial, política e reli- giosa, houve uma tendência de autoatribuição às famílias abastadas da costa leste em se filiarem miticamente à dinastia Shirazi, iniciada em 1100, segundo Chittick (1965).

e os Impérios de Mangwende, Makonni e Mutasa; 2. O refúgio no protetorado escolhido por Sotho, Swazi, Ngwato, Tswana e Lozi que eram independentes, buscando auxílio britânico contra seus vizinhos Zulu, Ndebele, Bemba, Angoni e os fazendeiros bôeres; 3. Por fim, a aliança por numerosas populações pequenas e tributárias, Khoi-Khoi, Shosa, Pondo, Thembu, Nfengu e Hlubi na África do Sul; Bisa, Lungu, Iwa e Senga na Zâmbia; e Chewa, Nianja, Nkonde e Tonga no Malauí (MWANZI, 2010).

O confronto da primeira iniciativa contra o colonialismo devia-se ao fato de os britânicos desejarem subjugar as mesmas áreas e populações que Zulu, Ndebele, Bemba e Yao, pois eram terras mais férteis, com populações numerosas para o emprego da colonização e ricas em minérios. Conseguiram resistir até a década de 1890. Depois da chegada dos missionários e das alianças com as populações africanas, as insurreições sucumbiram à força bélica britânica. A segunda iniciativa apoiou-se sobre as propostas de protetorados e auxílio bélico, de acordo com o apelo imperialista humanitário dos missionários da coroa, por serem militarmente impotentes contra seus vizinhos Zulu, Ndebele, Bemba e Yao. E a terceira iniciativa gerou estratégias de proximidade com os poderes estrangeiros: tinham influência militar, alguns de seus membros eram convertidos cristãos e haviam estudado; além de rejeitar práticas culturais para desafiar seus chefes em favor dos estrangeiros.

Nesse sentido, como afirmamos,

> quanto mais líderes como Lewanika (Zâmbia) e Khama (Botsuana) se apoiavam nos princípios cristãos, e nos missionários, mais distantes estavam de seus súditos afrouxando elementos identitários de seu poder e abrindo territórios aos colonos estrangeiros. De uma forma próxima a esta, a terceira maneira de lidar com a colonização a seu favor e contra a imposição de seus vizinhos foi a gravitação de alianças que ocorriam conforme a necessidade e ocasião. De um lado sofriam o peso do domínio militar externo, de outro se tornaram modelos cristãos e

> africanos civilizados que, sem rejeitar seus laços culturais, desafiavam o poder tradicional em favor dos colonizadores. Dentre essas ações os Chewa apoiaram-se sobre a presença dos novos atributos civilizatórios, humanitários e cristãos para manter uma atitude de correspondência até tecer uma bíblia cristã ecumênica no Malauí. (SILVA, 2011, p. 51-52).

O período da Primeira Guerra Mundial, 28 de julho de 1914 a 11 de novembro de 1918, pode ser considerado em suas características como uma ruptura com o período pré-colonial. Você precisa entender que o colonialismo que efetivou o imperialismo europeu desenrolou-se entre as duas guerras mundiais, isto é, 1918 e 1939. Assim, no primeiro momento da Primeira Guerra Mundial, reapareceram as insurreições das populações em busca de um retorno à independência dos chefes locais, em termos gerais, sem que uma concepção de nação houvesse sido formada. Por outro, marcou o fim da partilha da África pela eliminação da Alemanha como potência colonial.

Podemos observar que os recrutamentos eram para compor dois grupos, carregadores e soldados (*askari*), por meio de ação voluntária em busca de salário, convocação feita pelos chefes locais diante da imposição estrangeira e alistamento compulsório da força jovem e adulta masculina. De acordo com Crowder (2010), é provável que cerca de 2.5 milhões de pessoas tenham sido recrutadas no continente para suprir o pouco número de militares estrangeiros nas colônias.

Contrários à imposição colonial de recrutamento para as guerras europeias em solo africano, as fugas e os mutilamentos tornaram-se atitudes de resistência de sunitas na região setentrional, Igbos no Daomé, Malgaxes na ilha de Madagascar e o Movimento Kitawala no Zimbábue e na África do Sul.

Cristianismo africano

Perante o cristianismo nas regiões subsaarianas, os discursos cristãos passaram a ser apropriados pelos vínculos culturais locais de longa duração. As escolas missionárias se tornaram o foco para as elites intelectuais e engendravam-se o anseio nacionalista. O cristianismo católico e protestante oportunizava aos homens se tornarem catequistas e ministros, levando-os a reinterpretar sua função local em razão da autoridade estrangeira. Dois movimentos se originavam: assumir o poder imposto pelos instrumentos simbólicos estrangeiros e anunciar o fim dos tempos. Tais movimentos de anseio local operavam por certa instabilidade dos poderes coloniais provocada pelo advento da Primeira Grande Guerra Mundial.

A década de 1880 oportunizou o nascimento do primeiro modelo de nacionalismo pela concepção de irmandade cristã. A Igreja Tembu foi fundada por Nehemiah Tile depois de seu rompimento com a Igreja Metodista Missionária em 1882. Uma década depois, Magena Mokone fundou a Igreja Etíope, a partir de seu aprendizado na Igreja de Wesley e enviou seus ministros pelas regiões austrais.

Contra a ação britânica no Malauí de cobrança de impostos e recrutamento militar, John Chilembwe instituiu sua Missão Industrial da Província, no início do século XX; tendo frequentado um colégio teológico batista nos EUA, seu posicionamento, contrário ao de outros, pregava o rompimento do tratamento racial dado aos negros, pois considerava que seus compatriotas tinham os mesmos direitos que os colonos brancos. Essa revolta apontou para a busca de um nacionalismo sem retorno aos modos africanos. Por sua densa formação batista e estadunidense, Chilembwe reiterava ações cristãs e nacionalistas. Nesse mesmo período, surgiu na Malauí o movimento da *Watch Tower*, que teria surgido de outra igreja separatista, Kitawala (Independente), liderado por Bushiri Lugundu (RANGER, 1975).

HISTÓRIA E CULTURA AFRICANA E AFRO-BRASILEIRA

Esses movimentos africanos apropriaram-se de sinais diacríticos do expansionismo cristão, como a *United Church of Zambia*[43] e *Reformed Church in Zambia*,[44] por interligar diferentes esquemas operatórios estratificados em hierarquias, formas de salvação, rituais, narrativas espirituais, vínculos de irmandade, enquanto outras se elaboraram por certos esquemas isolados, quando enfatizavam um ou outro ritual, sobre novas narrativas que se dirigiam para um messianismo africano (SILVA, 2021). Para os historiadores Kofi Asare Opoku (2010), Allen Isaacman e Jan Vansina (2010) e Adiele Eberechukuwu Afigbo (2010), essas ações representavam um cristianismo indígena e ações de igrejas separatistas. Entre os últimos tivemos apelos nacionalistas ou de grupos com história de resistências ao colonialismo vinculadas às narrativas cristãs. Os textos que produziram referiam-se à salvação da alma, libertação dos oprimidos e relação direta com o salvador.

Outro movimento zambiano foi o da Igreja de Lumpa, liderado por Lenshina, profetisa cristã do distrito de Chinsali, região norte da Zâmbia. Alice Lenshina era admirada por suas ações e cânticos de libertação, que foram usados pela elite zambiana para lutar pela independência da Zâmbia, e devido ao massacre contra as manifestações dos zambianos, sofreu perseguição e detenção. Por fim, por determinação do primeiro presidente Kennedy Kaunda, em 1978, depois de ser decretada sua prisão domiciliar morre em seguida (ROTBERG, 1972; RANGER, 1975; CALMETTES, 1978; SILVA, 2021).

---

43 Formada em 16 de janeiro de 1965 a partir da liderança de pastores africanos, foi organizada pela associação de quatro denominações: Paris Evangelical Missionary Society, London Missionary Society, Primitive Methodists e Wesley Methodists.

44 Instituída em 1943 a partir de seu vínculo com a **Dutch Reformed Church** da África do Sul (Orange Free State).

Resistência aos alemães

No caso da colônia alemã, Namíbia, no início do século XX, houve um movimento de resistência importante. Em 1904, os Ovaherero guiados por seu chefe, Samuel Maharero, se organizaram em uma resistência armada contra o colonialismo alemão, que ficou conhecido como o Levante Herero. Isso resultou em uma resposta brutal dos alemães com retóricas e táticas de genocídio, conforme descreve Ciarlo (2011) em seu livro *Advertising empire – race and visual culture in imperial Germany*. Desde 1870, a Alemanha evitava se envolver em guerras. A guerra contra os Ovaherero instigou a reorganização do Império, propagando uma ideia racial de superioridade, em contraposição aos selvagens africanos.

Lutando contra os alemães, os Ovaherero mataram cerca de 100 colonos e dispensaram mulheres, crianças, missionários, britânicos e bôeres. Sob o comando do General Lothar von Trotha, chegaram à Namíbia 19.000 homens. A tentativa de extermínio dos Ovaherero foi encerrada; muitos deles conseguiram escapar para o deserto de Omaheke, porém, as tropas vigiavam os poços para eliminar qualquer tentativa de conseguir água. Efetivamente, menos de 20.000 de um total de 80.000 conseguiu sobreviver. Os sobreviventes foram levados para campos de trabalho forçado e muitos morreram de fome ou de doença.

Em outras partes da colônia alemã do Sul, depois do massacre dos Maharero, os Namaqua (chamados de Hottentontes pelos alemães) resistiram à brutalidade sobre a liderança de Hendrik Witbooi por três anos; porém sofreram uma tragédia similar: assassinatos, encarceramento e trabalhos forçados. Do outro lado, em 1905, na colônia do Oeste, os Maji Maji se rebelaram contra o colonialismo alemão. Além de acabar com a revolta, os alemães utilizaram a queima das matas para intensificar na região um estado de fome geral.

Indubitavelmente, essa reação alemã provocou seu primeiro genocídio generalizado nas colônias africanas. Ciarlo (2011) estima que tenha sido exterminado entre 250.000 e 300.000 africanos. No início do século XX, é muito provável que essas práticas raciais alimentaram o imaginário político alemão, a ponto de serem desenvolvidas novas tecnologias genocidas entre a I e a II Grande Guerra Mundial. Lembramos que essas práticas foram somente de uma potência e sem computar as violências provocadas pelas outras no continente.

O avanço sobre o reconhecimento público e político dessas ações coloniais ainda é incipiente, com pouco reconhecimento dessas atitudes pelos antigos impérios e nações modernas, tampouco de reparações históricas.

A título de exemplo, como uma das medidas de reconhecimento pelo genocídio, o governo alemão devolveu 20 crânios Herero e Nama enviados à Alemanha para fins de estudo – vítimas diretas dos massacres – que estavam expostos no Museu Charite de Berlim em 2004. Como informou o jornal alemão Deustche Welle[45], em 30 de agosto de 2011, a namíbia Utjiua Muinjangue, conselheira da Associação de Vítimas Herero a respeito dessa demonstração: "Queremos fazer parte do processo. Não pode haver uma discussão sem a nossa presença. O governo alemão nunca falou diretamente com os que foram afetados, para escutar sobre nossos sentimentos e nos dar condições para que possamos ser ouvidos". Conforme o próprio museu, há aproximadamente 7.000 crânios namíbios espalhados pela Alemanha. Em 2018, foi realizado uma cerimônia na Windhoek, capital da Namíbia, em que Petra Bosse-Huber, bispo alemão protestante, enfatiza que este massacre foi o primeiro genocídio do século XX. Estima-se que foram assassinados 65.000 hereros e 10 namas pelos soldados alemães do Kaiser Wilhelm. No entanto, a Alemanha ainda não teria se desculpado publicamente pelo massacre nem assumido ações de reparações. Mesmo com negociações, há um processo penal que caracteriza a ação germânica contra os povos namíbios por violação do Direito Internacional contra o direito dos povos originários (REUTERS, 29/08/2018)[46].

---

45 Site com a notícia: https://www.dw.com/en/return-of-namibian-skulls-highlights--german-colonial-brutality/a-15427571.

46 Site com a notícia: https://bit.ly/4cejAli.

Estados africanos independentes

Mesmo diante da força e pressão exógena, a Libéria e a Etiópia desempenharam soberania no enfrentamento do imperialismo. Podemos considerar que, como aponta Akpan, Jones e Pankhurst (2010), os dois impérios tinham relações amigáveis com a Europa até 1879. Em resposta à partilha da África pelos estrangeiros, essas relações tiveram uma nova jornada, mas, mesmo assim, conseguiram sobreviver ao colonialismo.

O caso da Libéria é um processo exógeno sobre a antiga região da Costa da Pimenta. Segundo relatam Serrano e Waldman (2008), em *Memória d'África – a temática africana em sala de aula*,[47] bem como Dennis e Dennis (2008), em *Slaves to racism – an unbroaken chain from America to Liberia*, a Libéria foi fundada em 1822 por meio da ação da *American Colonization Society* (junção entre filantropos do norte dos EUA e donos de escravizados do sul), de acordo com um plano de retorno à África dos negros libertos dos EUA, Caribe e resgatados pela coroa britânica. Esse grupo heterogêneo de cerca de 12.000 negros passaram a ser conhecidos como Américo-Libérios, entre os anos de 1822-1867. Em apenas um ano, 6.000 foram aportados na costa a partir da ação da Inglaterra em alto mar. O nome da nação apresenta a caracterização desse processo, Libéria, *Liberty*, sua capital Monróvia, *James Monroe*, quinto presidente dos EUA. Todavia, tais características denotaram um histórico de dependência externa estadunidense sem ser um protetorado.

A Libéria constituiu-se por vários grupos étnicos de dominância linguística do grupo Mende, sendo Kpelle o grupo étnico mais numeroso, aproximadamente 20% da população. Diferente de outras regiões do oeste africano, a Libéria cedeu às incursões estrangeiras na costa, como fizeram a Confederação Ashanti, os reinos Yoruba e o emirado Sokoto.

---

47 Levaremos em conta a Libéria e a Etiópia, que estiveram distantes de uma colonização europeia.

HISTÓRIA E CULTURA AFRICANA E AFRO-BRASILEIRA

Outro aspecto importante foi a distinção que havia na sociedade entre a população local e os Américo-Libérios, visto que houve de fato a importação de ações de segregação. Os Américo-Libérios tinham conhecimento técnico de sua história americana, além de vários terem passado por algum tipo de educação, contrastando com a população local, que em sua grande maioria era de conhecedores de práticas culturais de seus ancestrais e analfabetos. Outro sinal diacrítico era a língua: falar inglês significava para os Américo-Libérios algo como próximos à civilização ocidental, ou melhor, completar sua superioridade em relação à população local.

Sua Economia até 1930 esteve alicerçada sobre a exploração de noz de cola e óleo de palma. A partir de 1926, pela demanda exterior de borracha para pneus, fez um acordo com a *Firestone Plantations Company* e na década de 1950 iniciou a prospecção de minério de ferro, por meio de um consórcio entre EUA, Alemanha, Suécia e o governo da Libéria.

Enfatizamos que as dificuldades enfrentadas pela Libéria foram cumulativas devido à dependência de empresas estrangeiras e sucessivos empréstimos.

Etiópia

Já a Etiópia tem uma história que enalteceu seus povos. Sua tradição remonta à do povo hebreu, que se libertou do Egito e foi guiado por Moisés pelo deserto, uma parte teria permanecido nesse território por volta de 1200 a.C. Outra tradição os coloca na linhagem direta da Rainha de Sabá e o rei Salomão. A história desse encontro no século X a.C. é contada pelo judaísmo, cristianismo cóptico e islamismo.

Antigo Testamento – Livro I Reis, capítulo 10, versículos de 1-13:

> 10. Presenteou o rei com cento e vinte talentos de ouro e grande quantidade de perfumes e pedras preciosas. Não apareceu jamais uma quantidade de aromas tão grande

como a que a rainha de Sabá deu ao rei Salomão.

11. A frota de Hirão, que trazia o ouro de Ofir, trouxe também grande quantidade de madeira de sândalo e pedras preciosas.

12. Com este sândalo fez o rei balaustradas para o templo do Senhor, assim como harpas e flautas para os músicos do palácio real. E desde então não se transportou mais dessa madeira de sândalo, e não se viu mais até o dia de hoje.

13. O rei Salomão deu à rainha de Sabá tudo o que ela desejou e pediu, além dos presentes que ele mesmo lhe fez com real liberalidade. E a rainha retomou o caminho de volta com a sua comitiva.

No livro Sagrado *Kegra Negast* (A Glória dos Reis), que menciona o encontro, é mais extenso do que dos outros livros, Velho Testamento e Corão, percorrendo a Parte 2, capítulos 19-40. A seguir está o excerto que se assemelha ao que mencionamos de I Reis (10:1-13). Diz assim no capítulo 23, *A Rainha da Etiópia chega a Salomão, o rei*:

E ela [Rainha de Sabá] chegou a Jerusalém trazendo ao rei muitos presentes que ele desejava muito possuir. E ele a pagou com grande honra e regozijo, e deu a ela um quarto em seu palácio bem próximo ao dele. Ele enviava a ela comida tanto pela manhã quanto pela noite. A cada vez chegavam quinze porções de alimentos, cozidos em óleo e com abundantes molhos e trinta porções de outras coisas como pães, touros, vacas, carneiros e muita bebida como vinho e outros, tudo para alimentar a ela e a seus homens. E todo dia ele cedia a ela onze vestimentas que saltavam aos olhos. E quando ele a visitava ela podia notar sua sabedoria, seu julgamento justo, sua graça e seu esplendor e podia ouvir a eloquência de seu discurso. Ela, maravilhada em seu coração e admirada em sua mente, e ela reconheceu em seu entendimento o homem admirável que ele era. (KEBRA NEGAST, 1995, p. 23).

HISTÓRIA E CULTURA AFRICANA E AFRO-BRASILEIRA

E no Corão,[48] Sarata 27, capítulos 23-43, há uma constância do que encontramos nas tradições anteriores, porém foi enfatizada nessa parte a crença em outros deuses, o que foi combatido por Salomão.

23. Encontrei uma mulher, que me governa (o povo), provida de tudo, e possuindo um magnífico trono.

24. Encontrei-a, e ao seu povo, e se prostrarem diante do sol, em vez de Deus, porque Satã lhes abrilhantou as ações e os desviou da senda; e por isso não se encaminham.

25. De sorte que não se prostram diante de Deus, Que descobre o obscuro nos céus e na terra, e conhece tanto o que ocultais como o que manifestais.

26. Deus! Não há mais divindade além d'Ele! Senhor do Trono Supremo!

27. Disse-lhe (Salomão): Já veremos se dizes a verdade ou se és mentirosa.

28. Vai com esta carta e deixa-a com eles; retrai-te em seguida, e espera a resposta.

29. (Quando a ave assim procedeu) ela (a rainha) disse: Ó chefes, foi-me entregue uma carta respeitável.

30. É de Salomão (e diz assim): Em nome de Deus, o Clemente, o Misericordioso.

31. Não vos ensoberbeçais; outrossim, vinde a mim, submissos!

32. Disse mais: Ó chefes, aconselhai-me neste problema, posto que nada decidirei sem a vossa aprovação.

33. Responderam: Somos poderosos e temíveis; não obstante, o assunto te incumbe; considera, pois, o que hás de ordenar-nos.

34. Disse ela: Quando os reis invadem a cidade, devastam-na e aviltam os seus nobres habitantes; assim farão conosco.

35. Porém, eu lhes enviarei presente, e esperarei, para ver com que voltarão os emissários.

36. Mas quando (o emissário) se apresentou ante Salomão, este lhe disse: Queres proporcionar-me riquezas? Sabe que aquelas que Deus me concedeu são preferíveis às que vos concedeu! Entretanto, vós vos regozijais de vossos presentes!

37. Retorna aos teus! Em verdade, atacá-los-emos com exércitos que não poderão enfrentar, e os expulsaremos,

---

48 Versão *online* do Corão. Islam Brasil. Disponível em: http://www.islambrasil.com/kuran_txt/27.htm. Acesso em: 12 out. 2017.

aviltados e humilhados, de suas terras.

38. Disse (dirigindo-se aos seus): Ó chefes, quem de vós trará o trono dela, antes que venham a mim, submissos?

39. Um intrépido, dentre os gênios, lhe disse: Eu to trarei ates que te tenhas levantado do teu assento, porque sou poderoso e fiel ao meu compromisso.

40. Disse aquele que possuía o conhecimento do Livro: Eu to trarei em menos tempo que um abrir e fechar de olhos! E quando (Salomão) viu o trono ante ele, disse: Isto provém da graça de meu Senhor, para verificar se sou grato ou ingrato. Pois quem agradece, certamente o faz em benefício próprio; e saiba o mal-agradecido que meu Senhor não necessita de agraciamentos, e é Generoso.

41. Disse: Dissimulai-lhe o trono, e assim veremos se ela está iluminada ou se está inscrita entre os desencaminhados.

42. E quando (a rainha) chegou, foi-lhe perguntado: O teu trono é assim? Ela respondeu: Parece que é o mesmo! E eis que recebemos a ciência antes daquilo, e nos submetemos (à vontade divina).

43. Desviaram-na aqueles a quem ela adorava, em vez de Deus, porque era de um povo incrédulo.

Igualmente importante é a tradição cristã etíope, pois foi o segundo país a instituir o cristianismo como religião oficial, em 335, antecedido apenas pela Armênia. Por sua organização militar e geografia acidentada, a Etiópia resistiu à invasão árabe no século VII, depois aos missionários católicos no século XVI, e à invasão italiana nas últimas décadas do século XIX.

Essa última resistência teve origem em 1869, originada pela compra de um porto no Mar Vermelho na costa africana, em Assab, pelo missionário lazarista italiano Giuseppe Sapeto de dois chefes Danakil por 6.000 Dólares Maria Theresa. Isso implementou o domínio da Società Rubbatino, companhia marítima de navegação, que aproveitou de sua força para declarar em 1882 uma colônia italiana.

O imperador etíope Yohannes lutou contra a invasão italiana e egípcia. Nessa luta, o herói etíope Ras Alula protestou contra os italianos, que enviaram mais tropas e foram dominados em Dogali em

1887. Devido a isso os italianos bloquearam os navios de suprimentos à Etiópia, então o imperador moveu-se para a fronteira do Sudão para interromper a crescente ameaça da Itália, porém, com a vitória próxima, foi ferido mortalmente em 10 de março de 1889. O norte do país estava em colapso por causa de pragas atacando o gado, a população faminta e atacada por epidemias de varíola e cólera. Os italianos conseguiram se expandir no Norte e constituíram a colônia da Eritrea.

A seu turno, Menelik II, governante dos Shoa e subordinado de Yohannes, agenciava relações cordiais com a Itália. Por meio de acordos com eles, Menelik II conseguiu suprir a demanda por médicos e armamentos. (Vale lembrar que Menelik I é considerado pelos etíopes o filho da Rainha de Sabá com o Rei Salomão, que governou entre 204 a 176 a.C., chamado de Bayna-Lehkem. Ele teria dado início à cadeia de reis até o atual presidente Girma Wolde-Giorgis, desde 2001). A série de feitos e conquistas etíopes está registrada no livro *Kebra Negast*. Com a tentativa de invasão da Itália, os etíopes conseguiram derrotá-los na Batalha de Adowa em 1896. Depois de um período de sucessivas regências (inclusive duas imperatrizes, Etege Tayatu Betu e Zawditu) a Itália, por um curto período, dominou entre 1935 e 1941; porém, com a ajuda dos britânicos, Ras Tafari Makonnen (Haile Selassie I) retomou o poder e governou até 1940. Com efeito, a política desenvolvida por Ras Tafari foi icônica para a emancipação pan-africana e símbolo de libertação dos negros da diáspora.

A imagem 1 mostra a primeira página do discurso proferido por Ras Tafari na Assembleia da Liga das Nações, junho/julho de 1936, em Genebra, contra os abusos, maus-tratos e invasões europeias na governança dos povos africanos. O texto está escrito em Amárico à esquerda e francês à direita. Devemos frisar que Ras Tafari e seu discurso foram desprezados, já que o interesse era a exploração e espoliação do continente, utilizando inclusive trabalhos forçados. Apesar dos apelos, os representantes europeus na reunião de Genebra reconheceram a invasão italiana legal.

Imagem 1 – Discurso de Apelo de sua Majestade Haile Selassie I em Genebra

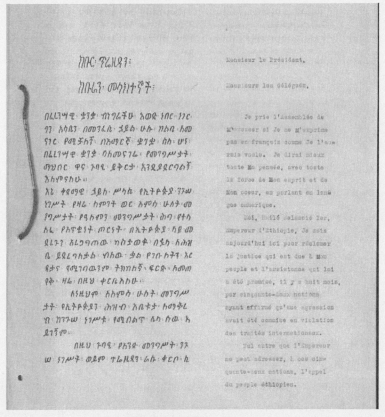

Fonte: SELASSIE, 1936.

Pós-colonialismo: levantes políticos e intelectuais africanos

Nas Américas e na Europa, vários filhos de africanos tomaram contato com ideais humanistas e de libertação dos povos negros em diáspora. De um lado, esses jovens iniciaram seu aprendizado político e intelectual com personalidades negras dos EUA, Caribe, América Latina e Europa, por outro lado, esses ideais contrastavam com a história de exploração, invasão e extermínio de seus compatriotas negros. Com o colonialismo aliado às missões cristãs, elites africanas foram instruídas nos colégios e seguiam o modelo europeu por uma tradição reinventada.

Quando pensamos sobre as reações africanas ao colonialismo, apontamos para medidas políticas e intelectuais, que estão relacionadas à militância, pesquisa e intervenção. Essa postura tripartite foi resgatada pelo trabalho de Petronilha Gonçalves Dias em sua pesquisa de livre-docência na UFSCar, *Entre o Brasil e a África* (2011).

Desses movimentos dos negros da diáspora africana, oriundos da expansão forçada da escravização e de viagens voluntárias, é que foi possível o surgimento de reuniões de negros nas Américas, Europa e África sobre e contrários à colonização no início do século XIX, com a presença de personalidades como William Edward Bughardt Du Bois (WEB Du Bois), Marcus Garvey, Anna Julia Cooper, Kwame Nkrumah, George Padmore, Nnamdi Axikiwe, Julius Nyerere, Haile Selassie, Gamel A. Nasser, Sekou Toure, Leopold Senghor, Jomo Kenyatta, Marcelino dos Santos, Robert Mugabe, Nelson Mandela, Eduardo Mondlane, Samora Machel, entre outros.

Os Congressos Pan-Africanistas surgiram como reposta à retaliação da governança africana feita na Conferência de Berlim. Isso demonstra o lado da história que geralmente é subtraído devido à força da visão generosa e humanista dos documentos de Berlim, que velaram a invasão da África pela força militar. Em contrapartida, os negros da diáspora e elites africanas estudaram no hemisfério norte e conseguiram criar mecanismos para serem ouvidos graças a essas alianças. A resposta contra o domínio reconhecido em Berlim apareceu em Londres em 1900, por Henry Sylvester Williams, que chamou a Conferência Pan-Africana. Nessa reunião, WEB Du Bois liderou a confederação estadunidense com mulheres, Anna Jones e Anna Julia Cooper. No documento endereçado à rainha, estavam incluídas as injustiças praticadas pelas potências europeias contra os africanos: aprisionamentos, trabalhos forçados no Zimbábue e Kimberley, o estado de escravização de mulheres e crianças por brancos colonos, passe para negros transitarem ou viajarem e dificuldades em adquirir propriedades.

Depois da Primeira Guerra Mundial, WEB Du bois, em fevereiro de 1919, conclamou o Primeiro Congresso Pan-Africano, com 12 delegados de 15 países. Aproveitando a Conferência da Paz, depois da derrota dos alemães, os delegados desejavam o restabelecimento das autoridades africanas nas ex-colônias germânicas com o pedido da criação de um código de leis e de um escritório permanente de vigilância por meio da proteção internacional aos povos áfricos; no mesmo sentido, o pedido que as concessões de prospecção de minérios e outras riquezas fossem reguladas por governos africanos para salvaguardar o bem-estar no trabalho sem punições ou trabalho forçado; que as crianças tivessem o direito ao estudo e que as línguas locais fossem aplicadas nas escolas por meio de custos estatais; e que os povos áfricos pudessem atuar no governo.

WEB Du Bois, em agosto e setembro de 1921, organizou a Segunda Conferência em Londres, Bruxelas e Paris. Imaginemos a repercussão dessa conferência de maior amplitude com 113 delegados: 35 dos EUA, 24 de africanos americanos vivendo na Europa e sete das colônias das Índias. As potências intensificaram gradativamente a exploração das colônias africanas para se recuperarem da guerra. Essa conferência contou com a presença de Marcus Garvey, renomado orador contra a colonização europeia. Entre as reuniões, a repercussão em Bruxelas teve um ar provocador da mídia belga, que tinha no Estado Independente do Congo a riqueza de seu Império. A seu turno, a crítica desse momento para os conferencistas era especificar o abuso de as potências insistirem na diferença de raças como brancos semideuses e negros primatas. Novamente o pedido à Liga das Nações para se implicarem na causa dos negros. Por fim, houve dois desdobramentos: a fundação da Associação Nacional para o Desenvolvimento dos Povos de Cor, nos EUA, e o Congresso Nacional Africano (African National Congress – ANC), na África do Sul.

Dois anos mais tarde, em 1923, ocorreu o Terceiro Congresso Pan-Africano em Londres e Lisboa. WEB Du Bois tomou a frente e tentou organizar o congresso. Com pouca publicidade, a reunião em

Londres foi reduzida, mas em Lisboa contou com 11 países, com a maioria dos delegados vindos das colônias portuguesas. As demandas apresentadas ressoavam as anteriores: educação em toda sua extensão técnica e científica, abolição da escravatura, desarmamento mundial ou autorização para os negros portarem armas, participação ativa nos próprios governos, o direito a terra e suas reservas e o bem-estar coletivo pelo comércio e indústria.

Já o Quarto Congresso foi sediado em Nova Iorque em 1927 e contou com 208 delegados de 22 estados dos EUA e 10 de outros países. Os representantes africanos eram da Costa do Ouro, Serra Leoa, Libéria e Nigéria. As demandas do congresso continuam a revelar as mesmas preocupações, além de outra tensão no movimento liderada por Marcus Garvey.

Apesar de tentativas em 1929 para fazer a próxima reunião em Túnis, houve o desencorajamento do governo francês para que alguma cidade na França a sediasse. Outro evento que perturbou a reunião foi a Grande Depressão (Queda da Bolsa de Nova Iorque). Logo em seguida, despontou a Segunda Grande Guerra Mundial e as populações africanas foram convocadas compulsoriamente para atuarem como soldados e carregadores.

Após o fim da guerra, de 15 a 21 de outubro de 1945, foi convocada a Conferência em Manchester, Inglaterra, por meio de sindicatos de trabalhadores africanos e indivíduos da Federação Pan-Africana para financiar o Congresso. Pela influência do posicionamento de Marcus Garvey, os negros consideravam-se capazes de lidar com suas próprias questões. Esse Quinto Congresso foi a faísca para a decolonização entre pensadores africanos e caribenhos; além de um marco significativo para a participação de trabalhadores pan-africanos. WEB Du bois ocupou a cadeira honorária da reunião, já 73 anos, e a mulher de Marcus Garvey, Amy Ashwood, presidiu a primeira sessão.

O Sexto Congresso em Dar es Salaam, Tanzânia, em 1974, foi organizado por Julius Nyerere para aproveitar o aniversário de independência do país, 9 de dezembro de 1961. Esse momento foi significativo por contar com vários estados africanos independentes e delegações estrangeiras – esteve presente o brasileiro Abdias do Nascimento.

Os congressos engendraram ao longo do século XX a articulação intelectual de negros da diáspora e africanos, bem como de intelectuais brancos, em prol da luta por libertação dos países africanos dominados por instituições reprodutoras do pensamento europeu – eurocentrismo – e da situação depreciativa que estava sob o julgo de grande parte dos negros da diáspora. Como apontamos, a experiência de negligência e exclusão social impulsionou novas ações políticas. Muitos intelectuais negros, que tiveram condições de se instrumentalizar, implicaram-se em reformas políticas e luta por direitos civis. As demandas apontadas nos congressos evidenciam a prevalência de estruturas sociais exploratórias sobre os povos africanos, por isso o enfraquecimento das potências europeias após a Segunda Grande Guerra e a necessidade de unificação interna das jovens nações oportunizaram as independências e a chefia de negros nos governos independentes.

Tais ações praticavam a influência econômica sobre os governos africanos por acordos comerciais que limitavam esse poder de decisão local. Ademais, as proposições pós-coloniais se colocam como novas resoluções intelectuais para se compreender o contexto histórico e cultural dos povos africanos por eles próprios.

No início do livro, havíamos apresentado características dos reinos africanos a respeito de práticas culturais denominadas, segundo o que chamou M'Bokolo (2009), processos de longa duração. Essa reflexão é de extrema pertinência metodológica à História da África devido aos vestígios, desconstruções e pouco investimento em pesquisas arqueológicas e culturais a respeito de períodos historiográficos mais curtos. Assim, o instrumento metodológico que temos disponível são os estudos interdisciplinares, que têm a função de constituir novas reflexões a partir da contribuição de categorias propostas pelos povos africanos e negros da diáspora.

HISTÓRIA E CULTURA AFRICANA E AFRO-BRASILEIRA

Recordando a questão da Filosofia Ubuntu, segundo a concepção de Mogobe Ramose (1999), a vivência é a expressão necessária para que a música exista, uma vez que esta acontece tão somente no corpo. O tempo difere do da concepção ocidental. O ser africano não está no tempo, mas o faz no desdobramento cotidiano, em cada instante de sua vida. Como enfatiza um ditado do norte de Sotho (África do Sul): "sentado não se pode ouvir a música". Por fim, essa atuação decorre da intervenção dos ancestrais, por isso os chefes e anciãos precisam estar ligados aos ancestrais para responder à harmonia cósmica.

> Na filosofia ubuntu, um ser humano no mundo dos vivos deve ser um umuntu, com intenção de dar uma resposta ao desafio da instabilidade fundamental do ser. Umuntu não pode atingir ubuntu sem a intervenção dos mortos-viventes. O morto-vivente é importante para a manutenção e proteção da família dos vivos. Isto também é verdade em relação à comunidade em geral. Por esta razão, é imperativo que o líder da comunidade, juntamente com os anciãos da comunidade, deve ter boas relações com os seus mortos-viventes. Isto diz respeito à compreensão ubuntu da harmonia cósmica. Ele deve ser preservado e mantido para traduzi-la em harmonia em todas as esferas da vida. Assim, a religião africana, política e direito são baseados e impregnados com a experiência e o conceito de harmonia cósmica. Religião, política e lei devem ser ancoradas no entendimento do cosmos, como uma luta contínua para a harmonia. É como ancoragem que lhes dá autenticidade e legitimidade. E esta é a base para um consenso quanto à particularidade da filopraxis ubuntu. Paz através da realização concreta da justiça é a lei fundamental da filosofia ubuntu. A justiça sem paz é a negação da luta para a harmonia cósmica. Mas a paz sem justiça é o deslocamento do Umuntu da ordem cósmica. (RAMOSE, 1999, p. 11-2, tradução de Arnaldo Vasconcelos).

Com efeito, a experiência ou vivência tece o tempo em sua correspondência de tecer o passado. Tal perspectiva afrocêntrica (discutida pela proposta desta coleção no Capítulo 1 e Capítulo 2) demonstra a diferença com que estamos habituados a projetar nossa experiência para um desenvolvimento futuro, segundo a noção de evolução eurocêntrica. Esse último tipo de pensamento outorga ao passado um sentido de atraso, ultrapassado ou superado, em decorrência da noção de desenvolvimento na modernidade. Logo, a diferença entre essas concepções pode ratificar o menosprezo como eram recebidas pelas nações estrangeiras as reinvindicações de respeito mútuo das populações africanas.

Entre esses processos contra o domínio simbólico, podemos mencionar alguns intelectuais e ativistas negros que podem representar o pós-colonialismo em diferentes áreas ou frentes de atuação – e lembrando que esse processo foi acompanhado do Movimento Pan-Africacanista. Um dos marcos do movimento pan-africanista e pós-colonial foi o discurso, já apresentado, do imperador etíope Haile Selassie I na Liga das Nações.[49] Mesmo sem o apoio concreto durante a reunião ao denunciar a invasão da Itália por Mussolini, que era uma das nações signatárias, os desdobramentos foram significativos para os jovens africanos estudantes na Europa e nos EUA. A luta pela independência de seus países, evidente na clareza da denúncia e no desprezo da Liga à causa africana, trouxe mais fervor para os negros africanos e da diáspora investir na formação político-intelectual de seus compatriotas. Nas palavras de Mazrui (2010, p. 9):

> O imperador Haïlé Sélassié mergulhou em uma experiência similar àquela que havia sido imposta a outros soberanos africanos, trinta ou cinquenta anos antes: a ocupação direta de seu território e a submissão de seu povo pelos europeus. O imperador foi também testemunha da amplitude do apoio manifesto pelos africanos e negros ao seu povo e a ele próprio, perante o desafio imposto pela Itália. Assim nasceu uma nova consciência racial na casa real da Etiópia, sob o efeito do choque produzido pela descoberta de si mesma, enquanto dinastia africana reinando

---

49 A Liga das Nações foi criada em 1919, depois da I Grande Guerra Mundial, e existiu até 1946, quando a Organização das Nações Unidas representou uma nova configuração de política internacional em decorrência da II Grande Guerra Mundial.

HISTÓRIA E CULTURA AFRICANA E AFRO-BRASILEIRA

sobre um povo africano. Em seguida, Haïlé Sélassié iria tornar -se um dos pais fundadores do pan-africanismo pós-colonial e, sob muitos aspectos, seu mais eminente representante. Assim, uma vez mais, os excessos da Europa imperial prepararam o caminho a algo diferentemente positivo, o esplendor de uma nova identidade pan-africana cresceu sobre a sórdida miséria do racismo europeu.

Um dos intelectuais que auxiliou as reflexões a respeito de uma produção a partir das demandas africanas foi Edward Wilmot Blyden. Segundo seu biógrafo, Hollis Lynch (1967), Edward Blyden foi o pai ideológico da unidade da África do Oeste, que inspirou o nigeriano Nnandi Azikiwe e o ganês Kwame Nkrumah sobre uma ideologia pan-africana.

Blyden nasceu nas Ilhas Virgens, que estava sob domínio dinamarquês em 1832, e se mudou para o oeste africano em 1851. Acompanhou o processo de retaliação africana durante a Conferência de Berlim e a instalação colonial pelo continente. Podemos citar entre seus livros, *Vindication of the Negro Race* (1857), *Liberia's Offering* (1862), *The Negro in Ancient History* (1869), *Liberia: Past, Present and Future* (1869), *Christianity, Islam and the Negro Race* (1888) e *Africa and the Africans* (1903). Ainda faltam traduções em português de seus escritos, mas encontramos referência a ele no Capítulo VIII da *História Geral da* África, editada pela UNESCO em 2010, relativo aos nacionalismos e estados independentes africanos, capítulo 22 e 28.

> um homem como o antilhano Edward Wilmot Blyden, nascido em St. Thomas e que depois emigrou para a Libéria, estava firmemente convencido de que, dentre todas as grandes civilizações do mundo, a muçulmana era a que melhor se adaptava ao temperamento e às realidades culturais da África. A seu ver, o islão era apenas um elemento – importante, é verdade – da reformulação de uma cultura africana para os africanos, dotada de instituições próprias e de estruturas de salvaguarda. Este precursor da negritude pretendia, nada mais nada menos, a reordenação completa de uma educação africana que renunciasse aos preconceitos eurocêntricos para seguir uma via mais adequada às realidades africanas. A civilização islâmico-ára-

be, que o tinha impressionado por sua 'cultura literária e atividade intelectual', parecia -lhe destinada a desempenhar papel essencial nessa reordenação [...] (AKPAN; JONES; PANKHURST, 2010, p. 650).

Vemos em seus escritos o prenúncio do pensamento de outros africanistas político-intelectuais como Diop (2014), em *A unidade cultural da África negra – esferas do patriarcado e matriarcado na Antiguidade Clássica*, publicado em 1959, no que tange à antiguidade e relevância negra na cultura egípcia e ocidental. Diop afirmou a tese sobre o Berço da África e sua relação com o desenvolvimento das relações matriarcais e patriarcais de acordo com os ambientes em que os povos se localizavam. As sociedades matriarcais tiveram como pano de fundo uma sociedade de cooperação, de fartura e acolhimento.

Blyden auxiliou no processo de emigração dos negros americanos dos EUA para a Libéria, em 1889, por meio da *American Colonization Society* (ASC). Esse processo já havia se iniciado desde que em 1978 a *South-Carolina Liberian Exodus Joint Stock Steamingship Company* respondeu pelo transporte de 206 negros estadunidenses até a Libéria. Do Brasil houve emigração de negros para a Libéria, Togo, Nigéria, Gana (Costa do Outro) e Benin até a data da abolição da escravatura em 1888.

Outro político-intelectual influente nesse processo foi Kwame Nkrumah (1889-1979), que quando jovem se sentiu abalado pela invasão da Itália e pelo discurso do imperador etíope, sendo figura importante na independência de Gana (Costa do Ouro) e no movimento Pan-Africano. Nkruma estudou em colégios católicos, adquirindo diploma para lecionar em escolas na costa do país. Foi para Nova Iorque com sede de desenvolver-se intelectualmente e tem contato com as lideranças negras do Harlem e com intelectuais negros estadunidenses. Durante os 10 anos que permaneceu nos EUA, trabalhou em serviços gerais e de vez em quando obteve auxílio para estudar, alcançando o Bacharelado de Artes em Sociologia e Economia em 1939. Em 1942, no seminário de Teologia da Filadélfia, obteve Bacharelado nessa área.

HISTÓRIA E CULTURA AFRICANA E AFRO-BRASILEIRA

Na mesma universidade conseguiu o Bacharelado de Artes em Filosofia e Mestrado em Educação. Depois, em 1945, foi para Londres e se inscreveu no curso de Doutorado em Antropologia na *London School of Economics*, mas abandonou, assim como aconteceu com sua dissertação em Filosofia. Nos dois anos que lá esteve, envolveu-se em questões sobre a política externa colonial, auxiliou a organizar e secretariar o Quinto Congresso Pan-Africano com o jornalista George Padmore (1903-1959) e outros. Nesse congresso esteve presente Cyril Lionel Robert James (CLR James, 1901-1989), que escreveria em 1938 o livro *Os jacobinos negros*, *Toussaint L'Overture*, editado no Brasil pela Boitempo em 2007.

Esse livro foi um marco às lutas de independência africana por demonstrar o sistema de exclusão e torturas aos quais os negros escravizados eram submetidos o reconhecimento legal contra os abusos de fazendeiros, e apresentar as estratégias das políticas internacionais francesas para conservar São Domingos, Caribe, como local de espoliação. Por esses termos, os ideais de Liberdade da Revolução Francesa, ou revolução burguesa, estavam restritos às populações em solo europeu.

Nkruma auxiliou na organização do *Convention People's Party* (CPP), que impulsionou a independência do país em 1957, tornando-se primeiro-ministro e em seguida foi eleito presidente. Porém com o intuito de unificar a luta dos povos africanos dos outros territórios, passou a ser visto como negligente em seu país, além das outras nações vizinhas evitarem uma única governança – muito provavelmente por questões de interesses exógenos sobre esses territórios. Em seu anseio de compreensão sobre a questão africana e negra, seus escritos contribuíram para os movimentos de libertação e por reconhecimento social dos negros da diáspora. Nesses termos, além de escritos relativos às questões do colonialismo e neocolonialismo, impulsionou o que seria denominado de afrocentrismo a partir de seu escrito *Consciencism*, em 1970. Em sua perspectiva filosófica, ele apontou a necessidade de considerar as contribuições arábicas e ocidentais a partir da experiência dos povos africanos, sem ser um amálgama africanista, mas um instrumento de libertação que as populações construíram estratégias concretas para um Pan-Africanismo revolucionário, livre do modelo imperialista:

> Esta afirmação filosófica que proponho nomear de consciencismo filosófico, posto que fornecerá a base teórica para uma ideologia que tem como objetivo conter a experiência africana decorrente da presença islâmica e euro-cristã; tanto quanto a experiência da sociedade africana tradicional, e por gestação aplicá-los para um crescimento harmonioso e desenvolvimento da sociedade. (NKRUMAH, 1970, p. 70 *apud* ZIZWE POE, 2003).

Outro autor do Caribe, Frantz Fanon (1925-1961), escreveu sobre a questão negra e seus efeitos psicológicos a partir da década de 1950 até sua morte. Os livros *Os condenados da terra*, editado pela Civilização Brasileira em 1968, e *Pele negra, m*áscaras *brancas*, editado pela UFBA em 2008 e pela Ubu Editora em 2020, influenciaram outras áreas do conhecimento, como os trabalhos de Nkrumah. Sua influência se expandiu nos estudos pós-coloniais indianos, como observamos nos trabalhos de Bhabha, *O local da cultura* (2003).

Frantz Fanon, nasceu em Martinica em 20 de julho de 1925, em uma família com boas condições financeiras em uma sociedade que lutava pela assimilação branca francesa. Com a leitura de Aimé Césaire (1913-2008), que já havia se tornado renomado pela decolonização francesa, passou a se interessar por outros arranjos sociais e lutou na frente de libertação francesa na Segunda Grande Guerra Mundial. Terminada a guerra, vai para Lyon estudar Psiquiatria e começa a articular seu pensamento sobre a alienação negra, a partir de reflexões existencialistas e marxistas. Em 1953, ele aceitou uma posição clínica no hospital Blida-Joinville na Argélia.

Com a erupção da guerra da Argélia pela *Front de Libération Nationale* contra o colonialismo francês, que foi reprimida pelas forças militares francesas, Fanon teve a oportunidade de assistir ambas as frentes de combate. Ele pôde acompanhar os efeitos psíquicos negativos sobre os próprios oficiais e soldados franceses que aplicavam as torturas nos argelinos que as sofriam. Enquanto uma patologia social, Fanon observou que o racismo francês ratificava relações destrutivas pela violência física e psíquica – algo que seria observado nas outras colônias e nas relações raciais na América, inclusive no Brasil. De acordo com o sociólogo Paget Henry (2000), a análise das relações raciais proposta por Fanon (1968; 2008) se desdobraram e evidenciaram o que havia sido apontado por WEB DuBois (1903), a respeito dos efeitos traumatizantes à personalidade humana pelas estruturas sociais e imaginárias, quando se observava a manutenção de categorias raciais inferiorizantes. Porém, você precisa entender que está fora de questão a opinião imediata, de sorte que a linguagem e as categorias emocionais fazem parte da aprendizagem social: branco como pureza e dignidade e preto como malefício e degradação. No entanto, Fanon aponta a possibilidade de recuperação de uma identidade sadia e uma afiliação cultural que pode ser independente da proposição dominante racista e imperialista.

Por fim, gostaríamos de descrever um pouco sobre a história de Joseph Ki-Zerbo, resultante da ação missionária sobre a escravidão. Ki-Zerbo (1922-2006) nasceu no Burkina Faso, antiga Alta Volta, foi historiador, político e escritor. Estudou em Bamako, Mali, e depois faz sua tese de doutorado em Paris. Uma parte interessante de sua vida foi ser filho de Diban, o primeiro católico convertido que se tornou catequista em sua região. Diban havia sido escravizado pelos árabes e, na empreitada contra a escravização, os missionários de Charles Lavigerie adotaram a prática de arrecadar dinheiro para a compra de escravizados para alforriá-los. Há no sítio virtual desse grupo de missionários católicos uma descrição da anotação dessa compra no diário do posto missionário e a foto em que ele posa no Vaticano sentado no trono papal ao lado e em pé o Papa Paulo VI.

Foto 1 – Alfred Diban e Joseph Ki-Zerbo

Fonte: DIÁRIO..., 2017.

Nota: Simon Alfred Diban Ki Zerbo no trono pontificial de Paulo VI. A partir da esquerda, seu filho, Professor Joseph Ki-Zerbo. Depois Sr. Moïse, Arcebispo Bernadin Gantin of Benin, futuro cardeal, o Secretário da Propaganda Fide e Cardeal Zoungrana, Missionário da África, Ouagadougou.

Foi proeminente em posicionar o pensamento e o protagonismo africano nos estudos sobre a África, dominado em grande medida por pesquisadores de centros europeus. Participou ativamente na Comissão Científica da UNESCO para a publicação da *História Geral da* África. Nesse sentido, sua afirmação: "A África tem história!" é contundente para o posicionamento de negação de vozes, atitudes e autoria a respeito dos acontecimentos no continente, quer sua centralidade, quer a sistematização feita por eles mesmos. Foi responsável por organizar o primeiro volume da Metodologia e pré-história da África. Com o intuito da descolonização da História da África, Joseph Ki-Zerbo destaca-se entre os intelectuais africanos a ocupar lugar de destaque na historiografia.

Resistências políticas contínuas

As ações de resistência se multiplicaram ao longo do século XX, como observamos na arte poética. Nessa arte engajada, a luta, a resistência, a história, o sofrimento, a camaradagem e as poucas conquistas foram traduzidas em versos. Podemos observar nos escritos de Rui Nogar (1932-1993), militante da Frente de Libertação de Moçambique (FRELIMO), nascido em Maputo, Moçambique, alusões ao convívio constante de perseguições nas colônias portuguesas.

Da fruição do silêncio

Tratávamos o silêncio por tu
Dormíamos na mesma cela
Acordávamos do mesmo sono
Cada sílaba audível
Completamente nua
Feria dum segundo sentido
O palato hipertenso
Da fria cela dezenove
Farrapos de ambiguidade
Pendiam pelas arestas
Das mais afoitas vogais
Ninguém pressentia
No gume ancorado
Da quase indiferença
Que o silêncio aparentava
O perfeito sincronismo
Das sílabas dispersas
Pelos tímpanos de cada um
Nada sabíamos de nós próprios
Além da angústia lacerante
Coagulando-nos um a um
Nos limites da expectativa

E no écran memorial
Milhões de imagens se digladiando
Era o silêncio devorando o silêncio
Era o silêncio copulando o silêncio
Era o silêncio assassinando o silêncio
Era o silêncio ressuscitando o silêncio
                              o silêncio

Oh o silêncio
Maldito silêncio colonial
Contra as paredes da solidão
                              o silêncio

Oh o silêncio
Maldito silêncio imperial
Sepultando-nos um a um
Sob os escombros de Portugal.

Os movimentos de libertação e independência africana foram ramificados no auspício do Pan-Africanismo, da Declaração Universal dos Direitos Humanos (1948), na Organização das Nações Unidas e do Pacto de Varsóvia. Com efeito, auxílio econômico e armamento podiam ora ser direcionados aos movimentos de libertação ora para a manutenção das colônias.

Entre as diferentes organizações que instalaram lutas de resistência ao domínio colonial, podemos mencionar: FRELIMO – Frente de Libertação de Moçambique; UNITA – União Nacional para Independência Total de Angola, MPLA – Movimento Popular para a Libertação de Angola, FNLA – Frente Nacional para a Libertação de Angola. Lembre-se de que Portugal insistiu na soberania de territórios coloniais africanos, o que provocou um longo período de luta por independência entre 1960 e 1970 em Angola, Moçambique, São Tomé e Príncipe, Guiné-Bissau e Cabo Verde.

HISTÓRIA E CULTURA AFRICANA E AFRO-BRASILEIRA

Embora apareçam somente os nomes de homens nessas resistências, você precisa entender que a ocupação de cargos em instituições foi predominantemente masculina, o papel que as mulheres desempenharam ao longo da História da África e da Diáspora foi crucial para a organização, agregação e manutenção econômica e política. Figuras de mulheres no comando podem ter sido restritas pelo desprezo masculino pela própria historiografia. Entretanto, isso se distancia do cotidiano dos povos negros e africanos, como podemos observar pela História do Egito, da Rainha Nzinga Mbande, da profetiza Beatriz Kimpa Vita (vide Capítulo 3), de diplomatas na UNESCO, Odara, Dandara e Tereza de Benguela, além de tantas outras mulheres negras que muito bem podem ser representadas por Winnie Mandela.

A partir do Chifre da África, as mulheres islamizadas somalis estiveram mais dispostas ao enfrentamento do domínio estrangeiro. Até há a estátua de uma mulher guerreira ferida mortalmente que continua a lutar, em Mogadíscio. Entre a guerreira cantada e relembrada entre os somalis está Hawa Ismen Ali, morta em 1948 que lutou contra a invasão italiana.

No extremo sul, a África do Sul foi cenário de uma longa história de exclusão e degradação dos povos negros arquitetada pelo governo da África do Sul. Entre os levantes as mulheres estiveram presentes em Durban (1906); entre os assassinados no massacre de Shaperville (1960) e Soweto (1976). Aliaram-se à luta de resistência feita pelo Black Sash e Women Against Repression (WAR), contra o presidente Frederik Willem de Klerk em 1989.

Com a mesma intensidade de presença, nos anos de 1970 e 1980, depois da independência da maioria dos países africanos, salvo o regime de Apartheid e das colônias portuguesas, a diplomacia africana era liderada por mulheres em Paris. Até mesmo na África do Sul, no Congresso Nacional Africano, era representado por uma mulher, Dulcie September, na UNESCO, até que foi assassinada em Paris em 1988.

Resistências das Mulheres Negras Brasileiras

Vamos considerar a ênfase que Cheick Anta Diop atribuiu ao matriarcado africano. Nesse sentido, procuramos demonstrar que as aprendizagens de longa duração, como apontou M'Bokolo (2009) e em nossas pesquisas (SILVA, 2016), podem caracterizar essa herança cultural, também presente nas das lideranças negras femininas.

A resistência feminina tem sido marcante no desenvolvimento espiritual e corporal desse embate além de circunstâncias bélicas diretas. Podemos entender que os cuidados das mulheres negras para a população de brancos colonos, mestiços e negros tiveram como pano de fundo o conhecimento de ervas transmitido por gerações. Além do mais, os círculos sociais e informações a que tinham acesso na casa grande e reuniões da elite brasileira deram a elas posições de destaque para transmitir e ensinar a seus companheiros e descendentes. Algo que observamos na Rebelião dos Mau Mau na Tanzânia em 1952.

Esta foi a função que as mulheres exerceram nos centros religiosos de matriz africana: agregar, acolher, reconhecer e desenvolver os ensinamentos dos ancestrais e relembrar sua origem espiritual. A frente de terreiros nordestinos, como Casa Branca do Engenho Velho (Ilê Axé Iyá Nassô Oká), Terreiro de Gantois (Ilê Axé) e Ilê Axé Opô Ofonjá foram comandados por mulheres, assim como o Tambor de Minas no Maranhão. Mesmo com considerável presença masculina na liderança de vários terreiros, as mulheres e suas qualidades religiosas ocupam lugar de destaque: agregação, cuidado e subsistência coletiva. Vale dizer que se retomarmos o livro de Chick Anta Diop (2014), *O berço da África,* há atributos similares que ele menciona terem sido fundantes para a humanidade na África.

No mesmo grau de importância estão as mulheres quilombolas, representadas por Aqualtume, mãe de Ganga Zumba e avó de Zumbi dos Palmares. Ao lado de Zumbi estava a guerreira Dandara, na Serra da Barriga, Bahia, relembrada até a década de 1580. Eles conseguiram organizar uma sociedade auto-organizada, com cerca de 6 mil pessoas em 1660, quando o Rio contava com apenas mil a mais no mesmo período; resistiram às incursões holandesas e portuguesas até a morte de Zumbi em 1695. Outra guerreira fora Teresa de Benguela, que exerceu a função organizativa do Quilombo de Quariterê, chefiado por José Piolho, entre Cuiabá e o rio Guaporé. Depois do assassinato dele, ela continuou na chefia até 1770.

Houve também a demarcação feminina em outras áreas, representando a resistência negra. A primeira deputada estadual do Brasil foi eleita em Florianópolis em 1932, Antonieta de Barros. Filha de ex--escravizada liberta, Antonieta conseguiu se formar professora, participou da Liga dos Professores e lutou pela alfabetização da população trabalhadora e fundou uma escola, em 1922, Curso Particular Antonieta de Barros, que continuou seu trabalho até uma década depois de sua morte, em 18 de março de 1952. Ela também criou o jornal *A Semana* e dirigia a revista *Vida Ilhoa*, escrevendo crônicas, com o pseudônimo de Maria da ilha, sobre desmandos políticos, condição feminina, educação e preconceito racial. Com o auxílio de Nereu Ramos, que seria presidente do Brasil, depois da morte de Getúlio, Antonieta entrou para a política pelo Partido Liberal Catarinense e foi eleita deputa estadual em Santa Catarina, ficando na política até 1937.

Outras mulheres negras aliaram a militância política à vida intelectual brasileira, tais como Neusa Santos Souza, Nilma Lino Gomes, Maria Aparecida Bento da Silva, Zélia Amador de Deus e Petronilha Beatriz Gonçalves e Silva, entre tantas outras. Com o foco sobre a Lei nº 10.639/2003 para as conquistas do Movimento Negro Brasileiro, a educadora Petronilha Beatriz Gonçalves e Silva foi relatora do Parecer nº 003/2004 sobre as Diretrizes para a Educação Étnico-Racial.

As reflexões que Petronilha propõe em sua livre-docência na UFSCar, que havíamos mencionado, foi fundante em sua vida de intelectual, militante e de intervenção social. Mulher negra filha de professora, ela viveu no Rio Grande do Sul e aprendeu com a mãe a importância dos estudos. Além de que na infância a mãe lhe explicou o sentido de meritocracia distorcido, quer na educação, quer na sociedade. Se há condições diferentes há razão de considerar a desigualdade de concorrência, embora estejamos propensos ao equívoco daquele de supervalorizar os que estão em situação privilegiada. Essa proposição considera que o esforço pessoal é o componente decisivo para o mérito, desde que reforce os que estejam em condições favorecidas, enquanto se esconde no cerne do argumento o disparate que condições de privilégio (por exemplo: que não depende de qualquer esforço, como ser filho de professor) favorecem repetidamente suas conquistas (benefício de explicações e auxílio familiar no desempenho escolar).

Esses pilares da experiência de Petronilha demonstram como a Lei n° 10.639/2003 precisa estar implicada no combate ao racismo, já apontado pelos escritos de Frantz Fanon e Kwame Nkrumah, entre tantos outros. O impulso à continuidade da militância neste trabalho intelectual homenageia Petronilha, na medida em que na educação brasileira sempre há uma criança sofrendo racismo. Ela nos lembra da importância de que a História da África e dos Afro-Brasileiros sigam os princípios explicados por Joseph Ki-Zerbo, isto é, a partir das populações em questão.

> Mulheres negras vivendo, entre nós, as tensões dos confrontos de nossas diferenças de classe social, escolarização, faixa etária, entre outras, vivendo contraditórios sentimentos e discordâncias quanto a estratégias a adotarmos, vamos lutando por justiça para nós, para todos os que são marginalizados pela sociedade. Não admitimos as equivocadas análises que fazem de circunstâncias que nos são impostas, tampouco aceitamos limitadas definições do que sejam as mulheres negras. Somente nós mesmas podemos nos definir. Somos as fontes mais genuínas de conhecimento sobre nós; exigimos que estudos que nos tomem por temática tenham como centralidade nossos pontos de vista de mulheres negras. (SILVA, 1988, s.p.).

As resistências africanas na expressividade afro-brasileira ou experiência concreta no cumprimento da Educação para as Relações

HISTÓRIA E CULTURA AFRICANA E AFRO-BRASILEIRA

Étnico-Raciais para considerar o aspecto democrático da sociedade precisa ser um trabalho intelectual e político contra as diferentes expressões de racismo que foi o alicerce da exploração humana negra em África e na diáspora.

Síntese

Ecoando a afirmação de Simon Kapwepwe: "Podemos até perdoar mas não podemos esquecer!" (em Bemba *Afrika kuti twabelela uluse lelo tekuti tulabe,* 1970) resgatamos ao longo da obra a historicidade de longa duração e interdisciplinar que a população negra perpetuou práticas culturais de seu passado, traduzidas em resistências contra o colonialismo e a intervenção estrangeira. A História e Cultura da África e Afro-Brasileira está para além do tema da escravidão; porém foi a partir do tipo de comércio iniciado com os árabes que o racismo contra o negro subtraiu suas ações como humanos plenos. Em contrapartida, segundo Abdias do Nascimento no livro *Quilombismo*, as diferentes configurações de resistências do negro o empoderavam na experiência concreta de grupos, movimentos e coletivos expressos na religião, educação, cultura e política.

Sugestões culturais

Literatura

COUTO, Mia. *Terra sonâmbula.* São Paulo: Cia. das Letras, 2016.

Livro que consagra o autor moçambicano internacionalmente. O livro, com uma narrativa tradicional africana e por meio de realismo mágico, tem como protagonistas o velho Tuahir e o menino Muidinga abrigados em um ônibus incendiado. Eles encontram os cadernos de Kindzu, que retrata os reflexos das guerras por independência de Moçambique (1965-1975) e as subsequentes guerras civis que se alastraram até 1992.

CAPONE, Stefania. *A busca da África no Candomblé* – tradição e poder no Brasil. 2ª. Ed. Editora Pallas, 2018 (revisada e atualizada)

O livro possibilita compreender a dinâmica do sagrado afro--brasileiro enquanto um processo sócio-histórico, que demonstra a articulação de matizes africanas na realidade brasileira desvelando a complexidade do tema. A autora consegue apresentar nuances de tradições incorporadas nas ritualísticas do candomblé apontando as interlocuções com as da umbanda, bem como refletir sobre sua reinterpretação no cotidiano das casas de axé. Outro aspecto relevante da obra, é demonstrar que a narrativa de pureza da tradição, oriunda do pensamento de Herskovitz e seus discípulos na década de 1940, visto que ainda precisa ser debatida diante da dificuldade de lidar com o continuum religioso presente nos cultos afro-americanos do Atlântico.

Bento, Cida. *O pacto da branquitude.* SP: Cia das Letras, 2022.

O livro evidencia o sentido da branquitude enquanto resultado de um país escravocrata inserido em um sistema capitalista. Por esse pacto as pessoas negras têm menos acesso ao mundo da vida do que as pessoas brancas – inclusive por seu status hegemônico ao qual as últimas podem ter o privilégio de desconsiderar sua racialidade no cotidiano; assim tanto no trabalho como na trajetória escolar é possível constatar as diferenças e as barreiras enfrentadas que dificultam o acesso e a realização da plenitude da vida para as pessoas negras.

SILVA, Petronilha Beatriz Gonçalves. Entre o Brasil e a África – construindo conhecimentos e militâncias. Belo Horizonte/MG: Mazza edições, 2021.

A obra reflete a trajetória da professora Petronilha B. G. Silva desde seus primeiros anos escolares até sua atuação como pesquisadora e militante do movimento negro brasileiro. Demonstra as razões vivenciadas nas interações com familiares e parcerias como instrumentos sociais fundamentais para o desenvolvimento de uma consciência racial crítica, já que a negritude acompanha a vida nas diferentes dimensões sociais.

RIOS, Ana Lugão; MATTOS, Hebe. *Memórias do cativeiro*: família, trabalho e cidadania no pós-abolição. Rio de Janeiro: Civilização Brasileira, 2005.

O livro reúne histórias da escravidão coletadas em arquivos, registros históricos e memórias coletivas de descendentes, procurando reconstruir a experiência de ser escravizado e da vida dos ex-escravizados no Brasil. As falas demonstram situações desse convívio com avós, que muitas vezes silenciavam-se diante do dia a dia sem reconhecimento de sua humanidade na sociedade brasileira.

Sites

http://100meninasnegras.com/ | História infanto-juvenis de meninas negras

Indicações de 100 livros que dão visibilidade ao protagonismo infantil feminino do Blog da Mãe Preta.

https://www.significados.com.br/livros-sobre-o-racismo-que-todo--mundo-deveria-ler/

Outras sugestões de literaturas sobre o racismo denunciado nos EUA.

Filmes

UMA lição de vida. Direção: Justin Chadwick. Elenco: Oliver Litondo e Naome Harris. 2010. 103'. Drama.

Narra a história de Kimani Maruge Ng'ang'a, queniano que lutou na Revolta Mau Mau contra os britânicos pela independência de seu país. Aos 84 anos ele luta para conseguir estudar em uma pequena escola de seu vilarejo com crianças de 6 anos de idade. Marugue ouve no rádio o programa do governo "Escola para todos" e começa sua batalha, enfrentando professores, comunidade e governo para realizar seu sonho e conquistar seu direito. Ng'ang'a tem o apoio de uma professora que, por ajudá-lo, também sofre represálias da comunidade e do governo.

ESTRELAS além do tempo. Direção: Theodore Melfi. Elenco: Taraji P. Henson, Octavia Spencer, Janelle Monáe. Estados Unidos: Fox, 2017. 2h 07 min.

O filme retrata a luta pelo domínio espacial durante o auge da Guerra Fria em que uma equipe da NASA, formada exclusivamente por mulheres negras, foi crucial para o desenvolvimento tecnológico estadunidense e se tornando heroínas da nação. O filme demonstra que somente após a ruptura da visão racista da agência, essa equipe pode se dedicar ao máximo de suas funções.

Atividades de autoavaliação:

1. Assinale duas alternativas **incorretas**.

   a. Simon Kapwepwe aponta um caminho historiográfico de resistência africana que de um lado considerava a importância de valores de reconhecimento e interação social a tradições estrangeiras e, de outro, a intervenção externa que corroeu as estruturas tradicionais e bem estar coletivo.

   b. As resistências africanas a partir do fim do século XIX se caracterizam por tentativas de recuperação do autogoverno local. Nesses termos, alguns grupos como Zulu, Ndebele, Bemba, Yao e Nguni combateram contra a instalação dos colonizadores, mas sem recurso bélico suficiente; buscaram auxílio britânico contra alguns inimigos tradicionais, por assumirem sua fragilidade local; fizeram aliança com populações pequenas que passaram a se filiar aos interesses coloniais.

   c. A primeira Grande Guerra Mundial em África, de certa maneira, beneficiou comunidades africanas, pois o

contingente estrangeiro era pequeno, então precisaram do auxílio africano, inclusive para treiná-los
para assumir o comando dos batalhões.

d. Entre as formas de resistir à convocação militar compulsória, os homens africanos utilizaram duas estratégias, fugirem para as matas ou desertos ou se muti-
larem. Todavia, estima-se que uma grande parcela de
combatentes era de africanos devido à imposição de
governos estrangeiros.

e. As igrejas cristãs fundadas por africanos tinham
como foco resgatar a autonomia local por meio do
poder de liderança cristã e de discursos escatológicos,
diante de tanta desestruturação social vivenciada.

f. As tecnologias genocidas do Império Alemão, nas
duas guerras, estiveram presente em suas colônias
africanas. Somente na Namíbia foram exterminadas
72.000 pessoas, porém a estimativa de David Ciarlo
é que as cifras sejam mais de 100.000.

2. Assinale a alternativa **correta**.

a. A Libéria e a Etiópia conseguiram sobreviver, razoavelmente, sem a invasão europeia em seus territórios
até a terceira década de 1900.

b. Os EUA conseguiram amenizar os conflitos raciais
em seu território tornando a Libéria um protetorado,
para onde eram enviados somente casos de negros re-
beldes. Todavia, esses negros reproduziram atitudes
segregacionistas contra os africanos por considerá-
-los atrasados e sem estudo.

c. A Etiópia foi um império com história de sua fundação pautada em duas histórias bíblicas: a libertação do povo por Moisés durante o êxodo, quando alguns hebreus teriam se estabelecido na região para compor uma comunidade judaica, e a de que seriam herdeiros diretos da filiação entre a Rainha de Sabá e o rei Salomão.

d. Ras Tafari Makonnen da Etiópia se tornou icônico para o movimento de libertação dos negros africanos e da diáspora, pois conseguiu impressionar a Liga das Nações em 1936 e conseguir o apoio dos EUA com armamentos e soldados.

3. Leia o excerto abaixo de Franz Fanon, *Os condenados da Terra*, de 1968, e assinale a alternativa **correta**.

> Trata-se, para o Terceiro Mundo, de recomeçar uma história do homem que tenha em conta ao mesmo tempo as teses às vezes prodigiosas sustentadas pela Europa e também os crimes da Europa, dos quais os mais odiosos terão sido, no interior do homem, o esquartejamento patológico de suas funções e o esmigalhamento de: sua unidade, no quadro de uma coletividade a fratura, a estratificação, as tensões sangrentas alimentadas pelas classes, enfim, na escala imensa da humanidade, os ódios raciais, a escravidão, a exploração e sobretudo o genocídio exangue que representa a segregação de um bilhão e meio de homens. Portanto, camaradas, não paguemos tributo à Europa criando Estados, instituições e sociedades que nela se inspirem. (FANON, 1968, p. 274).

De acordo com Fanon, podemos considerar que o movimento pós-colonial africano e da diáspora negra caracteriza-se por:

a. Extinguir toda instituição social, conhecimento e experiência de tradição europeia e construir uma nova história.

b. Reconhecer o histórico do processo colonial e de todo o sadismo que mobilizou cruéis assassinatos e torturas de um bilhão e meio de seres humanos, por isso não deveria desenvolver um pensamento novo sem corresponder às expectativas ocidentais.

c. Convocar uma comoção em todos os países com o pensamento socialista para se oporem ao imperialismo dos EUA.

d. Resgatar a historicidade de seus antepassados e por meio deles e de seus valores tradicionais superar as dificuldades de cada circunstância para viver com igualdade e pacificamente com todos os povos da nação.

4. O Pan-Africanismo conseguiu agregar forças intelectuais e políticas entre nações africanas e de outras partes do mundo com negros da diáspora, como foi o caso da participação de Abdias do Nascimento no Sexto Congresso. Assinale as duas alternativas **incorretas**:

a. Os Congressos Pan-Africanistas ocorreram ao longo do século XX com seu início depois do fim da I Grande Guerra Mundial. As reinvindicações dos delegados ainda aparentam simplistas com a intervenção de empresas estrangeiras dominando regiões africanas sem considerar o protagonismo das populações africanas para a formação de sua nação.

b. O Pan-Africanismo surgiu como reação dos povos africanos e negros da diáspora à Conferência de Berlim de 1884-5. Já em 1900, Henry Williams convocou a Conferência em Londres reunindo as demandas em uma carta endereçada à Rainha. Essas demandas foram atendidas e nas conferências posteriores os temas estavam ausentes.

c. A Assertiva de Joseph Ki-Zerbo, "A África tem história!", serviu de motivo para diferentes intelectuais negros se debruçarem sobre documentos e suas origens, mitos de origem, interesse por outras áreas como Linguística e Arqueologia, coletarem histórias orais de seus anciãos e exigir o reconhecimento da produção da historiografia africana.

d. Nomes como WEB Du Bois, Ana Julia Cooper, Kwame Nkruma, Blyden, Aimé Césaire, Marcus Garvey, Franz Fanon, Marcelino dos Santos, Eduardo Mondlane, entre outros, correspondem ao movimento Pan-Africanista, que tinha um viés da política africana. Por isso, seus escritos inexistem nos cursos brasileiros ou livros didáticos, além de pouca contribuição devido a sua restrita produção intelectual.

Atividade de aplicação

Peça aos estudantes para pesquisarem na cidade algum tipo de organização ou entidade do Movimento Negro (NEAB, Grêmio, Grupo de Capoeira, Religião de Matriz Africana, Pastoral do Negro, Movimento Hip Hop, Comunidade Quilombola, entre outras) de acordo com os seguintes interesses para a entrevista:

HISTÓRIA E CULTURA AFRICANA E AFRO-BRASILEIRA

a. Dados sobre a história de resistência do grupo e suas demandas.

b. (Com as próprias mulheres negras do grupo) Questione sobre o reconhecimento da mulher negra no grupo e no Brasil.

Em sala de aula, peça aos estudantes para dissertarem sobre o grupo pesquisado, conforme as ações de resistências e suas demandas relacionadas às dos Congressos Pan-Africanistas.

Respostas

1. a) V; b) V; c) F, d) V; e) V; f) F

2. a) F; b) F; c) V; d) F

3. b; d.

Referências

AFIGBO, Adiele Eberechukuwu. Repercussões sociais da dominação colonial, novas estruturas sociais. In: BOAHEN, Albert Adu (ed.). *História geral da África: África sob dominação colonial, 1880-1935*. Vol. VII. Brasília: UNESCO, 2010. p. 567-589.

AKPAN, Monday; JONES, Abeodu; PANKHURST, Richard. A Etiópia e a Libéria , 1880 -1914: dois Estados independentes na era colonial. In: BOAHEN, Albert Adu (ed.). *História geral da África: África sob dominação colonial, 1880-1935*. Vol. VII. Brasília: UNESCO, 2010. p. 833-874.

BHABHA, Homi. *O local da cultura*. Belo Horizonte: Editora UFMG, 2003.

CALMETTES, Jean-Loup. *The Lumpa sect, rural reconstruction, and conflict*. Thesis (Degree of Magister in Scientia Economica) – University College of Wales, Aberystwyith, 1978.

CHITTICK, Neville. The "Shirazi" colonization of East Africa. *The Journal of African History*, v. 6, n. 3, p. 275-294, 1965. Disponível em: https://www.jstor.org/stable/180168. Acesso em 10 mar. 2023.

CIARLO, David. *Advertising empire: race and visual culture in imperial Ger-*

many. London: Harvard University Press, 2011. Disponível em: https://www. jstor.org/stable/j.ctvjghw4v. Acesso em: 10 mar. 2023.

CORÃO. *Islam Brasil* – versão on-line. Disponível em: http://www.dhnet.org. br/direitos/anthist/alcorao.htm. Acesso em: 10 mar. 2023.

DECLARAÇÃO UNIVERSAL DOS DIREITOS HUMANOS. Adotada e proclamada pela Assembleia Geral das Nações Unidas (resolução 217 A III) em 10 de dezembro 1948. UNICEF. Disponível em: https://www.unicef.org/brazil/declaracao-universal-dos-direitos-humanos. Acesso em: 10 mar. 2023.

DIOP, Cheikh Anta. *A unidade cultural da África Negra*. 2. ed. Luanda: Mulemba Edições, 2014.

DUBOIS, William Edward Bughardt. *The souls of black folks. 1903*. Project Gutenberg. Disponível em: https://www.gutenberg.org/ebooks/408. Acesso em: 10 mar. 2023.

FANON, Franz. *Os condenados da Terra*. Rio de Janeiro: Civilização Brasileira, 1968.

FANON, Franz. *Pele negra, máscaras brancas*. Salvador: EDUFBA, 2008.

HENRY, Paget. *Caliban's reason: introducing Afro-Caribbean philosophy*. New York: Routledge Library Binding, 2000.

JAMES, Cery Lionel. *Os jabobinos negros: Toussaint L'Ouverture e a revolução de São Domingos*. São Paulo: Boitempo, 2000.

KEBRA NAGAST. *A glória dos reis*. Edição e tradução online Sista Luisa Benjamin. Jun. 2012. Disponível em: https://alquimiasustentavel.files.wordpress.com/2018/11/kebratnagasteueeurealidaderasta.pdf. Acesso em: 10 mar. 2023.

KAPWEPWE, Simon Mwansa. *Afrika kuti twabelela uluse lelo tekuti tulabe*. Lusaka: NECZAM, 1970.

KI-ZERBO, Joseph. Introdução geral. In: KI-ZERBO, Joseph (ed.). História geral da África: Metodologia e pré-história da África. Vol. I. 2.ed. rev. Brasília: UNESCO, 2010. p. XXXI-LVII. Disponível em: https://unesdoc.unesco. org/ark:/48223/pf0000190249. Acesso em: 10 mar. 2023.

LYNCH, Hollis R. *Edward Wilmot Blyden, Pan-Negro Patriot, 1832-1912*. London: Oxford University Press, 1967.

MAZRUI, Ali. A . Introdução. In: MAZRUI, Ali. A; WONDJI, Christophe. *História geral da África, VIII: África desde 1935*. Brasília: UNESCO, 2010. p. 1-29. Disponível em: https://unesdoc.unesco.org/ark:/48223/pf0000190256. Acesso em: 10 mar. 2023.

M'BOKOLO, Elikia. *África negra: história e civilizações*. Salvador: EDUFBA; São Paulo: Casa das Áfricas, 2009. t. I (até o século XVIII).

MWANZI, Henry. Iniciativas e resistências africanas na África oriental, 1880-1914. In: BOAHEN, Adu A (Ed.). *História geral da África: África sob dominação colonial, 1880-1935.* Vol, VII. Brasília: UNESCO, 2010.:. p. 167-190. Disponível em: https://unesdoc.unesco.org/ark:/48223/pf0000190255. Acesso em: 10 mar. 2023.

NKRUMAH, Kwame. *Consciencism: philosophy and ideology for de-colonization.* First Modern Reader Paperback ed. New York: Modern Reader Paperbacks, 1970. Edição publicada pelo autor em 1964. Disponível em: https://www.jstor.org/stable/j.ctvwrm4jh. Acesso em: 10 mar. 2023.

OPOKU, Kofi Asare. A religião na África durante a época colonial. In: BOAHEN, Albert Adu (edEd.). *História geral da África: África sob dominação colonial, 1880-1935.* Vol. VII. Brasília: UNESCO, 2010. p. 591-624. Disponível em: https://unesdoc.unesco.org/ark:/48223/pf0000190255. Acesso em: 10 mar. 2023.

RANGER, Terence O. The Mwana Lesa moviment of 1925. In: RANGER, Terence O. WELLER, John. *Themes in the Christian history of Central Africa.* Berkeley: University of California Press, 1975. p. 45-75.

RAMOSE, Mogobe B. African philosophy through ubuntu. Harare: Mond Books, 1999. Disponível em: https://philpapers.org/rec/RAMAPT. Acesso em: 10 mar. 2023.

REUTERS. *Germany returns skulls from colonial-era massacre to Namibia.* 29 ago. 2018. Disponível: https://www.reuters.com/article/uk-germany-namibia/germany-returns-skulls-from-colonial-era-massacre-to-namibia-idUKKCN1LE1YP. Acesso em: 10 mar. 2023.

ROTBERG, Robert. *The Rise of Nationalism in Central Africa: The Making of Malawi and Zambia, 1873-1964.* London: Oxford University Press, 1972.

SERRANO, Carlos; WALDMAN, Maurício. *Memória d'África: a temática africana em sala de aula.* 2. ed. São Paulo: Cortez, 2008.

SILVA, Jefferson Olivatto da. O processo de colonização da África Equatorial segundo as narrativas dos Missionários católicos - Zâmbia, 1890-1990. *Revista Aurora,* ano 5, v. 9, p. 45-64, 2011. Disponível em: https://revistas.marilia.unesp.br/index.php/aurora/article/view/1706. Acesso em: 10 mar. 2023.

SILVA, Jefferson Olivatto da. African community learning from long term and large scale according to Bantu expansion. *Relegens Thréskia - Estudos e Pesquisa em Religião,* v. 5, n. 1, p. 84-107, jan./jun. 2016. Disponível em: http://revistas.ufpr.br/relegens/article/view/45660. Acesso em: 10 mar. 2023.

SILVA, Jefferson Olivatto da. Movimento Lumpa: aprendizagens étnicas para uma identidade cristã em Zâmbia. *Revista NUPEM,* v. 14, n. 31, 2021. p. 58-73.

SILVA, Petronilha Beatriz Gonçalves e. *Entre o Brasil e a África: construindo conhecimento e militância*. Belo Horizonte: Mazza, 2011.

SILVA, Petronilha Beatriz Gonçalves e. "Chegou a hora de darmos a luz a nós mesmas": Situando-nos enquanto mulheres e negras. *Cadernos CEDES*, v. 19, n. 45, p. 7–23, jul. 1998.

VANSINA, Jan. A África equatorial e Angola: as migrações e o surgimento dos primeiros Estados. In: NIANE, Djibril Tamsir. *História geral da África: África do século XII ao XVI*. Vol. IV. 2. ed. rev. Brasília: UNESCO, 2010. p. 633-635. Disponível em: https://unesdoc.unesco.org/ark:/48223/pf0000190252. Acesso em: 10 mar. 2023.

ZIZWE POE, D. *Kwame Nkrumah's contribution to pan-africanism an afro-centric analysis*. New York: Routledge, 2003.

1ª. edição:	Maio de 2024
Tiragem:	300 exemplares
Formato:	16x23 cm
Mancha:	12,3 x 19,9 cm
Tipografia:	Sabon 11
	Garamond 30
	Roboto 9/10
	Myriad Pro 14/24
Impressão:	Offset 75 g/m²
Gráfica:	Prime Graph